마음이
머물던
순간들

마음이 머물던 순간들

펴 낸 날 2025년 09월 30일

지 은 이 김영찬
펴 낸 이 이기성
기획편집 서해주, 최인용, 권희연
표지디자인 서해주
책임마케팅 이수영, 김정훈
펴 낸 곳 도서출판 생각나눔
출판등록 제 2018-000288호
주　　소 경기도 고양시 덕양구 청초로 66, 덕은리버워크 B동 1708호, 1709호
전　　화 02-325-5100
팩　　스 02-325-5101
홈페이지 www.생각나눔.kr
이 메 일 bookmain@think-book.com

- 책값은 표지 뒷면에 표기되어 있습니다.
  ISBN 979-11-7048-917-7 (03810)

Copyright ⓒ 2025 by 김영찬 All rights reserved.
- 이 책은 저작권법에 따라 보호받는 저작물이므로 무단전재와 복제를 금지합니다.
- 잘못된 책은 구입하신 곳에서 바꾸어 드립니다.

마음이 머물던 순간들

김영찬 에세이

걷고 싶을 때 걷고,
머물고 싶을 때 멈추는 삶.
그 속에서 발걸음은 자연을 향했다.

생각나눔

목차

제1장 | 설 렘　　　　　　　　　　　　9

　　화양연화 · · · · · · · · · · · 　10
　　얼레리 꼴레리 · · · · · · · · · 　15
　　능금꽃 필 무렵 · · · · · · · · · 　18
　　왜 그런지 가슴이 두근거려요 · · · · 　28
　　잘 사는데 기분은 왜이러지? · · · · · 　36
　　안 만나 보니만 못하네 · · · · · · 　42
　　뚜껑을 덮어놓은 음식, 결혼 · · · · · 　49
　　함 사세요 · · · · · · · · · · 　57

제2장 | 술과 인생　　　　　　　　　71

　　술품의심로 · · · · · · · · · · 　72
　　음주운전과 광복절 특사 · · · · · · 　79
　　싸움에 휘말렸다구? · · · · · · · 　88

제3장 | 여행의 즐거움   93

어떤 만남이 좋을까? · · · · · · · · · · · · 94
걱정도 팔자여 · · · · · · · · · · · · · · · 96
나의 죽음을 알리지 말라 · · · · · · · · · · 102
어? 내 지갑 · · · · · · · · · · · · · · · · 105
니가 왜? 거기서 나와 · · · · · · · · · · · · 110
어? 내 가방 어디 갔지? · · · · · · · · · · · 117
여권을 자리에 두고 내렸나 봐. Help me, please. 122
창문, 그게 왜 떨어져? · · · · · · · · · · · · 128
키가 안 빠진다구? · · · · · · · · · · · · · 132
더 이상 녹지 마 · · · · · · · · · · · · · · 138
멋진 와인이여! · · · · · · · · · · · · · · · 142
삼 대가 덕을 쌓은 게 확실해 · · · · · · · · · 149

제4장 | 기념, 가족   157

파도야 제발 잠 좀 자자 · · · · · · · · · · · 158
사돈과 뒷간은 멀수록 좋다? · · · · · · · · · 169
은퇴식, 깜짝이야 어떻게 된 겨? · · · · · · · 175
행복한 울타리 · · · · · · · · · · · · · · · 184

제5장 | 쉼, 취미　　　　　　　　　　191

　짤짤이를 아시나요? · · · · · · · · · · · 192
　당구 한게임 하실래요? · · · · · · · · · 198
　야생연후 살타 · · · · · · · · · · · · · · 206
　스트라이크냐 스프릿이냐, 그것이 문제로다 · · · 213
　비가 오나 눈이 오나 바람이 부나 · · · · · · · 218
　한 번에 쏙 홀인원 · · · · · · · · · · · · 222

제6장 | 그리움, 천붕지괴　　　　　　231

　설렁탕 한 그릇 하세요 · · · · · · · · · 232
　인생은 소풍 길 · · · · · · · · · · · · · 238

제7장 | 남을 도울 수 있는 행복　　　251

　아름다운 메아리 · · · · · · · · · · · · 252
　떡볶이 장학금 · · · · · · · · · · · · · 266

제8장 | 특별한 경험   271

제주 한달살기 · · · · · · · · · · · · 272
귤꽃, 나를 안아준 향기 · · · · · · · · 275
봄과 겨울 사이 · · · · · · · · · · · 277
내 맘속의 수채화 · · · · · · · · · · 283
필연 같은 우연 · · · · · · · · · · · 285
제주 친구와 시간 여행 · · · · · · · · 287

제9장 | 세상 속의 나   289

강사? 교수? 대표? · · · · · · · · · · 290
창간 기념축사 · · · · · · · · · · · 299
인터넷 대란, 디도스 공격 · · · · · · · 301

제10장 | 세상 밖으로   315

세상 밖으로 · · · · · · · · · · · · 316

마음이 머물던 순간들

제1장 설렘

가슴 설렜던 순간이 다시 찾아온다면….

화양연화

"우리가 짝사랑하는 사람은 두 번 다시 나타나지 않을 수 있습니다. 그래서 그 사람을 잘 기억해야 합니다."

― 플래토

🌸 남녀가 만나서 서로를 탐색하고 조건을 따지고 사랑하기까지는 힘들고 어렵고 머나먼 여정이다. 첫인상이 별로라서, 키가 작아서, 얼굴이 못생겨서, 사귀다 보니 성격이 안 맞아서, 내가 제일 싫어하는 행동을 해서, 경제적인 여력이 없어서, 인생관이 안 맞아서 등등 이루어지지 않는 조건이 다양하다. 그러다가 결혼을 하자고 결심을 했어도 양가 부모님의 반대로 깨지는 경우도 많이 있다. 그렇게 모든 역경을 딛고 이뤄낸 사랑은 고귀하기 때문에 생을 마감할 때까지 둘만 바라보고 행복하게 알콩달콩 검은 머리가 파뿌리 될 때까지 변함없는 마음을 유지해가며 살아가고 싶을 것이다. 이렇게 이상적으로 살 수 있다면 누가 뭐라나? 하지만 살아가면서 생각처럼 안

되고 부닥치는 여러 가지 현실적인 문제로 사랑은 신기루였다고 생각하며 싸우고 졸혼이나 이혼을 선택하기도 한다. 암튼 사랑에 이르기까지 복잡한 것 같으면서도 나도 모르게 살며시 찾아드는 게 사랑이고 그 씨앗은 눈물일지 행복일지 세월이 흐른 다음에나 알 수가 있다.

짝사랑…. 아무도 모르게 찾아와서 혼자만 가슴앓이를 하고 있다가 말 한 번 제대로 붙여보지 못하고 멀리서 바라보며 가슴을 태우다 세월이 흘러감에 따라 추억의 한 귀퉁이에 넣어두는 사랑이다. 짝사랑은 상대가 모르기 때문에 혼자 끙끙 열병을 앓다가 이루지 못하는 사랑이 되기 쉽다. 어느 정도 자신이 성숙해져 있는 모습으로 변했을 때 실소를 짓게 만든다. 술 한 잔 마시다가 사랑 타령을 하다 보면 짝사랑을 한 것 같은데 표현은 첫사랑이고 첫사랑을 한 것 같은데 상대가 반응이 없었으니 짝사랑이라고 왔다 갔다 한다. 버스 정류장에서 예쁜 여학생과 여러 번 만나면 혹시 일부러 이 시간에 나를 기다리는 것은 아닐까? 온갖 상상으로 가슴이 콩닥거렸고, 학교에서 새로 부임한 예쁜 선생님도 가슴을 뛰게 했으며, 버스에서 가방을 들어줬던 여학생이 웃음을 지어줄 때도, 비 맞고 가는 여학생에게 달려가 우산을 씌워 주고픈 마음도 행동을 옮기지는 못했어도 모두 짝사랑을 하려는 조건의 시그널이었다. 이렇든 저렇든 상대방은 그런 상황을 인지도 못 하고 아무런 생각이 없는데 혼자만 온갖 상상으로 만리장성을 쌓았다가 부수곤 한다.

풋사랑…. 설익고 어려서 깊이를 모르는 사랑이며 어설픈 방법으로 감정을 표현하지 않았을까? 그나마 짝사랑처럼 말도 못하고 먼발치에서만 가슴 태우는 것보다는 낫지 않을까? 하지만 세월이 흐른 후에도 삶 속에 자연스럽게 녹아있는 둘만의 아름다운 추억이 있다. 이제는 다시 오지 않을 시간이고 기억 속에만 존재할 사람이지만 한평생을 함께 하게 되니 풋사랑을 해봤던 상대도 인생의 동반자인 셈이다.

첫사랑…. 대부분 사람들이 단어만 들어도 갑자기 가슴이 뭉클해지고 그 사람은 어떤 모습으로 살아가고 있을까? 생각 속에 잠기며, 예쁘고 아름다웠던 그때 그 순간을 그려본다. 한참을 그 시간 속에서 꿈을 꾸다가 연기처럼 떠나보내고 현실로 아쉽게 돌아올 수밖에 없는 영원히 희미하게 마음 속에 살아 숨 쉬는 사람이다. 첫사랑은 살아가면서 이성으로서 처음으로 좋아하게 되는 사람이며 첫사랑과 결혼에 골인하여 아름다운 결실을 맺은 커플들도 있겠지만 대부분 실패를 한다고 한다.

첫사랑을 안해 본 사람은 없을 텐데 어떤 게 첫사랑이었는지 불 명확해서 모르겠다고 추억거리가 없다는 사람들도 있고 비슷한 얘기만 나오면 첫사랑을 끄집어내놓고 자신이 얼마나 멋진 첫사랑을 했는지 열변을 토해내는 사람도 있다. 지금 살고 있는 사람과 불만이 있다고 떠드는 사람들 중에 특히 첫사랑이 얼마나 예쁘고 멋졌는지 그리고 자기를 진짜 진짜 좋아했었는데 이런저런 이유를 대고 자기가 먼저 헤어지자고 말한 자신이 가슴이 아프고 후회한다고 했다. 내가 스토리를 들어보면 그다지 아름답지도 멋지지도 않았지만 첫사랑은 모두에게 환상이고 상상 이상의 연인이며 그 순간은 아름다운 시간이었음은 틀림없다.

이렇게 다양한 사랑을 표현한 영화, 연극, 소설, 드라마 등 세상 사람들이 꾸미고 꾸며낸 이야기들이 넘쳐나고 있다. 저마다 현란한 말과 글로 아무리 표현을 잘한다 하더라도 공감 못 하는 스토리는 별로 감흥이 없을 수도 있고 반대로 마치 자기 이야기처럼 표현된 것에는 절대적으로 공감할 수도 있다. 결국은 지극히 주관적이기 때문이다.

그리움, 애틋함, 고마움, 미안함, 애절함…. 어떤 단어를 인용하여 사랑을 표현하고 싶어도 마음 속 깊은 곳에서 우러나오는 감정을 정확히 표현할 수 있을까? 특히 마음을 깊게 파며 지나간 사랑은 새드앤딩일지라도 누구에게나 고이 간직하고 싶은 아름다운 사랑의 추억일 것이다. 그때 그런 사랑은 생각만 해도 가슴 벅차오르고 무어라 형용하기 어려운 무아지경의 상상 속으로 빠져들게 하는데 과연 어느 누가 그런 사랑을 세심하게 공감하도록 표현해낼까?

이런저런 술자리 경험에 비추어 보면, "라떼는 말이야"로 시작하는 추억담을 안주 삼다가 첫사랑 얘기도 장르가 넘어가면 모두 거품 물고 한마디씩 한다. 첫사랑을 우아하고 애틋하고 절절하게 안 해본 사람이 없으며, 서로 세상에서 제일 멋진 사람과 사귀었다고 떠든다. 그들 맘속에 지금껏 함께 살고 있는 첫사랑은 이 세상에서 누구와 사귄 여자보다 제일 미인이고, 제일 성격이 좋고, 제일 단아하고, 교양 있고, 하늘에서 내려온 천사처럼 묘사를 하는데 아마도 그림으로 그려보면 비슷한 여자가 그려지지 않을까 생각한다.

끝사랑…. 결혼 전에는 다양한 만남을 가지면서 결혼할 상대를 고르지만, 최종적으로 결혼으로 맺어지는 사랑을 끝사랑이라고 하던가? 남자는 결혼할 그 여자가 나에게 첫사랑이길 바라고 여자는 결혼할 그 남자가 마지막 사랑이기를 바란다고 한다. 가끔씩 첫사랑과 결혼하게 되어 첫사랑과 끝사랑이 똑같을 수 있다고 하지만, 천연기념물로 지정될 수 있는 정말로 드문 경우다.

어쨌든, 나이가 들었지만 가끔씩 옛 추억이 생각날 때가 있다. 앞으로 살아가면서 그 시절 그때의 설레는 마음을 다시 느껴볼 수 있을까?

양현경이 부른 애절한 「비몽」노래가 추억에 잠기게 한다.

"내가 사랑 타령을 부르며 이곳저곳 떠돌다가

먼지 앉은 흰 머리로 돌아오니

너는 곱게 늙은 모습 되어서

예쁜 모습으로 빤히 쳐다만 보아주어도 나는 좋더라

내가 돌아오질 못하고 발을 동동 구르다가도

내 얼굴에 와 닿는 네 손은 따듯해

돌아올 길이 없어져 훌쩍이는데

고운 얼굴로 나를 안고 너 웃음 반기니 나는 좋더라

나는 네 손을 잡고 기쁜 맘에 아흐 고운 내 사랑아

여린 가슴 콩콩 뛰며 불렀는데

너는 나 언제 그랬어 정 준 일 없어 차갑게 돌아서니

나는 크게 설운 마음에 울다 깨어보니 꿈이더라"

얼레리 꼴레리

....

더 많이 사랑하는 것 외에 다른 사랑의 치료 약은 없다.

— 헨리 데이비드 소로

....

🐾 초등학생 때 누구를 좋아했던 기억은 색이 많이 바래서 희미해졌지만, 그래도 여학생들 중에 유난히 피부가 하얗고 웃으면 하얀 이가 드러나고 귀티나서 눈부셨던 아이, 남학생들끼리 인기 투표를 하면 이름이 자주 오르내리던 아이들 몇 명은 어렴풋이 생각이 난다. 그냥 한 번이라도 나를 보고 웃어주면 "누구누구가 나를 좋아 하나 보네" 하고 생각할 정도로 순진하고 아무것도 모르는 철부지 시절이다. 그중에 좋아했던 그 아이와 마주칠까 거울을 한 번 더 쳐다본다던지 허름한 옷이지만 매무시를 한 번 더 다듬어 보고 막상 다주치면 얼굴이 빨개지고 입이 얼어붙어 한 마디도 못했던 다련한 기억이 있다. 점심시간에 운동장에서 남자들은 주로 축구나 공 던지기 등 놀이를 하면서 놀 때 여학생들 중에 좋아했던 아이가 그무

줄 놀이를 하면 관심을 끌어보려고 친구들과 작전을 짜고 기습적으로 고무줄을 끊고 도망가는 장난을 많이 했던 것 같다. 그럴 때 그 아이가 뛰어오면 붙잡히도록 천천히 달렸고 뭐라고 꾸지람을 들어도 얼굴을 한참 바라볼 수 있어서 기분이 좋았다. 얼굴이 빨개지고 말을 더듬는 것을 친구들이 본다면 "너 쟤 좋아하는구나." 묻고는 "얼레리 꼴레리, 누구는 누구를 좋아한대요." 하고 놀림을 당하곤 했다. 그러면 아니라고 변명을 하고, 친구들은 놀리며 도망가면 쫓아다니고 잡혀도 등짝 한 번 후려치고 아무 일 없듯이 깔깔거리고 웃으며 순수하고 소박한 어린 시절을 보냈다. 뭔가 한 번 더 옷차림, 표정을 가다듬고 좋아하는 이성을 보고 얼굴이 빨개지고 말을 더듬고 가슴까지 콩닥거리니 사랑이 싹트는 시절이지 않았을까?

중학교 다닐 때는 버스를 타고 통학했는데 회수권을 아껴서 그 돈으로 군것질을 하려고 족히 한 시간 되는 거리를 걸어 다닌 적도 있다. 그것도 어느 특정한 요일을 정해서 걸어갔다. 왜냐하면 오가는 길에 분식집이 있었는데 오뎅 아니면 떡볶이를 먹고 싶기도 했지만 분식집에서 만났던 여학생들의 재잘거리는 틈 속에서 빛났던 여학생 얼굴이 가끔씩 떠올랐고 우연히 만나고 싶은 마음이 있었다. 초등학교 시절보다 그 시절에는 좋아하는 여학생을 보면 얼굴이 빨개지고 말을 더듬는데다가 가슴이 쿵쿵거리는 소리가 누가 들을 수 있을 만큼 강렬했다. 등교할 때 복잡한 차 안으로 버스 안내양 누나가 문에 매달려 손님을 안으로 밀어 넣을 때 닿았던 누나의 신체 촉감이나 이리저리 밀리며 스치는 여학생들의 살갗이 부드럽다는 생각을 했던 것 같다. 그리고 자리에 앉아 갈 때, 앞에 서 있는 여학생의 책가방을 받아 주고 그 여학생의 체취를 맡아 보려고 노력했고 그중에서 눈에 띄는 예쁜 여학생이 여러 번 같은 시간에 만나게 되면 가슴이 두근거리고 한 번 따라 내려가서 말이라도 붙여볼까? 고민만 하다가 떠나는 버스 속에서 아쉬운 한숨을 내쉰 적도 많았다. 하이틴 영화의 더빙사인 『고교얄개』를 보고 주인공 얄개처럼 현실에서 순수하고 가슴 설레는 교제를 해보고 싶다는 생각을 했었던 시기였던 것 같다. 이성의 눈을 조금씩 떠가면서 가슴이 살짝 콩닥거리기만 하던 시기에서 벗어나, 친구들과 어떤 여학생이 마음에 든다고 얘기하며 고민도 나눠보고 멋도 부려보고 잡지의 표지모델을 보면서 사귀어 보고 싶다는 생각과 예쁜 여학생을 볼 때는 뒤쫓아 가며 맥박이 임계치를 넘어가도록 심장이 쿵쾅거림을 느꼈고 생각에서 행동으로 전환되는 시기를 보내고 있지 않았나 생각한다.

 세월이 지나 내 얼굴을 빨갛게 물들이던 그 아이들은 어떻게 변했는지 궁금하고 혹시 볼 수 있지 않을까? 하고 동창 모임에 나갔지만 좋아했던 아이들의 모습은 보이지 않았다.

능금꽃 필 무렵

짝사랑의 특징은 먼저 사랑에 빠지고 나중에는 이유를 더듬어보는 것이다.

— 알렉산더

그 아이와의 인연은, 부모님이 과수원집으로 셋방을 얻어 가면서 시작되었다. 고인이 된 탤런트 박주아가 우리집에 세를 살 정도로, 제법 잘 사는 집안이었는데 사업에 실패하고 집과 가구들 모두 차압 딱지가 더덕더덕 붙더니 빚쟁이에게 모두 털리고, 그후론 수년간을 전세나 사글세로 이곳저곳 떠돌아다니며 살았다. 그러다가 고등학교 시절 이사 간 곳이 능금을 키우는 과수원집이었다. 단독 전셋집으로 이사를 가게 되었는데 내 방도 있었고 딴 곳에 살 때보다 형편이 좋아진 것처럼 보여 이사 가는 날을 손꼽아 기다릴 정도로 기분이 좋았다. 그 시절에는 사글세나 전세 또는 내 집을 마련해서 가든지 이사를 가면 동네 사람들에게 잘 부탁드린다는 인사로 떡을 돌리는 관습이 있었다. 잘못보였다간 하루라도 먼저 터를 잡

고 있는 토박이들에게 왕따를 당하고 사는 동안 뒷담화나 잡음이 일어날 수 있기 때문에 사전에 이웃들에게 입막음을 하는 것이다.

어머니는 이삿짐을 정리하고 새로 이사 왔으니 가까운 이웃들에게 신고식으로 떡을 돌린다고 했다. 이사 다닌 횟수로 보면 가장 많은 떡을 돌린 집중에 하나가 아닐까 한다. 형과 나는 윗집, 옆집, 아랫집 등 가져다주라는 곳에 심부름을 열심히 했다. 마지막으로 떡과 과일 등 다른 집보다는 조금 과한 음식을 차려서 어머니가 직접 나서면서 쟁반을 들고 따라오라고 했다. 약간 오르막 쪽에 번듯한 주인집 마당으로 들어섰다. 어머니가 "형님, 계신가요?" 안에서 대답 대신 커다란 개가 짖지도 않고 꼬리를 살랑거리며 반겨주었다. "계세요? 접니다. 아래 새로 이사 온 집이요." 어머니는 집을 계약하기 전에 몇 번은 만났을 것이고 통성명과 서열이 정해졌는지 주인집 아주머니를 형님이라고 부르고 있었다. 잠시 후 내 또래쯤 되는데 키는 나보다는 훌쩍 큰 아이가 나오면서 나랑 얼굴이 마주쳤다. 한참을 얼음이 되어 멈춰서 어라? 낯익은 얼굴인데 어디서 봤더라? 길거리에서? 버스 정류장에서? 만화 가게에서? 본 것도 같고 아닌 것도 같기도 하고 애매한 상황으로 어디서 만났었는지 생각해 내려고 고개를 갸웃거리고 있었다. 그 아이도 긴가민가 누구지? 어디서 봤지? 하는 표정이었다.

"우리 어디 본 적 있던가?"

"글쎄."

"… …."

그러다가 문득 어디서 봤을 것 같다는 생각이 스치고 지나갔다.

"너 맞지? 세검정국민학교 나왔지? 이름이 뭐였더라?"
퍼즐을 끼워 맞추고 보니 다름 아닌 국민학교 동창이 맞았다.

희미한 기억으로는, 국민학교(초등학교) 다닐 때 남학생들 사이에서 인기 투표하면 오르내렸던 이름도 아니었고 얼굴도 썩 예쁘진 않았고 평범했지만 키가 컸기 때문에 눈에 자주 띄어서 그런지 한참을 호구조사하며 뚫어지게 바라본 후에 기억을 해낼 수 있었다. 그 아이도 까무잡잡한 나를 한참 바라보더니 알듯 모를듯한 표정을 지으며 이름은 기억이 안 나지만 얼굴이 생각이 난 듯한 미소를 지었다. 쭈뼛쭈뼛 머뭇거리다가
"근데 넌 왜 여기 있니?" 하고 묻자 웃으면서
"여기? 우리집인데?"
"엥? 뭐라구?"
에휴. 그녀가 주인집 딸이라니…. 어머니가 그 아이에게 집에 어른 안 계시냐고 묻자 잠시 외출하였다고 했고, 어머니는 쟁반을 전해주고 내려오라고 말씀하시고 먼저 내려가셨다. 둘이 어정쩡하게 쟁반을 주고받으며, 고등학생치곤 제법 성숙해서 다 큰 어른 같은 게 수줍음이 많아서 제대로 쳐다보지 못하고, 숨이 답답해지고 얼굴이 화끈거렸다. 에이, 망했다. 하필 국민학교 동창 집으로 이사를 오다니….

주인집 눈 밖에 났다가는 사는데 피곤하고 최악의 경우는 방을 **빼**라고 할지도 모를 일이다. 잘 보이려고 우리 부모님이 그 아이의 부모에게 굽신거리는 모습을 상상해본다. 이런저런 상황에서 자존감을 굽혀야만

할 것 같아 앞으로 셋방살이가 더욱 초라해질 모습이 그려진다. 그러드 자기가 주인집 딸이면 딸이지 나랑은 동창인데 어쩌려고, 오히려 부모님께 잘 말씀드리겠지. 아니지? 그 아이가 뭔가 잘못될 때 아랫집 불편하니 내보내라고 부모님께 떼라도 쓰기라도 하면? 쓸데없는 생각이 복잡한 가운데 그 아이와는 이렇게 만나 사춘기 시절을 보내게 되었다.

집앞에 커다란 감나무 밑에 여름에도 손이 시릴 정도의 맑고 깨끗한 우물이 있었는데 그 아이도 우물가에 자주 와서 빨래나 설거지로 집안일을 도와주기도 했었다. 그럴 때마다 일부러 우물가를 기웃거리거나 두레박으로 물을 길어주기도 하고 그 아이에게 환심을 사보려고 애쓰며 이런저런 상상으로 얼굴 화끈거렸으니 사춘기가 절정인 시절이 아니었을까? 생각이 든다.

겨울철에는 우물가에 나올 일이 적었고 만남도 없던 날에는 주인집을 바라보기도 하고 가끔 어머니 심부름으로 주인집을 갈 때에는 거울을 한 번 쳐다보고 옷매무새를 가다듬고 얼굴이라도 볼 수 있을까 초조한 마음으르 가곤 했었다. 그러다 그 아이와 마주치면 괜히 얼둘이 빨개지고 가슴이 콩닥거리는데 그 아이는 아무렇지도 않은 것 같은데 나만 왜 이럴까? 하고 내 마음을 들킨 것 같아 창피한 생각이 들곤 했었다. 그 아이도 분명 나에게 관심을 가지고 있을 거고 내가 말이라도 붙여 주기를 기다리고 있다는 착각 속에 빠져 있었다. 하지만 동창이면서 함부로 말도 못 꺼내는 이유는 그 아이는 다름 아닌 유복한 과수원 주인집 딸이었고 나는 초라하게 그녀 집에서 전세를 살고 있기 때문이라고 "가까이 하기엔 너무 먼 친구"라고 혼자 결론을 내려놓고 있었다.

내 자신이 너무 초라하다는 생각도 했었지만, 그래도 마주 앉아 이야기라도 나누고 싶은 사춘기 시절의 핑크빛 마음이 리트머스 종이에 스며들듯이 슬금슬금 찾아온 시기인 것 같았다.

주인집 과수원은 아주 야트막한 언덕으로 펼쳐져 있었고, 중턱쯤엔 원두막이 있었다. 그곳에 올라가면 동네가 한눈에 보이고 시원한 바람이 항상 머물다 가는 곳이었다. 그 아이의 아버지(주인집 아저씨)가 휴일이면 가끔씩 나한테 원두막에 올라가서 누가 능금을 서리해가지 않는지 지켜보라고 했다. 그럴 때마다 기타나 책 한 권을 들고 올라가 지루하지 않은 시간을 보내려 했고, 그러다가 주인집 마당을 힐끔 쳐다보면서 혹시 그 아이가 원두막으로 올라오지 않을까 기대하곤 했다. 아무튼 어떻게 하면 한 번이라도 더 얼굴 맞대고 가까이에서 만날수 있을까? 하는 생각이 많아졌고, 만약 만난다면 어떻게 이야기를 전개해 나가야 환하게 웃고 어쩌면 나를 좋아하게 되지 않을까? 이런저런 생각을 하다가 낮잠 속에 빠져들기도 했었다.

어느 봄날이었던가? 처음으로 단둘이 대면할 수 있는 기회가 왔다. 원두막에서 책을 보고 있었는데 능금나무 사이로 그 아이가 원두막 쪽으로 걸어 올라오는 모습이 보였다. 흰 반팔 티셔츠에 짧은 흰색 반바지에 하얀 피부가 능금꽃과 한몸이 되어 유난히도 청순해 보였다. 이게 웬일? 어찌해야 하나 하고 좌불안석하다 보니 책 속의 글들이 눈에 들어올리 없었고 누구를 사귀어 본 적이 없으니 맘만 콩닥거렸다. 점점 다가오자 가슴은 더 뛰고 눈은 책 속에 있어도 귀는 그 아이를 향해서 쫑긋하고 있었지만, 마치 책 속에 푹 빠져 다가오는 것도 눈치채지 못한 것처럼 연기를 하고 있었다. 그러길 한참 후

"어? 여기 있었네… 뭐하고 있니?"

"……."

책 속에 파묻혀 있는 것처럼 일부러 못 들은 척했다. 기침을 하더니 원두막에 올라와서 독서 삼매경에 빠져 인기척을 해도 모르는 나를 바라보며 간단한 질문을 던져놓고는 조금 떨어진 곳에 앉아 더 이상 아무 말 없이 멀리 과수원 아래 쪽만 멍하니 바라보고 있었다.

"어, 오셨‥ 왔네? 오랜만이야"

올라온 것이 의외라는 듯이 깜짝 놀라는 능청을 떨면서 책을 덮으며 얼굴을 바라보니 웃음기는 없고 왠지 부모님한테 호되게 꾸지람을 듣고 울적한 마음을 달래려고 원두막을 찾았는데 공교롭게 내가 거기에 있어서 감정을 들킨 것 같은 머쓱한 표정을 짓고 있었다.

"웬일이야? 원두막을 다 올라오고…."

머릿속에서는 이렇게 저렇게 말을 시키고 분위기를 리드해보라고 문장들을 만들어 주는데 입 밖으로는 달랑 "오랜만이네"라는 말뿐이었다. 재미있는 이야기로 어색한 분위기를 반전시켜 즐거운 이야기를 나눠봐야지 하고 짧은 시간에 이것저것 막 계획을 세웠는데, 훅하고 질문이 들어왔다.

"너는 커서 어떤 사람이 되고 싶니?"

"……."

잠시 당황하다가

"돈도 많이 벌구 싶구, 그래서 셋방살이는 하지 말아야 겠지. 후후. 가난에 찌들리지 않고 적당히 평범하게 잘 사는 사람?"

왠지, 현실을 비관하며 나온듯한 즉흥적인 대답이었다.

"그래도 남들에게 손 벌리거나 손가락질 받지 않고, 조금이라도 도움 주며 살 수 있는 사람은 되어야겠지".

"너는?"

내 대답이 자기가 원하는 그런 대답이 아니었는지 아니면 흥미가 없었는지 침묵이 흐른다.

"나는… 글쎄."

깊은 생각에 잠긴 그 아이는 왠지 말 못할 가슴 아픈 사연을 가지고 있는 듯 보였다. 부잣집 과수원 주인집 딸에게도 무슨 고민이 있나? 한참 침묵 속에 고요한 분위기가 지나가고 어떤 이야기를 꺼내서 이 어색함을 깨고 즐거운 이야기로 늦게까지 함께할 뭔가를 만들어낼지 오만가지 생각을 하고 있었는데,

"책 읽는 거 방해했나 보네…."

"아냐, 방해 안했는데…."

"그냥 답답해서 바람 좀 쐬고 내려가려구 올라왔어…. 아 좋다."

두 팔을 벌리며 심호흡을 크게 하는데 왠지 한숨짓는 소리처럼 들렸다.

"표정이 심각해 보이는데…. 집에서 야단 맞았니?"

"아니."

"표정이 어두워 보이는데…. 청춘이니까 고민도 많겠지만, 고민이 뭐야? 내가 다 해결해줄게."

피식 웃으며 가만히 원두막 바닥에 손가락으로 글씨를 쓴다. 무슨 단어인지는 모르겠으나 혼란스러운 심정 상태를 쓰고 있는 것 같았다. 둘은 한참 동안 말이 없었다. 지나가는 바람소리와 새소리, 그리고 화사한 꽃망울

이 전해주는 향기만 원두막에 머물다 사라져갔다. 나는 숫기도 없었고, 어떤 여학생과 단둘이 앉아 본 적도 없었고, 가슴이 떨려 본 적도 없었다. 좋아하고 있으니 더욱 말수가 줄어들고, 잘 보이려고 하는 모습이 그 아이에게는 어색한 공간 속에 고요함과 애매모호한 시간만을 안겨주었나 보다.

"내려갈게."

한참 후에야 그 아이가 꺼낸 말이다. 왠지 쓸쓸한 표정이 슬픈 이야기라도 꺼내면 금방이라도 울음을 터트릴 것 같았다. 더 있다 가라고 말해도 그냥 내려가겠다고 미소를 지어주고 원두막을 내려가는 그 아이의 뒷모습은 어깨가 쳐졌으며 왠지 울음을 삼키고 있다는 생각이 들면서 혹시나 웃는 모습을 다시는 볼 수 없을 것 같다는 생각이 들었다. 분명 무슨 가슴 아픈 사연을 안고 있는 게 분명했고, 우수에 젖은 모습이 안쓰럽다는 마음이 들었다.

그렇게 진지한 이야기 한번 나눠 보지 못하고 가슴앓이만 하다가 "언젠가 가겠지. 푸르른 이 청춘 지고 또 피는 꽃잎처럼…" 노래 가사처럼 청춘은 점점 멀어져가고 살아갈 삶의 궤적이 달라 살아가면서 멀어지고 가슴 한 귀퉁이에 원두막 시간을 아쉽게 간직하고 살아갈 것이다. 셋방살이하던 자신의 처지 때문에 아무런 이야기를 이어가지 못했다고 자책하다 보니 바람이 전해오는 청량한 향기도 괜히 짜증이 났다. 원두막 너머로 보이는 하얀 구름, 화사한 꽃들은 봄날의 멋진 풍경을 연출하고 있는데, 유난히 시끄럽게 지저귀는 새소리는 나를 놀리는 소리 같았다.

여러 계절이 몇 번씩 오고가는 동안 우연하고 자잘한 만남들이 많아졌지만 이렇다 할 진전은 없었다. 한 번은 우리집을 찾아온 친구가 대문에서 내 이름을 부르다가 달려든 주인집 개에 종아리가 물리는 큰 사고가 일어났다. 주인 아주머니는 넋이 나간 모습으로 멍하니 서 있다가, 동네 사람들이 시키는 대로 응급처치로 된장을 발라 동여매주었다. 아주머니는 주저앉아있는 친구를 보며 미안한 마음에 어찌할 바를 모르고 계속해서 "미안해서 어쩌지?" 하셨고 친구는 괜찮다고 했다. 그 아이도 먼발치에서 그런 상황을 걱정스럽고 안타깝게 지켜보고 있었다. 한참 후 아주머니는 친구에게 더 아프면 병원에 가보라고 얼마의 돈을 주었다. 하지만 친구는 받은 그 돈으로 술 먹으면 낫겠지 하며 둘이서 맥주를 취하도록 마셨다. 그 사건 이후로 왠지 모르겠지만 그 아이를 더 자주 보았고 어쩌다 단둘이 마주칠 일이 생기면 생긋 웃어주기에 "개에 물린 친구 안부를 묻고 싶은가? 아님, 나에 대한 호기심이 생겼나?" 그럼 그렇지 나같이 괜찮은 친구를 어디서 만나? 하고 자뻑을 한 것 같았다. 조금더 적극적으로 마주쳐볼까 주인집 앞까지 빗자루로 길을 쓸기도 했고 그 아이가 지나가길 기다렸다가 들어보라는 듯이 기타를 열심히 튕겼고, 이런저런 책을 읽으면서 혹시나 모를 그 아이에게 "무식하게 그것도 모르니?" 소리 듣지 않도록 열심히 상식도 쌓아갔다. 가끔 만나게 되고 재미있는 얘기를 해주면 파안대소하는 시간도 있었고, 집앞 우물가나 능금꽃이 활짝 핀 과수원 사이에서 이런저런 만남을 가끔은 가졌으나 마음만 콩밭에 가 있을 뿐 시덥잖은 이야기로 시간을 보냈다.

    그러다 집에 들어와서는 아까 이런 말을 할 걸 하고 후회도 하고, 다음에 만나면 어디라도 놀러 가자고 얘기해야겠다고 결심을 하기도 하였다. 마음이 약해서 말도 못하고 차일피일 미루고, 용기낼 수 있는 적당한 기회를 다시 체크하고 있던 어느날, 부모님께서 집안 형편이 더 어려워져 더 싸고 허름한 집으로 이사를 가야 한다고 하셨다. 허접한 집으로 가는 서글픈 마음보다 그 아이를 더 이상 볼 수 없을 거라는 생각에 마음이 아팠다. 그 아이를 만나면 이사를 가는데 어떻게 인사를 나눠야 할까 여러 날을 고민했지만, 아쉽게도 그 아이는 친척집에가서 공부를 한다고 집에 없다고 하기에 더 이상 만날 수가 없었다. 과수원 능금밭을 거닐거나 우물가에서 재잘거리고, 학교 생활의 힘들었던 이야기나, 가끔씩 원두막에서 마주치면 우리가 어른이 되었을 때 어떻게 살고 있을까? 하고 인생을 얘기도 해봤던 아련한 추억들이 가슴이 시려왔다. 눈보라가 휘날리던 어느 겨울 날, 아련하고 가슴 저린 추억과 사춘기의 설렘을 이삿짐에 싣고 그 아이와는 어떠한 작별 인사도 나누지 못한 채 다른 동네로 떠나게 되었다.

세월이 많이 흘렀지만, 명절 때나 제사 때 집안 어른들이나 형제들이 만나면 모두들 추억이 많이 남아있는지 과수원집에서 셋방살이를 하던 시절 이야기를 할 때가 있다. 그럴 때마다 원두막이 생각나고, 우물에서 두레박으로 둘을 퍼 올려 등물하던 게 생각나고, 잘 보이려고 외모에 신경 쓰고, 과수원에 온갖 꽃들이 만개한 곳에서 그 아이와 재잘거리던 모습이 생각난다. 고등학생 시절을 통틀어 나이가 비슷한 또래 여학생과 가장 가까운 곳에서 얼굴을 보면서 많은 대화를 나눠보았으니, 나중에 이성 교제를 할 때 안 떨리고 말 잘할 수 있는 좋은 경험이 되었다고 생각된다. 가난하다고 사랑이 찾아오지 않는 건 아니지만 달달한 추억이 묻어 있는 시절의 내 모습을 빛바랜 추억장 속에서 꺼내보곤 한다.

왜 그런지 가슴이 두근거려요

사람이 애정을 갖는 오직 하나의 이유는 자신의 기쁨을 위해서이다.
― 쟝 에누이유

🌸 소꿉장난할 때 만났던 아이들의 기억이 아닌 제법 철들고, 사귀던 여자와 첫 번째 데이트 장소를 잊은 사람이 있을까? 아마도 기억하기조차 싫어서 잊고 싶은 사람, 너무 가슴아 아파 기억조차 하기 싫은 사람, 가슴앓이를 심하게 하는 사람, 아니면 별 볼 일 없는 장소라서, 또는 너무 많은 파트너와 너무 많은 사건이 있어서 헷갈리는 사람들 빼고는….

첫 번째 데이트 장소, 그곳은 누구에게나 가슴 설레고 심장이 두근거리는 감동이 밀려드는 찡한 사연을 갖고 있을 것이다. 대학교에 들어가서 처음으로 미팅을 해봤고, 데이트라는 것을 즐겨봤는데 어디를 가보지도 않았고, 학교 주변만 맴돌다가 헤어지고 그래서 그런지 이렇다 할 추억은 없었다. 그래도 연애 박사들한테 들은 핫플레이스를 꼽는다면, 양평 두물머리가 거리도 적당하고 분위기도 좋다고 하는 친구와 남이섬이 제격이라는 추천을 하기도 했다. 버스 시간 늦으면 1박할 찬스를 잡을 수도 있고 진한 추억을 남길 수 있다고 추천해줬다. 그런데 그 말 이후론 미팅도 뜸해지고 군대를 가야 하는 때가 다가왔기 때문에 그런 역사적인 사건은 그후로 미뤄야 했다.

군대를 제대하고 복학을 했는데 공부를 열심히 해서 취업을 해야 한다는 강박관념이 있었는지 대부분 미팅도 시큰둥하였다. 복학해서도 연애에 정신없던 박사들이 주선한 자리에 빵꾸라도 나면 등 떠밀려 나간 몇 번의 미팅과 큰 맘먹고 머리도 식힐 겸 나갔던 미팅 자리에서 같은 학교에 다니는 조금은 괜찮은 상대를 만났다. 학교 근처에서 데이트를 즐기고 만나는 횟수가 늘어가다 보니 제법 친숙한 사이가 되었고, 어느덧 허물없는 애인처럼 자연스러운 사이가 됐다.
학교 근처만 떠돌다가 가끔씩 이런저런 핑계를 만들어 야외로 나가려고 시도했었으나 허접하기 그지없는 작전으로 실패를 거듭했고, 드디어 어느날 그녀는 치밀한 작전에 걸려들었다. 가서 어떤 상황이 연출될지는 모르겠지만 뭔가 기억에 남을 만한 일이 벌어질 것이라고 가슴 떨리는 분명한 상상을 했다.
겨울을 이겨내고 푸르름으로 단장을 하며 뿜어내는 나무들의 연초록 색깔은 인생의 청춘과 같은 가장 아름다운 색인 듯하다. 시간을 미리 계산이나 한 듯이 표를 구매하니 바로 출발이다. 복잡한 회상

도심을 빠져나와 강과 바람이 어우러져 자연을 노래하는 강변을 내달리고 있었다. 꽃망울들이 바람에 살랑거리고 활짝 핀 진달래와 개나리가 손을 흔들며 반갑게 인사를 건넨다.

그녀는 피부가 뽀얗고 키는 아담했으며 웃을 때 모습이 가장 매력적이었다.

"어디 가는 거야?"

"……."

"어디 가는 거냐구?"

그녀는 이게 뭔 상황인지 파악이 안 되고 묻는 말에 대답이 없자 약간 토라진 듯 재차 질문했지만 끝까지 목적지를 말하지 않았다.

"추억을 만들어 볼 수 있는 곳…. 가보면 알어."

청량리 시외버스터미널은 항상 복잡하다. 그중에서도 대학생들로 보이는 무리들이 MT를 떠나는 모습이 가장 많이 눈에 띄었다. 도시를 조금만 벗어나도 빌딩숲 속 인파에서 해방이 되고, 산듯한 공기와 싱그런 햇살 그리고 햇살에 반사되어 반짝거리며 부서지는 한강 물줄기가 심신의 피로를 풀어주기에 충분한 코스가 있음을 알고도 이런 기회를 가끔씩이라도 갖지 못하는 것을 마음 아프게 생각하고 있었다. 차창 밖으로 스쳐 지나가는 아름다운 풍경보다 그녀의 귀엽고 앙증맞은 웃는 모습에 매료되어 힐끔힐끔 훔쳐다 보며 웃고 즐기며 도착한 곳은 양수리 시외버스터미널이었다.

"여긴 와봤겠지?"

"… …."

설다…. 그러나 처음 와보는 눈치였다.

"남한강과 북한강의 두 물줄기가 합쳐지는 곳이라 해서 두물머리라 불리며 '양수리'라는 지명도 여기서 나온 거야."

"……."

"죽기 전에 와봐야 하는 곳 중에 한 곳이래. TV드라마나 영화 속에 자주 나오고 400년 수령을 자랑하는 느티나무와 황포 돛배로 경치가 무척 아름다우며, 특히 일교차가 심한 봄, 가을 새벽 물안개가 피어오를 때는 운치가 끝내줘."

찾아온 정보 가지고 이곳을 와봐서 잘 아는 듯 주저리주저리 설명을 해주었다.

바람이 한 쌍의 데이트족을 질투하듯 세차게 훑고 지나가고 그녀의 휘날리는 머플러가 더욱 아름다워 보였다. 산책길을 따라 거닐며 여기저기에서 얻어들었던 여행지 기억을 되살려 열심히 설명을 해주며 어때 잘 알지? 하는 표정을 지으며 어깨를 으쓱거렸다.

"멋지다."

그녀는 내 말을 듣는지 마는지 유유히 흐르는 강물을 바라보며 감탄사를 연발하고 있었다. 정말 처음 온 건가? 하는 생각이 들었다. 봄바람을 부드럽게 느끼고 풍광을 즐기며 멀리 그리고 가까이 바라보이는 산과 강과 어우러진 아름다운 풍경에 감탄을 연발하고 있었다.

나는 가만히 그녀의 손을 잡고 오래된 애인처럼 강가를 거닐고 싶었다. 힐끔힐끔 그녀를 볼 때마다 유난히 쿵쾅거리는 가슴을 진정시키기 어려웠다.
　그녀에게 건네지 못했던 말들이 마구 튀어나오며 가슴에 오롯이 살아 숨 쉬고 있는 그녀의 웃는 모습과 함께 마음 속으로만 묻고 답하며 미소 짓는 혼자만의 대화를 조용히 상상으로 즐기고 있었다.

　조용히 걸었다. 누군가 좋아했던 사람 있었냐고 물어볼까? 내가 어떤지, 이상형은 어떤 사람인지, 진정한 사랑은 해봤냐고 물어볼까? 별 생각을 다해 봤지만 그녀가 나에게 말을 건네 올 때까지 그냥 걸었다. 이런저런 상상만으로도 심장 뛰는 소리가 얼마나 큰지 남이 듣지나 않을까 주위를 살펴볼 정도였다.
　오랜 침묵 끝에 그녀가 한 마디 한다.
　"분위기 좋은 저기 찻집에 들어가서 커피나 한잔 할까?"
　"그래."

　차를 주문하고 황포 돛배가 보이는 곳에 자리를 잡았다.
　메모지가 따로 준비 되어 있는 조용한 찻집. 연인 앞에서 얼굴을 보며 고백을 하지 못할 경우 사용하라는 건지…. 벽면을 보니, 여기저기 붙여놓은 메모지가 가득하다. 가장 많이 눈에 띄는 게 연인들이 찾아와서 마음을 표시한 내용 "XX, 사랑해"였다. 나는 대화가 끊길 때마다 메모지에 눈앞에 보이는 황포 돛배와 어우러져 있는 눈앞의 풍경을 스케치를 해봤다.

"어머? 제법 잘 그리는데?"

"고래? 사실은 중학교 시절까지 화가가 되고 싶다는 꿈이 있었어…. 국민학교 아니 초등학교 때 그림그리기 대회에 나가서 상도 많이 받았거든…."

커서 내가 가장 좋아하는 여학생이 생긴다면 그 학생의 아름다운 얼굴을 그려 선물하고 싶어서 그림을 좋아했다고 너스레를 떨자, 자기를 그려 달라고 했다. 그래서 너를 좋아한 적이 없어서 안 되겠다고 했다. 에구머니나…. 가슴에 전혀없는 헛소리를 내뱉고 바로 후회했다.

아픈 손가락을 호호 불며 통기타를 열심히 두들긴 것도 어떤 아이에게 잘 보이려고 시작했지만 이제는 여친이 생기고 결혼을 하면 그녀가 좋아하는 노래를 직접 기타를 치며 자랑삼아 튕겨주고 싶다는 일념뿐이고, 팝송을 들어도 애인이 생겨 데이트를 한다면 자랑스럽게 노래를 줄줄 따라부르며 자랑하고 싶어서였다고 말했어야 했다. 체질적으로 근육질이 아닌데도 열심히 운동을 하여 그녀 앞에 알통이라도 불쑥 나오는 걸 자랑하고 싶었고, 가정 형편이 어려웠지만 대학교도 들어와서 멋진 애인과 데이트를 즐기고 있고 그 사람이 바로 지금 내 앞에 있는 너라고 말했어야 했는데….

내 그림을 물끄러미 바로 보고 한마디 말도 걸어주지 않았다. 눈은 그림 속에 있지만 마음 속으로는 복잡한 어떤 심정을 정리하고 있는 듯하였다.

　무슨 고민이라도 있는 건가?

　스케치한 그림 옆에 한마디를 써넣고 기념으로 간직하라고 건네주니 "잘 그렸네…." 마음에 들어 하는 눈치고 한참을 감상하다가 우리도 그림을 찻집 안 벽 한곳에 붙여두자고 했다.

　"이다음에…. 아주, 이다음에 이곳을 다시 찾을 일이 생기면, 이 메모지를 꼭 찾아 다시 보고 싶어."

　그녀는 야릇하고 읽어내기 힘든 알록달록한 미소 속에 의미 있는 말을 담아냈다. 뭐야, 어떤 시련을 겪었나? 집안에 무슨 문제가 있나? 그래도 미소가 바람에 날려 물가에 조용히 내려앉고 반사되는 물빛에 믹스되어 그녀만의 고유한 아름다운 향기를 뿜어내고 있는 것 같았다. 오늘 이곳을 오겠다고 마음먹은 이후 유난히 복잡다단한 감정이 있었다. 여자들은 분위기에 약할 것이고 그녀와 맘속 깊은 얘기라도 털어놓는 기회를 얻을 수도 있다는 생각과 한걸음 더 나가서 그녀가 어깨를 빌려 달라고 하면 냉큼 기대라고 말하고 싶었다. 하지만 그녀가 어떤 생각을 가졌는지 짐작도 못하고 있었는데, 너무 늦기 전에 돌아가야 한다는 서로 묵시적인 약속처럼 일어났다.

　너를 좋아한다고 말하고 싶은 심정이 굴뚝같았는데 용기도 자신도 생기지 않고 벙어리 냉가슴만 알고 있었다. 어차피 말했다가 "뭐래?" 하고 헛소리 말라고 면박당하거나 창피한 꼴 당하느니 그냥 가만있는 게 상책인 듯 싶었다.

　그녀의 집으로 향하는 골목길. 가로등 불빛과 달빛은 그날따라 은은하게 그녀의 두 볼에 차분히 내려앉아 떠나질 않았고 불그스레한 화장을 한듯 예쁘고 고왔다. 그녀와 한참을 아무 말 없이 걷고 있었고, 달빛만 나에게 용기를 내어보라고 말하고 구름 사이로 숨어버렸다. 그동안 느끼지 못하던 전율이 온몸에 새록새록 내려앉는데 차마 어떤 말도 하지 못했다. 그녀를 데려다주고 헤어질 때의 시간이 제일 가슴이 아련하다. 혹시라도 가지 말라고 더 있자고 말하길 기다렸지만 아무 말도 없었다. 그녀의 행복한 공간과 시간에 한 발짝이라도 들여놓지 못하고 시간만 흘러갔고 결정적인 인연으로 찾아오지 못한 채 많은 세월이 속절없이 흘러갔다.

　쓸쓸한 바람과 우수에 젖은 날, 아스라이 생각나는 그녀의 얼굴 그리고 그때 그 찻집에서 메모지를 발견할 수 있을까? 두물머리를 거닐며 고백도 못 해보고 연기처럼 흩어져버린 그녀와의 추억들.
　어떻게 무슨 이유로 헤어졌는지 기억은 없다. 다만 그녀가 어떻게 살아가고 있는 궁금할 때가 있다. 세월을 비켜나가지 못했을 테고, 역시 조금씩 늙어 가고 있을 것이다. 어느 누구의 와이프가 되었을 것이고 어느 누구의 부모가 되어 행복한 삶을 살아가고 있을 것이다. 생각하면 가슴 뭉클하고 애틋한 그 시절의 아련한 추억 속의 그녀와 만나는 상상 속의 나래를 펴본다.

잘 사는데 기분은 왜이러지?

가슴은 헤어진 그 뒤로도 만남을 기억한다.

— 아루투르 랭보

아이러브스쿨을 통해 극적으로 연락이 되어서 그녀와 약속이 된 것은 마포의 고즈넉하고 귀티나며 웅장한 한정식집이었다. 첫사랑을 다시 만나는데 짜장면 먹으면서 떠들기는 왠지 이상할 것 같고, 무드 잡는 장소도 중요한 것 같아 수준이 있는 곳을 선택하였다. 고급진 곳인데 그녀도 잘 알고 있다고 해서 역시 수준 있게 살아가고 있겠구나 하는 생각이 들었고 사실 제법 비싼 메뉴라 고민을 하다가 폼 좀 잡으려고 했는데 가끔 가봤다는 말에 이런 젠장…. 잘됐다고 박자를 맞춰주기는 했었다. 십수 년만에 그녀와의 단둘이 만남은 조금은 어색할 것 같았다. 복학해서 처음 만났고, 졸업할 무렵 헤어졌으니 제법 많은 시간이 흘렀지만 그 시절 이야기를 펼쳐 놓으면 금방 세월의 갭을 메꿀 수 있지 않을까? 생각하여 기억을 할지 모르는 추억 속의 에피소드를 몇 가지 준비해 나갔다. 내성적인 성격이었던 그 시절, 데이트할 때도 손 한 번 잡아보려고 애썼고 시간·장소를 정할 때도 늘 그녀의 결정을 기다리던 내가 아니라는 걸 보여줘야겠다고 마음의 준비를 하고 나갔다.

거의 동시에 식당에 도착하다 보니 차에서 내리는 걸 볼 수 있었는데 그녀가 확실했고 제법 값비싼 외제 승용차를 타고 나타났다. 시작부터 기죽이네. 다행히 내 차는 보지 못했고 입구에서 만나 반갑다 인사를 건네며 같이 들어오게 되었다. 아직도 건강미가 흐르고 아담한 키에 나이에 비해 훨씬 젊어 보이고 귀부인티가 나는 게 평상시 자기관리를 잘하며 사는 것처럼 보였다. 자리에 앉아서부터 그녀의 얼굴을 계속 바라보고 있으니 가슴이 설레었다.

"뭐, 묻었니? 왜 뚫어지게 쳐다봐?"

"아냐 그냥…."

그 당시 집안이 유복하고 예쁘장했던 그녀는 남자들이 좋아하는 스타일이었다. 경쟁률이 치열한 가운데 그녀가 나를 선택했으니 얼마나 하늘을 날 것 같았으랴. 이제는 나도 제법 잘 살아와서 그대와 별 다름없이 경제적인 혜택을 누리고 살고 있고 좋은 직장도 다닌다고 으스대며 그때의 내가 아님을 말하고 싶었는데 뭘 어떻게 해야 할지 몰랐다.

이것저것 신변잡기 얘기와 차가 많이 밀렸다는 별로 관심 없어 하는 이야기로 첫 대면을 시작했다. 인터넷에서 미리 보고 숙지했던 음식을 주문하고 "괜찮지?" 했더니 "난, 뭐든지 잘 먹어" 하며 미소 짓는 모습이 그 시절 만났을 때 활짝 웃으며 좋아했던 모습 그대로 묻어났다.

"어떻게 살아왔어?"

말이 끝나기가 무섭게 그녀는 내가 초라하도록 신랑 자랑을 거품을 물고 많이 하며 선공을 날렸다. 사업을 하고 있는 사람이고, 연매출이 수백억 되는 사업체를 운영하고 있고, 직원 수가 200여 명이 넘는 회사 사장님이라고 자랑했다.

"뭐, 너도 잘 살아온 거 같은데?"

묻는 질문이 희미하게 들렸지만 답변을 하기보다는 결혼을 잘했구나 하는 생각에 예전이나 지금이나 역시 잘 나가는 여자네 하는 생각과 어떤 남편인지 부러웠다. 답변을 하기도 전에 계속 이어서 자기 자식 자랑도 늘어놓았다. 딸, 아들도 번듯하게 키워 딸은 결혼해서 사위랑 미국에 살고 있고, 아들은 국내 대기업에 다니고 있다고 자랑을 했다. 남 부러울 것 없는 행복한 생활을 하고 있다고 두 번째 자랑질이 날라왔다.

"요즘 아파트값이 너무 올라 큰일이야. 세금이 말도 못하게 많이 나와."

강남에 60평대 아파트에 산다고 말하고, 나한테는 어디 사냐고 물어보길래 와이프가 복잡한 서울이 싫고, 부모님이 살아계실 때부터 가까이에 살면서 보살펴드리려는 효심도 작용했고, 그리고 나도 자연친화형 도시에 살고 싶었고 그래서 고양시를 선택했는데 살기에 너무 좋은 도시라고 변명 같은 설명을 해주었다.

"그리고, 서울 사는 사람들은 집값이 비싸서 다들 행복한가? 하우스푸어로 지지리 궁상떨고 사는 사람들도 많던데…. 살아보니 어디에 사는 게 뭐가 중요해? 어떻게 사느냐가 중요하지."

"그건 그려…."

"그리고, 집값이 올랐으면 세금을 많이 내는 게 당연하지. 뭔 불만? 세금 낼 돈이 아깝다고 말하면 안 되지. 월급쟁이들은 월급 조금만 올라도 세금으로 거의 다 내는데…."

강남 수십억짜리 아파트에서 사는 게 질투가 났는지 비꼬는 말투가 나갔다. 식사가 나오기 전까지 그녀가 침을 튀며 이런저런 자랑을 하더니 목이 마른지 물을 벌컥벌컥 들이켰다.

"아 참, 미안…. 너는 지금 무슨 일 한다고 했지?"

씨익 웃으며 "뭐, 그냥… 회사 다니고 있지."

어떻게 선방을 날릴까? 하다가 식사가 나오길래 일단 멈췄다. 자랑으로 시작할까? 문학적으로 깊이 있는 대화로 시작할까? 철학이나 예술적으로 폼나게 나갈까? 생각하다가 일단 그녀에게 궁금한 것부터 둗어보아야겠다고 생각했다.

밥이 코로 들어가는지 입으로 들어가는지 모르게 그녀는 계속해서 어깨를 만지며 자랑을 늘어놓았다. "어제, 골프를 쳤더니 어깨가 좀 아프네, 너는 골프 치니?"

"나도 칠 줄 알지, 너는 잘 치나 보네."

"잘 치긴, 그냥…. 어제는 오랜만에 운이 좋아 싱글을 쳤지."

이건 뭐지?

"와우. 엄청 나시네, 핸디캡이 얼만데? 구력이 상당한가 보네…."

"결혼하고 애 키우느라 정신없어 골프는 별로 관심 없었는데, 신랑이 부부동반 모임이 많으니 자꾸 배우라고 권해서 30대 초부터 치기 시작했으니…. 제법 오래됐네. 싱글, 홀인원, 이글은 수도 없이 많이 해봤어."

"와우." 감탄사로 응대하는 것 말고는 할 말이 생각나질 않았다.

"그럼 나랑 한 번 붙어봐야겠는걸?"

나도 너만큼 골프를 쳤고, 싱글도 이글도 해봤고 아직도 80대 초중반을 친다고 응수했다. 당연히 와이프도 골프를 치고, 해외 골프 여행도 자주 나간다고 했다.

그녀도 그렇다고 했고, 아마추어대회에서 우승도 해봤다고 하면서 한 마디 하면 수십 마디를 밥풀 튀며 얘기하는데, 지금 돌아가는 스토리가 오랜만에 만나서 자랑질 베틀을 하는 건가? 하는 생각이 들어, 그게 아닌데 생각하다가 가장 궁금해했던 질문을 던졌다.

"그 시절 그대가 많은 남자들 가슴 설레게 만들었는데…. 나랑 사귀게 되어 영광스러웠지…. 헤어진 후 넌 나를 만나보고 싶었니?"

"사실, 그냥 좋아는 했지만… 우리 애인 사이였나? 그건 아닌 것 같고… 성실하고 괜찮은 남사친으로 생각했고 뭐 두물머리도 갔었지만 별일 없었고… 이렇다 할 데이트도 못해봐서… 그래도 좋아했으니까 사귀었겠지? 특별한 기억이 나는 게 많지는 않네…."

말을 더듬는 걸 보니 억지로 부정을 하는 듯해 보이고 유난히 입을 크게 벌리고 먹으며 답한다.

내가 원하는 답은 얼굴 붉히며, 그랬니? 하면서 나도 너에 대해 관심이 많았고 사랑했던 것 같았고 많이 보고 싶었다는 긍정적인 사인을 보내주길 바랐다. 그녀도 나랑 결혼을 했으면 어떻게 되었을까? 라고 보고 싶어 하며 지냈을 것이라고 생각했다. 맘속에 품고 지냈던 상상이 깨지며 산산조각 나는 순간이었다.

"그래도 강의 후 분식집도 가고, 팥빙수 먹고, 양수리도 가고, 산에도 가고, 기차 타고 임진각이나 저수지 같은 곳도 다니면서… 즐겁게 데이트 했잖아." 한 번 더 기억을 떠올리라고 강하게 남았던 그 시절 이런저런 추억을 쏟아냈다.

"그랬었지…. 여의도에서 무슨 콘서트 간 것도 기억나긴 하는데…'
"그랬지, 마포대교도 걸어서 건넜었지. 그리고 덥다고 빵집에 들러 팥빙수도 먹었잖아, 기억나지?" 내가 첫사랑이고 나를 지금까지 여러 번 생각을 하면서 살아왔다는 말을 듣고 싶었는데, 방향은 그저 단순한 만남이었다고 기억하고 있으니 점점 기운이 빠진다. 디저트로 감주를 마시며 계속해서 그녀의 이야기를 들어주었다. 여자는 죽을 때까지 첫사랑이나 과거에 좋아했던 사람 이야기를 꺼내지 않는다고 하더니 역시였고 위선적이라 철저히 감춘다는 생각을 했다. 그녀가 살아오면서 겪었던 이런저런 자랑 소리만 식당에 가득 찼고 내가 가끔 응수하는 소리는 창가에 부딪히며 찌그러졌다. 이래서 짝사랑이든 첫사랑이든 좋아했던 사람을 다시 만나지 말라고 한 거구나. 괜히 확인해 보고자 애썼던 마음이 안쓰러워졌다. 헤어져 돌아오는 길은 만감이 교차했다.

상상에서 깨어나며 하는 말은 이것뿐….
"그래도 못 사는 것보다 낫네. 그래 너 잘살아서 좋겠다."

안 만나 보니만 못하네

인생은 작은 재회들로 이루어져 있다.

— 에밀리 브론테

      🕊 우연히 친구를 통해 좋아했던 첫사랑 소식을 들었고 그녀와 약속된 곳은 당산동 커피숍이었다. 그녀는 하루종일 일정이 너무 무척 빡빡해서 시간이 안 난다고 했다. 그러다 보니 약속을 잡는 데도 시간이 오래 걸렸고, 만나기를 피하는 것 같다고 오해도 했지만, 계속 차일피일 미루기도 한계가 있길래 밀어붙여 우여곡절 끝에 그녀가 일하고 있는 곳 근처에서 만나기로 했다.

  첫사랑을 수십 년만에 다시 만날 수 있다는 것은 무척이나 가슴 떨리는 사건이었다. 어떻게 변해있을지, 상상 속에 그려본 그녀를 실제 눈앞에서 보게 되는 설렘이다. 남들에게는 깊이 사귀었다고 뻥치며 그녀의 이미지를 환상적으로 꾸며 자랑하기도 했다. 그녀가 나를 무척 사랑했지만 나는 무덤덤했고, 그녀를 너무 사랑했기에 마지막에는 놓아주었다는 말도 안 되는 스토리로 떠들어 댔던 첫사랑의 주인공이시다.

약속 시간이 10분 지나자 습관적으로 시계를 자꾸 바라봤다.
"갑자기 무슨 일이 일어난 건 아닐까?"
"오다가 사고난 건 아니겠지?"
"바빠서 오늘 약속을 잊은 건 아닐까?"
조금 더 시간이 흐른 후 문이 열리면서 아담한 체구의 여인이 주위를 두리번거리는 게 보였다. 키와 스쳐 지나가는 얼굴 모습으로 봐서 한눈에 그녀임을 알 수 있었고 내가 기다리던 그녀였다.

"여기야."
마치 오래된 연인을 만나는 것처럼 손을 들어 자리를 알려주고, 벌떡 일어나 악수를 청하면서 먼저 앉기를 기다렸다.
"미안, 오래 기다렸지?"
"아냐, 아냐, 나도 금방 왔어."
잠시 어떻게 대화를 시작할까 생각하며 침묵이 흘렀는데 그녀는 시계를 자꾸 바라보고 얼굴은 피곤한 기색과 옷차림은 단정했으나 왠지 몇 해 묵은 유행 지난 옷을 입고 있었다.
"그동안 어떻게 살았어?"
따듯한 유자차가 나오고 몸이 왜 그렇게 불었냐고, 그때 늘씬한 몸매는 어쨌느냐고 묻고 싶었는데 그런 말부터 차마 할 수 없었다.
"그냥, 열심히 살아왔지"하고 말하며 웃는 모습에 좋은 건지 나쁜 건지 구분을 못 하겠지만 그늘이 살짝 져 보였다.

"너는 좋아 보이네, 뭐하고 살았니?" 유자차를 마시며 시계를 다시 바라보더니 말했다.

"잘 살고 있지. 근데, 얼굴 보니 기억은 나니? 기억이 잘 안난다고 사진 보내 달라고 하더니…."

"응, 알겠어. 까무잡잡하고 삐쩍 말랐었는데…. 살도 찌고, 얼굴도 하얗게 된 것 같고, 나이도 들어 보이는 게 제법 아저씨티가 나네."

"그래? 근데, 너는 옛날 날씬하고 뽀얗게 예뻤던 기억인데 많이 변했네."

"아줌마가 되니 살도 찌고…. 그렇지 뭐."

사실 첫사랑이었던 그녀에게 나의 모습은 어떻게 비치고 있었을까 매우 궁금한 포인트다. 까무잡잡하고 마른 내 모습이 매력적이지는 않았다는 말이나 다름없었다. 내가 먼저 너를 좋아하며 가슴앓이를 했다고 고백해봐야 왠지 분위기상 손해볼 것 같았다.

"지금은 뭐하고 살아? 일해?" 그녀와 그 시절 얘기를 몇 마디 주고받다가 어떻게 사는지 궁금해서 물어봤다.

"일해야 먹고 살지. 지금도 잠시 시간 내서 나온 거야. 금방 들어가야 돼."

"무슨 일인데 그래?"

"알바하지 뭐. 아이들 돌보는 일인데 점심시간이 지난 지금이 그래도 한가한 시간이야."

그녀는 알바를 하고 있었고, 생활고가 있어 보였다. 환상이 조금씩 깨지기 시작했다.

"신랑은 뭐하는데? 애들도 다 컸을 텐데 알바까지 해야 되나?"

"신랑? 후후…. 이혼하고 혼자 살아. 애들이야 컸지만 지들 먹고 살기 바쁘고…."

"미안, 그런 줄 몰랐네. 잘 살고 있을 줄 알았지"

"괜찮아, 요즘은 돌싱들이 많고 황혼이혼이나 졸혼도 많아져서 별로 창피하지도 않고…." 그냥 덤덤한 표정으로 그렇게 살아가는 것도 인생이라고 말하는 것 같았다.

그녀는 결혼식도 호텔에서 올릴 정도로 남부럽지 않게 출발을 했다. 신랑은 집안도 넉넉하고 대기업에 다니며 장래가 촉망되는 건실한 청년이었다고 했다. 성실이 몸에 배어 있었고 주말이면 양가 부모님댁을 번갈아 찾아뵈며 맛있는 식사를 대접해주는 효자였다. 연휴나 시간이 될 때마다 가족을 데리고 야외로 놀러 다니기를 좋아했고 골프, 테니스, 탁구, 당구 등 취미도 제법 많았다.

남부럽지 않게 즐겁고 행복하게 살았으며 아들, 딸 둘 낳고 가정도 안정되고 아파트도 장만하며 친구들보다 늘 앞서나갔다. 과장쯤 되었을 때는 생활에 여유도 생기고 아이들도 공부도 제법 잘하고 걱정할 게 없는 행복에 묻힌 나날을 보냈다. 하지만 호사다마라고 했던가? 술을 마시고 늦게 귀가하는 횟수가 늘어나고, 용돈이 바닥났다고, 생활비로 사용하던 돈까지 달라고 했다. 무엇에 쓰는데 그렇게 많이 쓰냐고 하면, 경조사가 한둘도 아니고, 남자가 돈쓰는 데 토 단다고 버럭 화를 내기도 했다. 뭔가 변화가 있다고 생각을 했다. 주말에는 술과 피곤에 찌들어 집에서 하루종일 잠을 잤다. 부모님께 가보자고 하거나 놀러 나가자고 하면 힘들다고 혼자 갔다 오라고 했다. 자기가 어떻게 해야 될지를 몰랐다고 했다.

그러길 몇 달이 지나서 드디어 사건이 터지고 말았다. 동료들과 도박에 빠져서 한참을 허우적거리더니, 도박꾼들에게 걸려들어 사채를 쓰며 빚도 엄청 많이 지었다. 사채업자들을 피해 도망 다녔으나 그들의 집요함에 결국 집까지 팔아 갚아야 하는 처지가 되었다. 어쩌다가 그 지경까지 왔는지 이해가 되질 않았다. 그동안 자기를 속이고 늘 야근에 힘들어 하는 줄 알았지 이렇게까지 심한 도박에 빠진 줄은 몰랐다. 신랑은 사태를 수습하기 위해 집을 팔아 빚을 갚고, 전세 명의를 자기로 하고 이사를 가야 했다. 그런데도 본전을 반드시 찾겠다며 도박을 끊지 못하였다. 나중에 안 일이지만, 지인들과 친척한테까지 돈을 빌렸다. 결국 서류상으로나마 이혼을 하여 전세 보증금이라도 건지겠다는 심산이었다. 그렇게 살아왔노라고 이야기를 하는 얼굴에 고생했던 기억들이 묻어나는 것 같았다.

"그런 일이 있으면 안 되는데, 많이 힘들었겠구나."
어떻게 위로를 할지, 이 타임에 어떤 말이 가장 적절한지 모르겠다.
시집올 때 가져갔던 지참금도 다 날리고 아이들을 가르치기 위해서 이것저것 안 해본 일 없이 했다고 했다. 하물며 호프집에서 서빙하다가 시덥지 않은 남자들에게 희롱까지 당해 봤다고 했다. 지금도 그때 생각만 하면 울분이 이는데 겨우 진정을 시키며 살아왔다고 했다.

시계를 자꾸 쳐다보는 게 허락받고 나온 시간이 다가오는 것 같았다. "오늘은 그냥 얼굴 보는 걸로…. 고맙고 반가웠어. 나중에 또 얘기하자." 나머지 차를 비우면서 일어나려고 했다. 말릴 수가 없었다. 마음이 찡하다. 누가 그랬던가? 첫사랑을 만나서 잘살면 시기가 나고 못살면 마음이 아프다고…. 그래서 만나지 말아야 하는 사람이 첫사랑인가 보다. 그녀에게 내가 첫사랑인지 확답을 듣지는 못했지만 어렵고 힘들게 살아왔다는 이야기를 들으니 속상한 마음이 앞장섰다. 김광석이 부른 노래가 왜 이렇게 마음에 착 달라붙는지…. 너무 아픈 사랑은 사랑이 아니었음을….

다시 만났을 때 잘 된 경우와 어렵게 된 경우를 상상해보면서 담배 한 대를 물어본다. 설렘이 뭔지 몰라도 가슴이 두근두근 했던 기억들, 까무잡잡한 얼굴이 싫어서 하얗게 될까 세수를 몇 번씩이나 하고 용모에 특히 신경을 쓰며 거울을 수십 번도 더 쳐다봤던 기억들, 촌티 나는 옷이지만 깔끔하게 차려입고 날듯이 기쁜 마음으로 약속 장소로 나갔던 기억들, 이런저런 많은 기회가 있었으면서 용기가 부족해서 말도 제대로 하지 못했던 기억들 그녀와는 작별의 인사도 다음에 만나자는 말도, 잘 살라는 말도 건네보지 못한 채 아스라한 추억만 가슴 속에 담고 살아가는 지금 그녀는 그 시절 그 자리에서 계속 살아 숨 쉬고 있다.

그 모습이 찍힌 마음 속 영상은 영원히 그때에 멈춰져 있고 그 시절 그곳으로 언제든지 추억 여행을 하게 한다. 가끔씩 이런저런 만나는 상상을 하지만 만나보지 못하고 그시절 추억 속으로 찾아갈 때 그 아이들은 그곳에서 그때 모습으로 나를 기다리며 반겨주고 있었다.

뚜껑을 덮어놓은 음식, 결혼

....

행복한 결혼 생활에서 중요한 것은 서로 얼마나 잘 맞는가보다 다른 점들 어떻게 극복해 나가는가이다.

- 톨스토이

....

🎀 찢어지게 가난했던 시절, 나는 남들과 다른 독특한 만남으로 부부의 인연을 맺었다.

그러다 보니, 결혼하게 된 스토리가 있는 이곳저곳에서 재탕, 삼탕을 우려내도 그때 눈에 콩깍지 꼈던 사건을 잊을 수가 없다.

각자 군대 생활을 할 때 빼놓고는 자주 만나고 깊은 속마음까지 속속들이 얘기하는 친구가 있었다. 그 친구가 먼저 취업을 하여 자리를 잡았고, 어느날 그 친구 여친과 함께 술 한잔할 때였다. 술을 건하게 마시고 혀가 꼬부라질 때쯤 그 여친은 내 성격을 파악했는지 잘 맞을 것 같은 자기와 친한 친구를 소개 시켜 준다고 하였다. 20대 말, 싱글, 찬밥 더운밥 안 가리고 소개받을 때였기에 기쁜 마음으로 예스를 하였다. 친구 여친이 광화문 쪽에서 근무를 하고 있으니 언제 몇 시까지 광화문 어디 어디 커피숍에서 만나자고 약속을 하였다. 자기 친구니까 나쁘게 말할 리는 없겠지만, 예쁘고 교양있고 지적이라는 말에 온갖 상상으로 얼굴을 그렸다 지우곤 하면서 들뜬 마음으로 약속 날이 빨리 오기를 기다렸다. 약속한 날짜에 차가 밀려서 늦을까 봐 신경 쓰여 직장 상사들 눈치 보며 조금 일찍 퇴근하였다. 마음은 두근두근. 소개 받기로 한 저녁 7시, 친구나 여친이 시간 맞춰 나타나지 않았다. 조금 늦겠지…. 7시 10분, 20분, 30분이 지나면서 조금씩 초초해지기 시작했다. 무슨 일이지? 사고가 났나? 별의별 생각을 하면서 주위를 둘러보니 누군가를 기다리는 사람들이 여기저기 시계를 보면서 앉아 있었지만 얼굴을 알아야 혹시 누구누구 기다리냐고 물어 볼 텐데 어쩔 수 없이 무작정 기다릴 수밖에 없는 노릇이었다. 지금처럼 스마트폰이 있었다면, 늦게 오거나 안 나타날 때 득달같이 전화를 해서 확인해 보았을 텐데, 아는 것이라고는 친구 회사 전화번호밖에 없고 이미 퇴근을 해서 전화를 받지도 않을 것이다. 시계를 쳐다보며 무작정 하염없이 기다릴 수밖에 없었다.

8시, 8시 30분이 지나가는데도 둘 다 나타나지 않는 기막힌 일이 발생하였다.

더 이상 기다리는 게 의미 없는 시간이 되었다고 생각했을 때 어이없고 황당하다고 생각하면서, 바람 맞은 쓸쓸함과 소개해준다는 사람들이 나타나지 않는 괘씸한 생각에 혼자 포장마차에서 술을 잔뜩 마시고 밤늦게 집에 들어갔다.

다음날 친구에게 왜 어제 약속장소에 나오지 않았느냐고 짜증 섞인 전화를 했다. 뭔 소리야? 너 그날 술 취했었니? 기억이 잘 안나? 하면서 오늘이고 이따 저녁 7시에 광화문 커피숍으로 나오라는 것이었다.

하도 기가 막혀서, 어제 이야기를 친구에게 해주며 어긋난 약속 날짜를 가지고 누구 말이 맞는지 한참 동안 말싸움을 했다. 어쨌든 그날은 지방으로 출장 갈 준비를 하고 있었고, 약속장소에 나가는 것은 불가능했다. 한참을 옥신각신 이야기한 후 다음에 다시 약속 날짜를 잡아 소개받기로 하고 출장을 떠났다. 하지만 이미 마음이 상했고 인연이 아닌가보다 생각했다. 그런 후 일주일쯤 지났나? 친구에게 전화가 왔는데 그날 일로 서로 오해를 풀자며 저녁 약속을 잡았다. 친구와 여친 얼굴을 보자마자 소개를 시켜주려면 똑바로 해주라고 했더니 소개해줄 사람이 정확히 알지 하면서 서로 자기가 옳다고 말하며 실랑이를 하고 있었다. 얼마쯤 옥신각신하다가, 친구 여친이 "어, 다는 동생이 왔네?" 하고 손을 들어 그 동생을 자리로 오라고 불렀다. 그러거나 말거나 계속해서 그때 상황을 설명하면서 바람맞고 혼자 슬 타령을 했는데 그 기분이 어떤지 알겠느냐고 푸념을 늘어놓았다. 잠시 후 내 말이 끝나자 함께 일하는 여동생이라고 인사를 시키며 소개시켜 주었다. 그러거나 말거나 건성으로 힐끗 보며 인사를 했다. 나중에 안 일이지간 둘은 우연을 가장한 약속된 만남이었다. 그 여동생이 자기가 사귀는 남친을 보고 싶다고 하길래 몇 시쯤 어느 커피숍에서 만나기로 했으니 와서 보라고 작전을 세웠고 그리고 우연인 것처럼 자리로 부르겠다고 약속을 했다고 한다. 이왕 왔으니 이해해 달라며 자리를 함께하자고 했다. 한참을 떠들었더니 배가 고프기도 했고, 반복해서 소개받지 못한 여자 이야기를 했더니 지루한지 그 동생은 언니 남자친구 만나서 반가 왔다고 인사하고 자리에서 먼저 일어났다.

우리끼리만 떠든 것 같아 미안하기도 했다.

"약속 없으면 함께 식사하고 가시죠?"

친구 말에 그 여동생은 빼는 듯하다가 언니가 손을 이끄니 못 이기는 척 함께 갔다. 잡다한 이야기와 함께 배가 부르게 먹고 나서야 그 여동생 얼굴도 윤곽이 드러났다. 화사하지 않게 입은 옷과 야윈 체형에 조그마한 얼굴, 그리고 조용조용히 말하며 웃는 얼굴이 밉지는 않다고 생각했다. 친구와 여친은 데이트한다며 동생과 나를 두고 먼저 사라졌고, 마포에 산다고 한 여동생과 같은 정류장에서 버스를 기다리게 되었다.

"이름이 참 예쁘시네요"

여자를 꼬시기 위한 첫 멘트, 본능적으로 나오는 작업의 정석이다.

친구 여친이 "미양아." 하고 여동생 이름을 부르는 것을 들었었다. 어정쩡한 분위기에 할 말도 없었는지 그녀는 그 당시 유행했던 마이마이를 꺼내 음악을 들으려고 하였다. 어떤 음악을 듣느냐고 물었다.

"해바라기 4집이에요."

"나도 그 테이프 사고 싶었는데…. 혹시, 다 들었으면 빌려주실 수 있나요? 다음에 언니 통해서 돌려 드릴게요."

그 동생은 별 거부감 없이 테이프를 나에게 건네주었다. 바쁜 일상에 얼마나 많은 시간이 흘렀는지는 모를 때쯤 아차 하고 빌려온 테이프가 아직 나에게 있다는 것을 깨달은 순간 친구여친 사무실로 전화를 했는데 마침 그 동생이 받았다. 테이프를 돌려주겠다고 전화를 한 것이고 직접 전화를 받기에 "음악 잘 들었습니다. 고맙다는 인사로 식사를 사드리고 싶은데 내일 퇴근 후 시간이 어떠세요?"

나는 여친을 소개받지 못해 바람맞고 친구에게 따지러 나왔고, 그녀는 언니의 남친이 궁금해서 나왔는데 그런 자리에서 우연히 만나 사귀게 되었으니 운명적인 만남이었던 것이다.

사귀는 동안에는 둘 다 연애 경험이 풍부하지(?) 않아 초라한 데이트를 했어도 불만이 없었다. 신입사원이니 월급은 한 달 쓰기도 모자랐고 늘 쪼들리고 궁색하게 살고 있었다. 데이트할 때 칼질하는 레스토랑 등 멋진 곳도 많았지만 분위기 잡는 값으로 지불하기에는 너무 비싸서 체할 것 같았다. 거닐다가 스케이크를 파는 고급스러운 곳 간판을 유심히 바라보면 들어가고 싶나? 엄청 비쌀 텐데…. 마음속으로 어떻게 상황을 피해 나갈지 생각을 정리한다. 속이 안 좋다는 이런저런 핑계를 대고 떡볶이, 순대가 당긴다고 말하거나 "얼큰한 해장국 국물이 생각나네"라고 말하며 평범한 식당 등 하루 지출 상한 기준이 넘지 않는 곳을 찾아다녔다. 우아한 찻집에서 앉아 이야기하기보다는 걷는 걸 좋아한다고 많이 걸어 다니며 데이트를 하였다. 그때까지 경제적인 개념이 없어서 얼마나 가지고 있어야 결혼을 할 수 있는지 알지도 못했다. 돈이야 뭐 결혼하고 살아가면서 벌면 집도 사고,

아이들도 키우면 되지 하는 그냥 막연한 생각뿐이었다. 그렇게 데이트하는 시간들을 몇 달간 모으고 모으다 보니 인연이 깊어져 가고 있었고 아무것도 준비 안 된 가난한 결혼을 하게 되었다.

　예식장을 예약하고 제주도로 신혼여행을 가기로 했다. 마침 예식장에서 운영하는 제주도에 호텔이 있고 사진을 보여주는데 깨끗하고 시설이 나쁘지 않고 패키지로 하면 할인해준다고 하여 그렇게 계약했다. 제주도에 가서 확인한 사실이지만 제주시가 멀리 보이는 외지고 한적한 곳에 덩그러니 서 있는 간판은 호텔이지만 모텔이었다. 신부가 럭셔리한 호텔을 기대했을 텐데 미안한 생각이 들었다. 돈이 없어 이런 곳을 잡을 수밖에 없었던 신세가 가여운 생각이 들었다. 신부는 "이럴 줄 알았으면 경제적인 조건도 따져보고 있는 놈한테 시집갈걸, 고생 문이 훤히 열렸네." 하고 생각했을 텐데 오죽 마음이 상했으랴.

　초라함의 끝장은 럭셔리한 호텔로 신혼 여행을 온 부부들. 거기에 머무는 신혼부부들을 대상으로 이벤트를 하는데 객식구도 되는지 알아보고 참석했던 일이다. 우리는 별도로 입장료를 내고 들어갔고 그들 틈에 끼어 신혼의 밤 행사를 즐겼다. 돈이 없어도 즐겁고 행복할 줄 알았는데 이런 상황을 겪고 나니 서글프고 안타깝고 씁쓸한 마음이 들었다. 여행을 와서 겪고 느낀 이런저런 생각에 결혼 생활에 대한 자신감도 술과 함께 내려앉았다. 여행을 마치고 반겨준 신혼집은 부모님이 살고 계신 허름한 집의 단칸방이었다. 단칸방 연탄보일러

집으로 셋방살이를 나올 때까지 방 얻을 돈이 없어 신혼 생활을 부모님집 방 한편에 얹혀 살았으니 신혼 살림살이가 오죽했으랴.

교과서적인 얘기로 돈은 욕심을 불러일으키고, 그 욕심을 내려놓지 못하면 삶이 늘 허덕이고 힘들어 진다고 알고 있다. 돈이 많으면 그것을 지키기 위해 불행해진다는 글을 읽을 때는 왠지 나는 해당 사항이 없으니 편안해지고 위로가 되며 맘속에 쏙쏙 와닿을 때도 있었다. 하지만 "돈 많이 벌어야겠다. 근검 절약. 그러다 보면 곧 좋아질거야." 하고 결심하며 그때의 가난한 현실을 이겨내기로 마음먹은 시기이기도 했다.

가난했기에 열심히 살아왔고 열심히 살아왔기에 남에게 손 벌리지 않을 정도로 살아가고 있다. 요즘 젊은 사람들은 결혼을 안 하려고 한다던데 다행히 큰딸은 시집을 일찍 갔다. 시집은 가도 아이를 안 낳겠다고 한다는데 서아와 채아 둘을 보게 해주었으니 그 세월을 보상 받는 듯 감사하고 더할 나위 없이 행복하다. 이젠 둘째 딸과 아들이 남았고 비혼을 선언하지 않아 천만다행이다. 결혼을 한다고 통보해 오면 조그만 전세라도 얻어 시작을 해야 하는데, 집값이 천정부지로 뛰어올라 조금이라도 도움을 주고 싶은 심정인데 그렇지 못하는 형편이라고 생각이 들 때면 가난했던 인생 여정이 한편으론 잘못 살아왔나? 하는 쓸쓸한 생각이 들기도 한다.

결혼을 하고 한참 지난 후 우연히 소개를 받기로 했던 그 여자는 제법 부유하게 잘 산다는 소문을 들었다. 만약, 나랑 만나서 결혼했다면 어떻게 살고 있을까? 생각이 들면서 약속이 잘못되어 만나지 못했으니 그것도 서로의 운명이었다. 우리 부부는 만약 그 당시 돈의 소중함을 절실하게 깨달았다면 우연히 만난 가난한 인연을 운명으로 받아들이고 결혼에 골인했을까? 아마도 잘못된 만남이 될지언정 결혼하지 않았을까 생각한다. 왜냐하면, 살아 보면서 어떤 여러 가지 공통점을 찾아내고 보니 그런 생각이 들고 인연은 있었던 것 같았다. 예를 들면, 돈이 없어도 남들에게 보증 서주거나 꿔주는 거 거절 못 했고, 몇 번씩 날리고 그 돈 갚느라 쌩 고생을 하면서도 서로 탓하며 죽일 듯이 싸우지 않았고, 그 와중에 가고 싶은 해외여행은 마이너스 통장의 빚을 내서라도 갔으며, 하고자 하는 일들은 나중에 어떻게든 해결되겠지 하고 질러버리는 스타일이 닮았기 때문이다. 아니면 둘 다 말랐고, 왼손잡이고, 머리통, 생김새 등 뭔가 찾아내서 운명이라는 둥 천생연분이라는 둥 우리는 결혼할 수밖에 없는 인연이라고 자기합리화를 악착같이 했을 것 같다. 그래, 사랑하고, 결혼하고, 애들 낳고 잘 살면 되지…. 가난이 뭐 대순가?

함 사세요

....

"전통은 우리가 어디에서 왔는지를 아는 길이며, 우리가 어디로 향하고 있는지 알게 해준다."

— 로이 헨릭

....

        함을 처음 팔아본 것은 학교를 졸업한 다음 해 여름, 친구들 중에서 가장 먼저 결혼을 한 친구 덕분이었다. 양가 부모님끼리 아시는 분들이라 혼담이 오고 갔고 몇 번을 만나지 않았는데도 서로에게 마음이 꽂혀서 결혼을 결심하게 되었다고 했다. 학교 다닐 때에는 미팅도 제대로 못하고 여학생 앞에서는 수줍어만 하던 친구가 가장 먼저 결혼을 한다는 소식에 깜짝 놀랐고, 많은 친구들 중에 우리 그룹을 선택했고, 처음 경험해보는 함팔이를 시켜서 평생 잊지 못할 아름다운 추억을 남겨주었다.

함을 판다는 게 무엇을 의미하는지, 어떻게 하는 건지는 잘은 몰랐다. 단지, 옛날 풍습에 따라 결혼식을 올리기 전에 신랑집에서 신붓집으로 예물을 담아 보내는데, 신랑 친구들이 신붓집으로 함을 지고 가면서 "함 사세요" 외치면서 함값을 받아내는 풍습이라는 정도를 알고 있었다. 아마도 동네 처자의 혼인을 알리며, 신랑신부의 행복을 사람들이 함께 축하해 주는 풍습이 아닐까 생각된다. 지금은 시대가 변해서, "함 사세요" 하며 고성을 지르면 이웃에 피해를 준다고 생각해 신랑이 직접 함(신혼 여행용 케리어)을 들고 처갓집으로 간다.

친구로부터 얼마의 함값을 받을 수 있을지, 신부 친구들은 몇 명이 오는지, 함을 빨리 들어오려고 몸싸움할 신부 쪽 친척은 어느 정도 되는지, 봉투를 깔아줄 분이 신부 오빠라는 것과 어디서부터 시작하고 집까지 거리가 얼마나 되는지, 집으로 향하는 골목길 등 다양한 정보를 친구를 통해 사전에 듣고, 결혼하기 일주일 전 토요일, 드디어 함을 팔기 위해 친구들은 처갓집 동네에 도착했다. 용의주도한 현장 검증. 도착하여 가장 먼저 지리를 익히기 위해 동네를 한 바퀴 둘러보았다. 날씨는 여름을 향해가고 있었지만 그렇게 덥지는 않았고, 봉투를 깔아도 젖지 않을 뽀송뽀송한 골목길 바닥과 청명한 날씨, 그리고 실랑이를 할 때 버티고 길바닥에 눕기도 적당한 아주 좋은 상태였다.

친구가 알려준 집에서 백여 미터 떨어진 곳에 시장이 있었다. 그곳에서 출발하면 된다는 친구의 귀띔이 있었기에 시장 초입 식당에서 간식을 먹으며 함을 어떻게 팔 것인지 작전을 세웠다. 함진아비는 친구들 중 결혼해서 첫아들을 낳은 사람이 해야 한다고 했지만, 첫 결혼이다 보니 그런 친구는 없고 친구들 중에서 덩치가 좋아 신부 쪽 사람에게 밀리거나 끌려가지 않을 친구가 누군지 서로 바라봤다.

오징어 뒤집어쓰지 않으려고 서로 눈치 보며 빼는 분위기였는데 한 친구에게 눈길이 모이자 그 친구는 별다른 투정 없이 승낙하였다. 그 다음으로 밀당을 잘하고 결혼식 때 사회 보기로 내정됐던 내가 마부를 하기로 했고, 그 외 친구들은 청사초롱을 들고 들러리와 밀착 경호를 맡기로 했다. 함을 지고 집에 너무 늦게 들어가는 건 예의가 아니라고 어르신들이 말씀을 하셨다. 집에 도착 예정 시간을 정하고 실랑이하는 시간을 충분히 계산하고 출발 시간을 정했다.

청사초롱어 불을 밝혀두고, 오뎅 국물에 막걸리를 한잔하면서 이런 저런 작전을 세우는데 지나가는 사람들이 저 아랫집 막내딸 결혼이라더니 함 팔러 왔나보다고 소곤거리는 소리가 들렸다. 제법 큰 동네 같은데, 이곳에서 사시는 분들은 모두 혼인이 있다는 걸 알고 있는 듯했다. 대충 신붓집 사정을 들어볼 수 있는 시간이었다.

"신붓집이 부자니 함값을 두둑이 받겠네."
"그집 딸이 곱상하게 잘 컸던데, 드디어 시집을 가는군. 세월 빠르네…."
"오랜만에 이 동네에서 함 파는 것을 구경해볼 수 있겠네."

친구들 모두 함 파는 것은 첫 경험이라 긴장하고 있었지만 시장 어른들이 함이란 무엇인지 왜 함을 파는 것인지 어떻게 하는 게 좋은

지 자신들 옛날 추억을 떠올리며 한마디씩 거들며 도움을 주셨다. 어느 분은 신부 친구들 미모에 끌려 함진애비가 그냥 들어가자고 우기는 바람에 함값도 제대로 못 챙기셨다며 그냥 헬렐레하고 따라 들어가면 안된다는 둥, 친척들 얼굴을 모르니 구경꾼 사이에 첩자가 숨어 있을 테고 뒤에서 확 밀 수도 있으니 들러리들은 경호하듯이 함진아비를 보호하라는 둥 이런저런 주의사항과 당부의 많은 말씀을 해주셨다. 그집 딸이 참하고 이쁜데 행복하게 잘 살 거라는 덕담은 잊지 않고 해주셔서 기분은 좋았다. 말씀을 듣는 동안에 긴장도 되고, 출출 하기도 했는지 막걸리가 술술 잘 들어간다. 드디어 예정된 출발 시간이 되어 본격적으로 작전 개시가 되었다.

집 방향 골목길로 걸어가면서 우리 일행이 "함 사세요!"를 외쳐댔다. 처음에는 왠지 쑥스럽고 어색했다. 목소리가 시원하게 안 나오다가 술기운이 살짝 올라오고 지나가는 사람들의 밝은 표정과 옅은 미소가 응원으로 보이자 조금씩 긴장이 풀리기 시작했다. 천천히 걸으면서 이곳저곳 다른 집 대문에 대고 "함 사세요!"를 외치면 "우리집으로 들어 오게나"라고 말하는 사람들도 있었고, "목소리가 너무 작아, 그래서 함을 누가 사겠어?" 라고 응원을 해주는 집도 있었다. 일행이 천천히 주위를 살피며 신붓집 반응을 살피는 동안 뒤를 따르는 동네 사람들도 하나둘씩 늘어나기 시작했다. 우리가 계속 떠들어 대는데도 작전을 짜고 있는지 밀당의 고수들인지 신부 측에서 아무런 반응이 없었다. "이상하네…. 신붓집에서 반응이 있어야 하는데 왜 아무런 스식이 없지?" 봉투든 사람이 나오길 기다리며 괜히 엉뚱한 집 대문 앞에서 "함 사실래요? 싸게 드릴게요" 하고 소리 지르면, "얼다에 팔 건데?" 하고 안에서 장단을 맞춰주었다. "싸게 팝니다요. 함 살 분과 흥정이 안 되면 이따 들릴게요" 하고 소리 지르니 잠시후 길 앞쪽에서 봉투를 잔뜩 든 분이 다가왔다. 그분이 오빠라는 것을 알고 있었다. 나이도 그리 많이 차이 나지 않기에 크게 예를 차리거나 겁먹을 필요 없고 밀당에서 밀리지 말아야지 하고 다짐하고 있었다. "어디 친구들, 먼 길 오느라고 수고 많았네. 어디다 함을 팔려구 그래. 이쪽으로 와야지. 두둑이 넣어 깔아 놓을 테니 하나씩 확인해 보고 이쪽으로 빨리 오라구"라고 말하며 봉투를 발 앞에서부터 듬성듬성 집 방향으로 깔아주었다. 마부는 봉투를 발로 밟은 후 금액을 확인해 보고 거기에 들어 있는 금액으로 앞으로 몇 걸음을 갈지, 제자리어서 땡깡을 부릴지, 그냥 주저앉을지 결정을 하여 함진애비에게 지시하면 된다.

몇 개의 봉투를 밟으며 "함 사세요. 함 사세요." 소리를 지르고 얼마나 들었는지 슬쩍 확인한 후, 만 원짜리가 들어 있으면 "10보 앞으로 전진."하고 소리 질렀다. 어떨 때는 봉투에 천 원짜리 몇 장이 넣어져 있어서 제자리에 서서 안가겠다고 버티면 "봉투를 받았으면 이 사람들아 가는 게 맞지" 하고 끌어당기거나, 누군지 모르지만 뒤에서 빨리 들어가라고 미는 사람도 있었다. 아까 시장에서 어르신 말씀으로 친척 중에 첩자가 구경꾼 중에 있을 거라 했었는데 그런 게 쿤

명했고, 들러리 서는 친구들과 그분과 실랑이를 벌이기도 했다. 버티고, 실랑이를 하면서 봉투를 밟고 한 걸음씩 가다 보니 동네 사람들이 제법 모여들었고, 골목길에 땅거미가 내려앉기 시작했다. 사람들이 하나둘 집으로 돌아가는 시간이 되어가니 많은 사람들이 우리를 쳐다보며 웃으며 지나갔다. 친구가 어여쁜 색시 얻어 장가간다니 기쁘고, 막걸리 취기가 좋았고, 제법 짭짤하게 수입도 올리고, 맘껏 소리쳐도 뭐라고 하지 않는 동네 인심이 좋았으니 이 어찌 흥이 달아오르지 않을 수가 있을까? 누가 누군지 모르기에 구경꾼들 사이에 대고 "동네 사람들, 신붓집 인심 고약하네요. 말에게 여물로 술 한상 주질 않으니 어떻게 집까지 갈 수 있나요. 목이 마르고 출출하니 누가 술 한상만 내오라고 일러주세요." 이런 건 누가 알려 주지 않았는데 흥겨우니 용기도 생기고 즉흥적인 애드립이 잘도 나왔다. 쉬고 싶기도 하고 뒤쪽으로 적당히 술 한잔할 자리가 보였다. 하지만, 함진애비는 무슨 일이 있어도 뒤로는 가는 게 아니라고 했었다. 일행은 얼마쯤 가서 봉투가 깔려있던 자리에 철퍼덕 주저앉았다. 오징어를 뒤집어쓴 함진애비가 제일 고생이 많았다. 쾌쾌한 오징어 냄새에 말도 못하고 양복은 실랑이를 하면서 거의 찢어지기 직전까지 구겨지고 상태가 말이 아니었다. 어깨를 두들겨 주고, 그래도 즐겁지 아니한가? 하는 표정을 지었지만 "에고 힘들어…." 눈으로 서로 힘들다는 표정을 주고받으면서 담배라도 한 대 피고 싶은 생각이 굴뚝 같았지만, 이 중에 친척분들도 있을 테고, 동네 어르신들이 있는데 버릇없게 그럴 수는 없었다.

구경꾼 사이에서 누가 전달했는지 잠시후 다과상에 막걸리를 들고 여자 한 명이 다가왔다. 우리 일행 앞에 다과상을 내려놓고 아가씨가 다소곳하게 앉아 막걸리를 따라주면서

"이러지 마시고 빨리 들어가요, 배도 고프고, 동네 사람들 창피하게 왜 그렇게 떠든대요…."

제법 귀엽고, 아담하고, 목소리가 애교스러운 아가씨가 우리에게 사정하는 척하며 당부를 한다.

"누구신지요?"

일단 웃는 얼굴이 보기가 좋았다.

"저는 신부와 고등학교 동창이고 가장 친한 친구입니다."

친구들이 침을 꼴깍 삼킨다. 단정한 머리에 불그레한 얼굴빛이 청순해 보이고 귀엽고 예뻤다.

친구들은 솔직히 졸업하고 직장 초년병 시절이라 바빴고 연애할 시간이 없어서 이렇다 할 여자친구가 있는 사람들이 없었다. 막걸리 한 잔을 들이키고

"집안에 친구들은 몇 명이나 계세요?" 물으니

"저보다 훨씬 예쁜 친구들 5~6명이, 멋진 신랑 친구들이 빨리 들어오기를 학수고대하고 있답니다."

"그럼 얼른 들어가야죠."

하고 함진애비가 일어서려 엉덩이를 들썩거리길래 다시 주저앉혔다.

"좋아요. 그러면, 말이 더 이상 힘들어 걸을 수 없는 상태이고 하

니, 힘을 내라고 말에게 큰절을 한번 올려 주시죠."

갑작스러운 제안을 했다. 동네 사람들도 많고 다 큰 처녀가 쑥스럽고 민망할 텐데 못하겠지. 너무 심한 요구를 했나? 걱정을 하고 있는데 잠시 머뭇거리더니 주위를 둘러보고 우리 일행을 향해 큰절을 하는 것이었다. 구경꾼들은 와우. 소리를 내면서 한바탕 웃고 신부 친구에게 격려의 박수를 쳐줬다.

"이것 봐라, 제법인데…."

제법 흥도 있고, 분위기도 맞출 줄 알고 인상이 매우 깊게 남았다.

절값은 해야겠고 구경꾼들은 우리가 어떻게 나올지 궁금해하고 말이 앞장서서 가려고 한다.

"말은 마부가 하는 말만 듣는 거야 왜? 신부 친구가 맘에 드니?"

오징어를 뒤집어쓰고 힘들어 하면서도 고개를 연실 끄덕거린다.

"하는 수 없지. 함진애비가 그대에게 반한 모양이요. 자 갑시다."

다과상을 물리고 일어나 다시 "함 사세요"를 외친다. 한두 발짝씩 앞으로 가려는데 구경꾼들 사이에서 나이 지긋하시고 근엄하게 생기신 분이 정색을 하면서 한마디 한다.

"이 사람들아, 이젠 시간도 늦었는데 동네 시끄럽게 왜 떠들어, 절도 받았고, 하라고 하는 대로 했으면 들어가야지. 언제까지 이럴 거야?"

잠시 침묵이 흘렀다.

"이제 그만들 하게. 동네 사람이 경찰에 신고하기 전에 빨리 들어가지 못해?" 하면서 꾸짖으며 돌아가셨다. 잠시 기분이 났었는데 일행은 울음이 되어 꼼짝 못 하고 잠시 정적이 흐른다. 우리가 너무 심했나? 그냥 들어가야 하나? 어쩌나…. 갈등을 잠시 했다. 구경꾼들 사이에서 키득거리는 소리가 들리고 우리가 진짜 들어갈 분위기라고 소근거리는 소리가 들린다. 이건 뭐지? 그분은 누구지? 아마도 구경꾼들 사이에 첩자를 심어놓고 적당한 시간에 한마디 해달라고 부탁한 게 아닌가 하는 생각이 들었다. 분명히 그럴 것이라고 확신을 했다.

에라 모르겠다. "어르신 말씀에 속지 말자" 하고 다시 "함 사세요!"를 외친다. 동네 사람들 웃음 속에 우리가 속지 않아서 다행이라는 응원의 소리가 들리는 듯했다. 오빠가 다시 봉투를 깔아 놓으면서 빨리 들어오라고 야단이다. 다시 집으로 향하기 시작하였고, 그래도 잘못하다 밀리면 소득 없이 한참을 가야 하니, 바람잡이와 마부는 결사적으로 버티면서 봉투가 두둑이 깔리기를 기다렸다.

"그냥 한 방에 끝내시죠, 두둑하게 넣어 주시고 마무리합시다."

"이디 줄건 다 줬네. 더는 없으니 맘대로 하게나."

한참을 실랑이하고 밀당을 하고 소리 지르고 가다가 주저앉기를 반복했다. 봉투가 허전하면 괜히 동네 구경꾼들에게 함 사시겠냐고 흥정을 걸어보면, 오빠가 가로막고 내 손을 잡고 미안하다고 사과를 하며 다시 봉투를 촘촘히 깔고 했다. 제법 오랜 시간 동안 함을 팔다 보니 어느 정도 금액을 받았다고 생각도 들었고 그럴 즈음에 목적지인 친구 처갓집이 보이기 시작했다.

"저기구나, 다 와 가네…."

일행은 다시 주저앉아 마지막 흥을 돋워 보기로 했다. 짓궂었던 나는 다시 신부 친구들을 불러냈다.

"안에 계십니까? 친구분들…. 말이 힘들다고 하니, 힘내라고 응원을 해주셔야 들어갈 거 아닙니까?"

소리를 지르며

"여기 막걸리 한 사발 주시고, 기운날 수 있게 친구분들이 나와 노래나 한번 불러 주시오!"

하니, 집안에 사람들이 이리저리 왔다 갔다 하는 모습이 보였다. 어찌할지 상의를 하는 것 같았다. 우리는 여유 있게 신부 친구들과 막걸리상이 나오길 기다렸다.

잠시후, 친구로 보이는 일행 5명이 한 줄로 우리 앞에 섰다. 이목구비가 뚜렷하고 표정이 밝고 귀엽고 예쁜 신부 친구들인 것 같았다. 신부 친구들이니 나이는 약간 어릴 테고…. 수줍은 듯 웃는 모습들이 마음을 흔들어 놓았다. 그러는 사이 아까 그 친구는 막걸리 한잔을 따라주었고 우리는 시원하게 들이켰다. 안주를 집어서 입에 넣어주는 센스가 보통이 아니었다. 마부하니까 대접도 받네. 그래도 마음이 약해져서 여기서 그만 꼴까닥 넘어가지 않아야 한다고 친구들에게 굳은 결의에 찬 모습을 보여주었다.

"친구분들은 왜, 우두커니 서 계세요? 인사하고 노래나 한번 들어봅시다."

동네 구경꾼들이 박수를 치며, 얼른 노래를 해보라고 흥을 돋워 주었다. 여자 친구들은 자기들끼리 이야기하더니 「소양강 처녀」를 불렀다.

"해 저어문 소오양강에 황혼이 지이면, 외로운 갈대 밭에 슬피 우는 두견새야, 열여덟 딸기 같은 어린 내 순정."

막걸리 한잔을 들이켜니 간드러지게 불러대는 노랫소리에 덩실덩실 어깨춤이 나온다. 앵콜! 소리가 튀어나오고,

"소양강만 강이냐 낙동강도 강이다"

"낙도옹강. 강바아람에 치마폭을 스치이며, 군인 간 오라버어니 이이 소오식이 없네, 큰애기 사공이뜬 누가 뭐라나 늙으신 부모님을 내가 모시고." 신났다. 흥겹다. 여기서 판을 바꾸기는 이미 틀렸다. 노랫소리에 장단을 맞추고 구경꾼 사이로 돌아다니면서 몇몇 어르신들에게는 막걸리 한 잔씩을 따라드렸다. 함진애비 오징어에서 다리를 떼어 안주로 주고 함께 박 수치며 즐겁게 한참 노래를 불렀다. 분위기가 정리도 안 되고 여운이 남아 내친김에 그중 큰절을 올렸던 친구에게 독창을 해보라고 시켰다. 제목은 기억하지 못하지만 그 시절 유행했던 노래를 제법 당차게, 귀엽게 몸을 흔들어 가면서 잘 불렀다. 하는 져가고, 술기운에 기분도 좋아졌고, 여자친구들의 노랫소리에 취해서 한참을 동네 구경꾼들과 하나가 되어 흥을 쏟아냈다.

"마지막으로 집앞 계단에 큰 걸 준비했으니 빨리 갑시다" 오빠는 우리에게 더 이상 술판을 벌이지 말고 시간도 늦었으니 더 이상 시간을 낭비하지 말고 정리하고 이젠 그만 마무리하자는 제안을 했다. 겸손하게 제

제1장 설렘 67

안하는 말투로 하다 보니, 조금더 버티다가 이쯤이면 되었다 생각이 들었다. 이제 그만 집으로 들어가자고 일행들과 눈으로 사인을 했다.

여자친구들이 먼저 집으로 들어가고, 동네 사람들은 마지막 하이라이트를 보기 위해 기다리고 있었다. 집앞에 다다라 "함 사세요"를 외치면서 다시 한 번 큰소리를 질렀다. 시간도 늦었고 목도 어지간히 쉰 것 같고, 말도 지치고, 들러리들도 지쳐간다. 정리할 시간이다. 들어갈 시간이다. 힘들다. 대문 앞에 이르러 마지막 봉투가 놓여 있는 것을 밟으면서 친구들과 함께 모두 한목소리로 외쳤다. "함 들어갑니다" 큰소리와 함께 동네 사람들의 마무리 박수 소리, 신부 부모님과 친구들 모두 박수를 쳐주고 우리 일행을 맞이하면서 함은 신붓집을 찾아 무사히 들어갔다.

도착한 우리는 예를 갖추고 부모님께 큰절을 올렸다.
"어허. 친구들이 매우 잘생겼네. 아주 짓궂게 했다면서? 잘 찾아왔고 수고들 했네. 저쪽 방에 식사 준비해놨으니 시장할 텐데, 어서 가서 식사들 하게."
"너무 소동 피우고 짓궂게 들어와서 죄송합니다. 동네 분이 신고를 한다고 하시던데 민폐를 끼치지 않았나 죄송스럽게 생각합니다."
"아닐쎄, 내가 이 동네 토박이야, 우리 딸 시집 가는 거 다 알어, 걱정 말게, 흥겹게 잘했네."
안심을 시켜주는 아버님의 말씀에 안도의 숨을 내쉬었다. 우리는 간단히 손을 씻고, 더럽혀진 양복과 옷매무새를 단정히 하고 식사가 준비된 방으로 갔다.

신부 친구들과 친척분들 신랑 신부 모두 우리를 기다리고 있었다. 아까 경찰에 신고하겠다던 어르신, 뒤에서 빨리 들어가라고 밀치시던 분도 계신다. 고두들 친척분이 셨다.

"대간해, 속지 않던데" 라고 말씀하시니 박장대소와 왁자지껄 떠드는 소리가 흘러나온다. 시장에서 어르신들의 말씀, 함 들어오면서 막걸리 취기가 돌고 실랑이했던 순간, 신부 친구의 큰절과 친구들 모두 나와서 부른 노래, 동네 사람들의 정다움과 응원 등 즐거운 이야기를 하면서 웃음꽃은 활짝 피고 있었다.

식사 후 술 한잔을 하면서 신혼 여행은 어디로 가며, 얄궂은 질문에 우문현답이 쏟아져 나오고 이런저런 이야기를 나누고 있을 때 함이 들어오는 과정에서 큰절을 올렸던 신부 친구만 입을 뾰로통하면서 불간을 이야기했지만 화가 났거나 싫어 보이지는 않았다. 그 친구에게 고맙다고 인사를 하고, 너무 짓궂게 한 거 이해를 해달라고 말했다.

"말로만 되나요? 한턱내셔야죠…. 어디 나중에 두고 보겠습니다" 라고 하길래 "나중에 보자고 하시는 게 벌써 나에게 반했나요? 데이트 신청하는 건가요?" 하니 얼굴이 붉어지고 방안에 웃음꽃이 가득 넘쳐났다.

함값으로 받은 돈은 친구들이 나누어 갖는 것이 아니다. 결혼식 날

신랑신부의 친구들끼리 친구를 신혼 여행 보낸 후 간단히 뒤풀이로 차를 마시거나 식사를 하는 비용으로 쓴다. 그리고 나머지 돈은 양측이 나누고, 집들이 때 선물을 하거나 신혼여행을 다녀와서 피로연을 할 때 친구를 위해 사용했다. 친구의 결혼 이벤트는 이렇게 함 파는 날부터 시작하여 집들이까지 이어졌다.

그 중에 한두 쌍이 짝을 이룰 뻔했다. 하지만 추억으로만 남기고 인연은 다른 곳에서 찾아오는 건지 각자의 삶으로 돌아가 다른 짝을 만났다. 만약에 한 쌍이 더 탄생했더라면 세련되고 멋들이진 함팔이를 또 할 수 있었을 텐데…. 세월이 흘러 이젠 친구 자녀들이 결혼을 한다고 하나둘씩 연락이 온다. 젊은 날, 함을 팔던 우리 친구들은 아버지에서 할아버지로 조금씩 변해가고 있다. 영원히 인연을 이어갈 줄 알았던 친구들이 멀어지고 소식이 끊어지고 헤어지고 사별하면서 기억 속에서 사라져 간다. 그들과 사회 초년, 신혼 시절을 함께 보냈던 아련한 추억만 가슴 속 깊은 곳에 남아 있다. 가끔씩 첫 경험인 함을 팔면서 다과상을 내오고 노래를 부르고 큰절을 받았던 기억이 또렷하게 되살아난다. 만약에 그 시절 신랑신부 친구들과 다시 한자리에서 만날 수 있다면 어떨까? 하고 생각하며 웃음 짓는다. 아마도 서툴렀던 모습까지 거의 완벽하고 생생하게 그 상황을 재현해 낼 수 있을 것 같다.

다 같이 이렇게 외쳐 보지 않을까?

"함 사세요!"

제2장 술과 인생

술에 취해 보면 인생이 더욱 아름다워 보인다.

술품의 심로

"술은 진실을 가로막지 않는다. 단지 진실을 말하게 해줄 뿐이다"

— 제임스 조이스

🍶 술처럼 다양한 평가를 받고 자리와 분위기에 따라 다양한 연출을 해내는 월드 스타 음식이 또 있을까? 정상들 외교 만찬장에서 품나게 건배를 할 때 그런 상황에서의 술, 마음 속 깊은 곳에 묻혀 있던 얘기를 꺼내어 솔직한 심정을 털어놓을 때 손이 떨리는 상황에서의 술, 사업상 중요한 일을 성사시키기 위해 온갖 아양을 떨어가면서 눈치를 보고 중요한 정보를 놓칠세라 취기를 멈추고 귀를 쫑긋 세우는 긴박한 상황에서의 술, 음주 단속에 걸려서 도망도 못 가고 허우적거리면서 측정기에 후. 불어대며 후회하는 상황에서의 술, 자전거, 등산, 골프 등 각종 운동 후에 동료들과 후담을 나누며 이야기꽃을 피우는 상황에서의 술, 어색한 인간관계를 풀어내거나 화해하고 때론 좌절할 때 아니면 스트레스를 풀 때의 상황에서

의 술 등 다양한 용도만큼, 상황에 따라 약이 되거나 독이 되기도 하는 창조적인 마법을 부린다. 어쨌든 술은 인간관계에서 중요한 상호작용의 매개체임에는 틀림없다. 그렇지만 술 때문에 이런저런 사건 사고가 생기고, 몸부림치며 먹은 것을 확인해 본 사람들도 한둘이 아닐 것이다.

우리 나이 때쯤 되는 사람들은 어렸을 적에 아버지 심부름으로 주전자에 막걸리를 사러 가본 적이 있을 것이다. 그냥 사가지고만 왔을까? 오면서 주전자 입에 대고 홀짝홀짝 마셔본 게 음주의 시작이었다. 군 복무 시절 휴가 나와서 코 삐뚤어지게 마셔보기도 했고, 복학 후 개똥철학을 논하면서 술에도 취해 보고, 민주화 시위를 마치고 최루탄 가스를 안주 삼아 마셔보기도 했고, 시험을 망치고도 마셔보고, 배신을 당해서도 마셔보고 다양한 경험과 상황을 거치면서 술꾼의 자질은 충분히 갖추게 되었다. 그런 실력을 충분히 발휘를 할 때가 있었다. 영업팀장으로 근무하던 시절, 목구멍이 포도청이라고 먹고 살기 위해 처절하게 마셔야 하는 가슴 시린 슬픈 기억도 있다.

"여보세요? 팀장님, 요즘 통 얼굴을 볼 수가 없으니 제가 전화 드린 겁니다."

"아, 예…. 부장님, 잘 지내시죠? 그렇지 않아도 조만간 전화를 드리려고 했었는데, 바쁘다는 핑계로 전화도 못 드리고 찾아 뵙지 못해 죄송합니다."

약간 비꼬는듯한 전화기 넘어 소리가 들려왔다.
"혼자만 잘 먹고 잘사시나 보네…. 오늘 저녁 시간 어때요?"
"아예, 괜찮습니다."
부장은 우리가 자주 갔던 곳을 설명하고 있었다.
"아 거기요? 잘 알지요. 네, 그럼 거기서 7시에 뵙겠습니다."

    회사에서 영업 일을 하다 보면 흔한 전화 통화일 것이다. 일반적으로 사소한 문제들은 담당자나 과차장급에서 해결된다. 좀 더 해결이 복잡하고 크리티컬한 문제거나 무엇인가 중요한 요청사항이나 투자를 앞두고 있을 때는 부장급 이상 임원이 호출을 하는 경우가 있다. 팀장이든 임원이든 고객에게 먼저 전화가 오면 설령 가족들과 선약이 있더라도 "다행히 약속 없습니다"라고 말하지 "선약 있어서 죄송합니다. 다음에 하시죠"라고 거절하기는 정말 힘들다. 저녁 약속이 잡히면 대부분 식사와 함께 가볍게 1차, 그후 단골 술집을 찾아 2차까지는 기본이고, 꼬라지 부리거나 기분이 극도로 업되면 비틀거리며 발길 닿는 아무 데나 찾아가서 술이 술을 먹는 3차 옵션까지도 각오해야 하는 술과의 일전을 치러야 한다.
    이런 3차까지 상황에서의 술은 차수에 따라 용도와 형태가 달라진다. 아무튼 술이 적당히 들어가야 사람 간의 온기와 텔레파시가 통하고 대화가 훨씬 부드러워지는 건 사실이다. 이러한 분위기를 공유하기 위해서는 우선 몸 속 깊은 곳으로 밀려 들어오는 알코올들을 거부하며 먹었던 것을 확인하지 않고 별 탈 없이 분해가 잘 될 수 있도록 컨디션을 사전에 만들어 두어야 한다. 사무실에서 과음으로 졸고 앉아 있다가 적당히 눈치를 보고 외출을 핑계로 멀찍이 떨어진 사우나를 찾아간다. 냉탕과 온탕을 오가고 이슬 사우나에 들어앉아 땀을 흘려야 오늘 밤에 알코올이 들어와 하루동안 기거할 공간을 만들어 놓을 수가 있다.

"팀장님, 어디 가세요?" "응, 갑자기 손님이 와서…. 한 시간 정도 나갔다 올게." 적당히 둘러대고 직원들 눈에 띄지 않은 사우나로 향한다. 가끔 그곳에서도 다른 직원을 만날 때도 있는데 동병상련이라 눈웃음치며 인사하고 각자 컨디션 조절 모드로 들어간다.

인간관계는 복잡미묘하고 상호작용이므로 항상 어제 오늘이 같다고 느끼는 게 쉽지 않다. 어제까지는 호형호제하면서 간도 쓸개도 빼줄 것처럼 친해진 줄 알고 편하게 말하고 행동했다가도 오늘 무슨 일이 생기면 갑자기 맹수처럼 돌변하기 일쑤다. 게다가 사람마다 인성의 컬러는 다양하다. 태어날 때부터 갑질이 몸에 배어 안하무인인 사람부터 배려와 젠틀이 몸에 배고 착한 마음을 느낄 수 있는 사람까지. 진상 부리고 갑질을 해대는 사람과 만날 약속이 잡히면 무슨 트투리와 요청을 할지 몰라서 시작 전부터 끝나는 시간까지 심장이 벌렁거린다. 사우나에서 몸을 만들면서 오늘 저녁에는 어떻게 응대를 해야 하는지 몇 차에서 멈출지 등 이런저런 전략을 생각을 해본다.

"안녕 하슈." 식당으로 손을 흔들고 거들먹거리며 들어오면서 눈을 마주쳤을 때 인사하는 말투부터 갑질의 냄새가 폴폴 묻어난다. 회사 내에서도 여러 협력사들을 힘들게 한다고 소문난 인물이니 좌불안석이요 함께하고 있는 시간이 더욱 더디게 감을 느낀다. 그래도 이런 사람들이 있어서 내가 회사를 다닐 수 있고, 월급을 받아 가족들을 먹여 살리고 아이들을 가르치고 있으니 다행이다고 생각함과 동시에 벌떡 일어나서 맞이해야 한다. 톱가수나 가장 보고 싶은 연애인 또는 지체 높으신 분을 맞이하는 것처럼 반가워 어쩔 줄 모르는 상기된 표정으로 악수를 나누고 연실 굽신거리며 자리를 권해야 한다. 식사 주문은 취향을 사전에 알고 있어서 이런 것 저런 것은 어떻겠냐고 물어보면 당연히 자기 취향이요 좋으면서도 "난 안 가려 아무거나 괜찮아"라고 컨펌을 받고 주문을 해야 한다. 잘 지내셨냐고 요즘 바빠서 연락 못 드렸다고 하면서 눈치를 보노라면 어색한 분위기가 잠시 연출된다. 침묵을 깨주는 상차림이 마무리되고 한두 잔 건배를 하면 드문드문 이어가던 말들과 침묵들이 어느 순간 확 깨진다. 어떻게 살았냐고 물을 것이고 그동안 살아온 이야기를 주저리주저리 한다. 내가 하는 말을 듣는지 마는지 젓가락질이 빠르고 흥미없는 표정으로 건성 건성으로 그래? 한다. 반대로 어떻게 지내시냐고 물으면 잠시 정치-경제-사회 얘기를 거쳐 "요즘 젊은 직원들은 용기와 패기가 없다"로 시작하여 자기가 회사에서 일 처리를 어찌어찌 해서 회사에 큰 실적을 안겨줬다고 이런 패기가 있어야 한다고 자랑하거나 잘 나가는 친인척 형제 집안 자랑, 자기는 공부를 하라고 절대 다그쳐 본 적이 없는데도 알아서 척척 잘하는 자식 자랑으로 열변을 토할 때면 두손으로 엄지척을 계속해주면서 "대단하십니다"라고 장단을 맞춰주어야만 한다. 이런저런 이야기에 취기가 올라오고 박수 치며 치켜세우는 말에 기분이 좋아져서 "이봐, 술 한잔을 더 하러 가자"는 말이 나와야 정확히 듣지 못했던 업무 관련 내부 진행 상황과 중요한 본론을 들을 수 있다. 보통 2차는 비밀이 유지되고 잘 다니는 단골 술집으로 가려고 하고 그래야 맘이 편하다. 어깨동무를 하고, 자기가 얼마나 신경 써주는지 아냐고 꼬부라진 혀로 힘 주어 말할 때는 "당근 잘 알죠, 부장님이 도와주시는 덕분에 먹고 삽니다" 비틀거리는 몸을 부축해서 술집으로 갈 때는 내팽개치고 도망가고 싶은 생각도 나지만 꾹 참고 술집까지 별별 아부를 떨어야 찢어진 신문처럼 조금씩 내부 정보를 들을 수 있다. 그러다가 취중에 제일 중요한 핵심 이야기를 하는 것 같으면 얼굴 비비고 귀를 쫑긋 세우고 정신 차려 듣고 오늘의 목적을 달성했다는 마음이 들어 취기가 갑자기 확 올라온다.

술 취한 사람들이 부르는 노래는 가관이다. 박자 음정 무시하고 자기도취에 빠져 마구잡이로 불러댄다. 소음에 가깝고 자리를 뜨고 싶어 지지만 그래도 "앵콜! 앵콜! 너무 잘하십니다" 하고 치켜세우면, 신이 나서 계속 노래를 불러댄다. 노래도 지치고 술 기운에 어느 정도 몸을 가누지 못하고 시간이 늦어지면 자리에 앉아 어깨동무를 하고 중요하지 않은 얘기를 중요한 듯이 반복해서 떠벌린다. 대리기사를 부르든지 아니면 택시를 대기시켜 놓겠다고 하면 "술 더 가져와!" 해도 몸은 탄 이상 기울어져 있다. 가끔씩 내뱉는 말에 연신 굽신거리고 "최고십니다"를 목 놓아 부르짖고 부축해서 대기한 차 뒷자리에 앉히고 문 닫히는 소리와 함께 정적이 흐른다. 긴장이 풀려 맥이 빠지고 쏟아지는 달빛 아래 아무렇게나 주저앉아 담배 한 대를 물고 집에 전화를 건다. 잠결에 "언제 와? 아직 밖이야? 술 많이 마셨어? 얼른 들어와." 잠결에 통화하는 와이프의 목소리가 처량하고 구슬프게 들려온다. 자신이 비참하다는 생각에 울컥해지며 콧등이 찡해온다.

 청운의 꿈을 안고 입사해서 결혼을 하고 가정을 꾸리면서 아이들도 낳아 키우며 월급날 통장으로 들어오는 달콤한 열매를 따먹으면서 인생을 살아가고 있다. 몸은 지치고 힘들지만 그래도 책임져야 할 가족들을 위해 주저앉으면 안 되니 또 옷을 털고 일어나야 한다. 술을 먹자고 연락 오는 사람은 오랜만이라고 하지만 돌아가면서 거의 매일 먹어야 하는 영업직 술상무(?)같은 입장에서는 보통 힘이 드는 일이 아니다. 그래도 동이 터오면 기운을 차리고 출근을 해야 하고, 거절하면 안 되는 어떤 사람이 전화해서 오랜만에 술 한잔하자고 한다면 "네, 좋습니다. 그렇지 않아도 먼저 연락 드리려고 했습니다" 하며 저녁과 술 약속을 한 후 몸을 풀기 위해 사우나를 찾아가야 한다.

 "택시." 밀려드는 찬 공기를 깊이 들이마시며 스쳐 지나가는 가로등 불빛에 술을 품은 자의 한숨과 심로가 묻어나온다. 그래, 인생 뭐 별거 있나? 너나 나나 먹고 살기 위해 다 이렇게 살아가는 거지. 휴.

음주운전과 광복절 특사

....

"술은 사람을 매료시키는 악마이고, 달콤한 독약이며 기분 좋은 죄악이다."
― 오마르 하이얌

....

🍶 술자리에서 정치인들은 오징어 뒷다리같이 잘근잘근 씹히는 안주거리지만, 특히 헤드라인 뉴스를 장식하고, 몇날 며칠을 여기저기 모든 방송에서 지겹도록 떠드는 사건이 터졌다면 누구나가 정치 평론가 못지않게 술자리에서 열변을 토하며 핏대를 세우지 않을 사람이 있을까?

술과 관련된 잊지 못할 두 사건이 있었다. 면허취소와 싸움에 휘말린 사건.

오래전 여의도에서 직장 생활할 때 몹쓸 정치인을 안주 삼다 보니 과음을 하고 음주운전을 했을 때의 일이었다. 업무도 잘 풀리지 않아서 상사에게 깨지고 하늘이 잔뜩 찌뿌듯한 게 금방이라도 비를 쏟아부을 것 같은 날씨이다 보니 술 한잔 생각이 났다. 퇴근하자마자 직장 동료인 H부장과 K부장을 꼬드겨서 생맥주집으로 갔다. 한참을 회사 관련 이야기를 나누고, 직장 상사에게 깨진 이야기와 더럽고 치사하지만 목구멍이 포도청이라고 불만을 성토하다가 어느 정도 취기가 도는지 화제가 정치 분야로 넘어갔다. 아마도 그때 귀에 못이 박히도록 방송이 떠들어댔던 도청 사건이 있었을 때였다.

우리들은 국개의원 누구누구를 호명하면서 앞에다 세워놓은 것처럼 삿대질과 핏대를 세우고 질타했고 특히 H부장이 일목요연하게 정리해서 열변을 토하면 K부장이 맞장구를 치며 장단을 맞춰줬었다. 밤은 깊어 가고 파장 분위기는 다가오고 집은 멀고 창밖엔 비바람이 더욱 거세게 휘몰아치고 있기에 장대 빗속을 뚫어줄 대리운전을 애타게 불렀는데 날씨 때문인지 쉽게 잡히지가 않았다. 한참 만에 할 수 없이 와이프에게 대리운전 콜? 메시지를 넣었더니 "양심도 없지, 이 시간에 이 장대 빗속을 헤집고 대리하러 나오라고?" 괜한 부탁에 핀잔만 듣고 나도 참 양심이 없지…. 그냥 미안한 듯 답장을 안 했다. 한참 있다가 내가 안쓰러운 생각이 들었는지 어디로 나가면 되냐고 메시지가 왔다. 회사 근처로 대리를 뛰었던 경험이 있었기에 "지난번 나와서 픽업했었던 거기"라고 응답을 주었다. 맥주 거품인지 침인지 H부장은 입가로 줄줄 흘리면서 아직까지 그 사건을 안주거리로 계속 씹어대고 있었다.

"내 생각엔, 과거사도 과거사지만 현직 국개의원 활동을 임기 동안 평가하고 공개해서 기준 성적 미달이 되는 사람들은 독도로 옮겨 놓고, 다음 임기 기간 동안 독도경비나 하면서 국가와 민족을 위한 진정한 애국이 무엇인지를 배울 수 있도록 해야 된다니까"

"정치 얘기 그만하자. 열 받는다."

다행히도 내가 말리지 못하고 있었는데 더 이상 못 듣겠다는 투로 K부장이 말을 끊었다. 괜히 정치 얘기하다가 술만 더 마셨다. 어느 정도 취기가 돌자 마지막 건배로 마무리하고 밖으로 나왔다. 비가 우산을 뒤집어 놓을 정도로 거칠게 내리고 있었다. 작별 인사를 나누고 도착해 와있을 와이프를 찾아보니 없었다.

"아직 안 왔어?"

핸드폰을 허보니 KBS별관 쪽에서 기다리고 있다고 했다. 나는 MBC 쪽에 있는데? 생각해보니 지난번 KBS별관 쪽에서 대리운전을 해줬는데 초근에 술을 자주 마시다 보니 헷갈리게 알려준 꼴이 되었다.

"비가 와서 걸어오긴 멀고, 택시 타기도 애매하니 거기 있어. 내가 차 가지고 그쪽으로 갈게."

"걸리면 어쩌려고."

"괜찮아, 바로 옆이고 이렇게 장대비가 쏟아지는데 경찰들도 쉬어야지 설마 검문하겠어?"

말리는 와이프 말을 무시하고 지하 주차장에서 차를 몰고 나갔다.

혹시나 하는 마음에 사주경계를 하고 보니 빗줄기만 세차게 내릴 뿐 전방은 아무 일 없다.

그럼 그렇지. 여유 있게 좌회전 신호를 기다리고 있었다.

술 취한 많은 직장인들이 세찬 바람에 뒤집힌 우산을 들고 이리저리 뛰며 건물 속으로 흩어지고 있었다. 취기가 많이 돌긴 돌았다. 신호가 바뀌어 좌회전을 조심스럽게 하자마자, 이게 웬일인가? 이 빗속에서 음주 단속을 하고 있었다. 순간적으로 아찔한 생각과 머리털이 모두 일어섰고 물을 마시면 괜찮다는데 물도 없고, 껌도 없고, 설마 이 빗속에 창문을 내려보라고 하겠어? 이런저런 궁리와 묘책을 생각할 틈도 없이 창문은 내려졌고 음주 측정기가 벌써 입 앞에 와 있었다.

"실례합니다. 음주 단속 중입니다. 크게 불어 주세요."

"네? 네. 수고하십니다."

"후."

"다시, 힘껏 불어 주세요."

"후."

"아저씨, 이러시면 검문 불응으로 죄가 더 커지십니다. 세게 부세요."

퇴로가 없었다. 정말 신이 있다면…. 하늘에 맡길 수밖에 없었다. 포기한 기분으로 배에 힘까지 주고 힘껏 불어 줬다.

"아저씨 약주 많이 하셨네요."

"네?"

"차에서 내리세요."

"……."

"얼른요."

"네?"

"알코올농도가 0.13 나오네요."

차에서 내릴 수밖에 없었다. 더군다나 여러 경찰들이 합동 단속 중으로 다른 경찰이 내 차를 끌어가 앞으로 세워놓고 다가왔다. 뭔가를 작성하더니,

"일단 여기에 사인을 해주세요"

뭘 내밀었는데, 0.13%라는 숫자는 보였다.

"경찰서로 가셔야 되겠습니다."

다른 경찰을 보면서 지시하듯 "너는, 그 차 몰고 따라와."

나를 보고는 타이르듯 "아저씨 타시죠"

"……."

누군가에게 지시하고 내가 타기를 기다렸다. 기가 막혔다.

"술 드시고 운전하시면 어떻게 합니까?"

"대리운전 불렀는데요."

"그런데 왜 운전을 하세요."

"약속이 잘못돼서…."

기가 막힐 노릇이다. 와이프를 대리운전 해달라고 불러 놓고 음주 단속에 걸리 다니.

인생이 왜 이리 꼬이지? 한참 후 와이프에게 전화가 왔다.

"왜 못 오고 있어?"

"영등포 경찰서로 와."

"뭐?"

"음주 단속에 걸렸어."

"……."

경찰서 안에는 여기저기 악을 지르며 뭘 잘못했냐고 따지는 취객들이 보였다. 나는 몇 잔 마셨을 뿐이라며 억울하다고 혈액 채취를 요구했다. 대부분 혈액 채취하면 숫자가 더 높게 나온다고 했다.

어차피, 면허취소인데 혹시나 하는 마음으로 화장실 수돗물을 잔뜩 마신 뒤 한 번 해보자고 했다.

취조를 받고 있는 동안, 와이프는 계속 울 것 같은 슬픈 표정을 짓고 있었다.

비가 너무 많이 와서 대리운전이 잡히지 않았지만 끝까지 불러보고 안되면 근처 모텔에서 자든 어떻게 하든 와이프를 불러내지 않았더라면 아무 일이 없었을 것을….

혈액 검사 결과가 나올 때까지 사용할 임시면허증을 받아 들고 와이프가 운전해서 돌아오는 길에 서로는 아무 말이 없었다. 와이프는 운전 중에 가끔 한숨만 내쉬었다.

회사 일도 잘 안 풀려서 머리가 아픈데 갑자기 인생이 꼬이려고 하니 별일이 다 생긴다. 출퇴근에 회사 업무상 운전을 할 일도 많이 있는데 지하철이나 택시를 타고 다녀야 한다고 생각하니 갑갑해 한숨만 흘러나왔다.

라디오에서 도청 사건에 대한 뉴스가 흘러나왔다.

"저놈의 도청인지, 시청인지 정치뉴스 때문에 괜히 열 받아 술 많이 먹는 바람에 음주 단속 걸렸잖아."

라디오를 신경질적으로 꺼버렸다.

"도대체 이놈의 나라에선 술 안 먹고는 하루도 살아갈 수 없다니까. 술 권하는 사회 정도가 아니라 술독에 빠뜨리는 사회라고."

"……."

"여보, 이왕 면허 취소되고 기분도 그런데, 이렇게 술 먹게 만든 정치인 몇 명을 상대로 음주동기부여 죄로 소송이나 걸어볼까?"

"……."

"그래서, 내가 승소하면 걔들은 처벌받고 금 배지 떼일 거고, 자리 많이 비면, 보궐선거할 때 국개의원이나 출마해 보지 뭐. 국개의원 되면 돈도 많이 벌겠다. 딱하니 하는 일도 없겠다. 정치 그깐 느므거 대충 아무나 하면 못 할 게 뭐 있어. 그지?"

개그맨 흉내를 내면서 와이프 얼굴을 쳐다보며 말했다.

"……."

"대부분 국민들은 나라 꼴이 옛날에 비해 엉망진창이라고 생각하고, 먹고 살기 힘들어 죽겠다고 하는데 그 놈들은 제 잇속을 잘 챙기니 아무 걱정 없다잖아. 하기 사 도청으로 정보 빼내 이곳저곳에 땅이나 사놓고 조금만 기다리고 있으면 몇 배씩 튀겨질 텐데. 갑부 되는 거 식은 죽 먹기 아냐?"

"……."

말도 안 되는 소리로 횡설수설하는지 와이프는 아무 대꾸도 없이 묵묵히 운전만 하고 있었다.

생각해 보니, 나는 지금까지 갑근세를 일원도 떼먹지 않고 열심히 살아왔다. 나만큼 애국자가 어디 있겠는가? 매년 수입이 사회 초년병 월급도 안 된다고 신고하는 가난한 정치인, 사자 들어가는 의사나 변호사들이 우리나라에는 무지 많다.

그런데 항상 그들이 나보다 잘살고 있으니 희한한 나라다.

보통 사람들, 보통 국민은 열심히 일한 만큼 벌어서 자식들 가르치며, 그만큼의 행복을 얻고 싶어 한다.

제발 정치하는 사람들이 그들의 소박한 꿈과 희망을 뺏지 않았으면 한다.

말로만 국민을 위한다고 해놓고 뒤에서는 자기들 치부에 혈안이 되어 있는 일부 정치인들을 완전 물갈이하는 방법은 없을까?

집으로 돌아와 냉장고 속의 캔맥주를 한 잔 더 들이켰다. 술독에 빠뜨리는 사회에서 정치인들을 안주로 삼아 열변을 토했던 것이 무면허로 지내야 하는 슬픈 신세가 되었다.

혈액 검사 결과로 벌금만 더 냈고, 생활하는데 이만저만 불편한 게 아니었다. 와이프 눈치 보면서 가끔 출근길도 부탁했고, 택시도 타고, 지하철, 버스 등 나를 이동시킬 수단을 다 이용하면서 다시 면허시험을 볼 때를 기다리고 있었다.

불편이 익숙해질 무렵 광복절 특별사면을 단행했는데 생계형 음주운전자들을 모두 사면해 준다는 기사와 함께 나도 거기에 포함되어 사면을 받았다. 3개월 만에 다시 면허 시험장으로 향했다.

죄지어도 특사로 잘 풀려나는 정치인, 경제인 또는 유명인들을 욕하며 법은 있는 놈들에게만 관대하다고 불평을 털어놨었는데 그들과 함께 특사로 풀려나 보니 기분이 애매하고 씁쓸한 마음이 들었다.

세월이 흘러 지우고 싶은 안 좋은 추억이지만, 아픈 만큼 몇 번씩 되풀이해서 써먹게 된다. 대통령이 어떤 경우든 사면해 주는 것은 탄대라는 둥 정치판을 욕하며 술잔을 기울일 때 그때 일이 떠올라 한마디 툭 던진다.

"사면이 어때서? 너희들이 사면을 알아? 나도, 광복절 특사야!"

싸움에 휘말렸다구?

한 잔의 술은 재판관보다 더 빨리 분쟁을 해결해 준다.

– 에우리피데스

입담 좋기로 유명한 연예인 누군가가 술에 대한 철학을 얘기할 때 예수, 석가, 공자, 마호메드 4대 성인에 술을 5대 성인의 반열에 올려야 한다고 했는데 격하게 공감을 한 적이 있다. 소주, 와인, 양주, 막걸리 등 각기 다른 모습으로 마트, 술집, 식당 등 어디에나 있고 누군가가 찾을 때를 기다리고, 앉은 자를 벌떡 일어나게 하고, 말 없는 사람이 말문이 트이고, 고백할 용기 없는 자가 용기를 내게 하고, 싸운 사람들을 화해시켜 주기도 하고, 과음을 하면 토하게 하니 몸을 정결하게 만든다나.

아무튼 술은 인류 역사에서 즐거움과 행복을 만끽하는 사람들이나 때로는 슬픔과 불만을 성토를 하는 사람들이 모여든 장소에 항상 존재하며 그들과 희로애락을 함께 해왔다.

살다 보면 별일이 다 생기지만 포장마차에서 옆에 사람들과 어이없이 시비가 붙어 싸움에 휘말려본 적이 있다. 잠결에 어머니와 와이프가 대화하는 소리를 듣고 눈을 떠보니, 어머니 앞에서 와이프가 어쩔 줄 몰라 하고 있었다.

"나이 먹어서 이게 웬 난리야. 도대체 이게 무슨 날벼락이냐?"

일어나려고 하니 허리가 쑤시고 아프다.

"그냥 누워 있어요."

누워서 어머니께 인사를 하고 다시 몸을 부추겨 일어나려고 하니 몸이 성한 데가 없는지 온몸이 쑤셨다. 술을 얼마나 먹었는지 옷도 제대로 못 벗고 잠자리에 들었다. 한쪽으로 치워진 찢기고 피 묻은 와이셔츠가 보였다. 욱신거리는 머리를 흔들었다. 밤새 달라붙어 있던 알코올이 툭툭 떨어져 나가는 느낌이다. 와이프가 타온 미숫가루를 한숨에 벌컥벌컥 들이켰더니 갈증이 조금은 풀렸고 전날 일이 기억이 났다. 지인과 약속이 펑크 났는데 그 약속만 되었어도 이 지경이 되지 않았을 것이다. 경복궁에서 해가 질 무렵 나와, 사직도서관 쪽으로 걸었다. 그곳은 내가 고등학교 졸업하고 대학을 가겠다고 공부를 했던 곳이었다. 추억도 새롭고, 출출 하기도 해서 마침 포장마차가 보이길래 들어갔었다. 20대 초반으로 보이는 젊은이들 세 명이 소주병을 제법 비운 걸로 봐서 벌써 술이 웬만큼 취해 있었다. 다른 곳으로 갈까 하다 연세 드신 분들이 장사를 하고 있기에 간단하게 한잔 하고 가리라 생각하고 앉았다. 젊은이들 대화가 자꾸 귀에 거슬렸다. 그중 한 명이 거칠게 욕해대며, 침을 퉤퉤 뱉고, 소주병을 탁탁 쳐개는데 분위기가 싸울 것 같았다. 내게 놓인 소주잔까지 철렁거렸다. 주인 아저씨가 젊은이들에게 다른 손님 소주까지 엎질렀다고 하자 힐끔 쳐다보고 미안하다 해놓고는 다시 언성이 높아지고 있었다. 빨리 자리를 피하고 싶었는데 조금 늦었다. 자기들끼리 옥신각신 얘기를 하는가 하더니 갑자기 한 놈이 소주병을 바닥에 집어 던져 파편이 이곳저곳으로 튀었다. 순식간에 후다닥 하는 소리와 함께 싸움이 벌어졌다. 미처 자리에서 피할 사이도 없이 포장마차가 기둥을 잡고 있던 놈이 내 쪽으로 휘청거리다 쓰러지며, 오뎅 국물, 시켜 놓았던 닭 뼈 안주가 사방으로 튀었다. 졸지에 오뎅 국물과 고추장에 양복과 와이셔츠를 다 버렸다. 아주머니는 경찰을 부르러 나갔고 아저씨는 나보고 말려 달라며, 포장마차 뒤집어질까 봐 기둥을 꽉 잡고 제발 그만두라고 소리를 질러대고 있었다. 술도 취하지 않은 상태라 맞고 쓰러진 젊은 사람을 부축이며, 그만들 두시라고 했다. 쓰러졌던 놈이 일어나면서 내 팔을 홱 뿌리치더니 덤벼들었다. 뒤에서 말리고 겨우 떼어 놓는 순간 그중 한 놈이 헛발질에 내 허벅지를 강타했는데 너무 아팠다. 그렇지 않아도 지들 부모뻘은 되어 보이는 아저씨, 아줌마 앞에서 말버릇이 너무 싸가지 없다고 생각했었는데 나도 한 대 맞고 나니 싸움에 휘말렸다. 나에게 발길질한 놈의 멱살을 쥐어 잡고 흔들었더니 캑캑거리며, 한 손으로 내 와이셔츠를 붙잡고 버둥대다가 무엇으로 내리쳤는지 별이 번쩍 하면서 와이셔츠가 찢어졌고 그때 경찰 3명이 들어왔다. 서로 부여잡고 있던 손이 풀어졌고 세 놈은 팔이 뒤로 젖혀져 경찰차로 끌려가고 있었다. 나이로 보나, 옷차림으로 봐서 나는 한패가 아님을 알았고, 주인 아저씨가 나에 대해 지금까지 상황을 설명해 주었다.

나에게는 다친 곳은 없냐고 묻더니 참고인 자격으로 같이 가자고 했다. 얼굴도 맞았는지 후끈거린다. 찢어진 옷매무새를 가다듬고 진술을 마쳤다. 한참 후 젊은 사람들이 미안하다고 사과했고, 피해에 대해서는 큰 상처도 없고 해서 이해하고 괜찮다고 사과를 받는 선에서 마무리했다. 경찰서를 나와 이런 몰골로 버스를 탈 수가 없었다. 술 한잔 마시지도 못하고 몰골이 말이 아니어서 집 근처에 가서 간단히 요기하고, 술 한잔하기로 마음먹고 택시를 탔다. 혹시 아는 사람을 만날까 봐 집에서 약간 떨어진 역 근처 뚝방길 포장마차로 가서 우동과 소주 한 병을 시켰다. 주인 아줌마는 약간 경계하는 눈빛으로 소주와 잔을 내려놓았다. 그곳에 앉아 있던 손님들이 잠시 나를 쳐다보고 눈이 마주치자 얼른 고개를 돌렸다. 내가 봐도 이 몰골로 포장마차에 왔으니 싸움질깨나 하는 놈으로 생각할 테고, 재수 없으면 시비 붙을지 모르니 얼른 마시고 가자는 표정이 역력했다. 안주가 나오기 전에 연거푸 소주 2잔을 들이마셨고, 어이없는 사건에 쓴웃음 지었다.

참으로 뜻하지 않게 벌어지는 일들이 너무나 많은 것 같다. 한 병을 다셨는데 싸운 생각에 술이 안 취했다. 한 병을 더 시킬 때는 손님들이 대부분 사라졌고 가끔 들어오려다 나를 힐끗 쳐다보고는 다른 곳으로 가는 것을 눈치챘다.

아주머니는 혹시 꼬장이라도 부리면 어떡하나 긴장한 것 같았는데 간다고 계산을 했더니 안도의 얼굴을 보였다.

"장사는 잘 됩니까?"

제법 혀가 꼬부라져 가고 있다.

"그저 그렇죠 뭐. 요즘 잘되는 게 어디 있간디유? 술 먹을 돈들이 없어서 그렇쥬. 경기가 하 어렵다봉께."

더 이상 묻지 않아도 아주머니가 어떤 말을 할 줄 알고 있다. 기다리다 몸을 앞뒤로 흔드는 걸 느끼는가 싶더니 잠이 쏟아졌다. 그 다음 어떻게 되었는지 기억이 나질 않는다. 필름이 끊겼다고나 할까? 희미하게 누군가의 목소리가 들린다.

술을 마시다 보면 취객들끼리 뜻하지 않게 시비가 붙을 수 있고, 잘못하다가는 큰 싸움이 벌어지기도 한다. 술은 적당히 좋을 때까지만 마시고 멈춰야 하는데 기분이 올라가면 꼭 지나치고 만다. 속 쓰리고, 머리 아프고, 사람들과 어떤 대화를 나눴는지 기억도 나지 않을 때가 있다. 그럴 땐 꼭 술을 끊어야지 하고 다짐을 하지만 작심삼일이다.

그래, 빨리 마셔서 없애 버려야지.

제3장 여행의 즐거움

어떤 순간도 아름답지 않았던 여행은 없다.

어떤 만남이 좋을까?

여행은 세상을 바라보는 새로운 시각을 얻는 과정이다.

– 헨리 밀러

만남에는 3가지 종류가 있다고 한다. 첫째, 생선 같은 만남. 만지기만 하면 비린내가 나는 만남을 말한다. 만나면 서로에게 좋지 않은 영향을 주고 시기하고 질투하고 싸우고 원한을 남기게 되는 만남이다. 이런 만남은 오래 갈수록 더욱 안 좋은 기억으로 삶의 질을 나쁘게 만든다. 그런 사람이 많지 않겠지만 누가 그런 사람일까? 좋은 일로 함께 지낼 때는 모르겠지만 어떤 의견 충돌이 있거나 그 사람에게 피해가 갈 수 있는 결정적인 사건이 있을 때 나타나지 않을까?

둘째, 꽃과 같은 만남. 만나면 기분 좋은 향기가 나니 좋아 어쩔 줄 모르지만 금세 시드는 만남을 말한다. 꽃은 며칠을 넘으면 시들해지고 시든 꽃은 눈길이 가지 않고 버려진다. 꽃과 같은 만남은 처음에는 성격도 잘 맞고 서로 배려해주는 것 같아 금방 친해지는데 시간이 지날수록 실망감에 시들해진다.

셋째, 손수건 같은 만남. 상대가 슬플 때 눈물을 닦아주고 그의 기쁨이 내 기쁨인 양 축하하고 분위기도 잘 맞추고 힘들 때는 땀도 닦아주며 함께 하는 만남을 말한다.

같은 직장을 다닐 때 서울과 부산에서 같은 날 같은 시간에 결혼식을 올린 친구가 있다. 신혼 여행지인 제주에서 만나 함께 시간을 보냈고, 40년 가까이 특별한 만남을 이어오고 있으니 이런 만남이 아닐까 싶다. 함께 여행하는 시간들이 기다려지고, 임팩트 큰 에피소드를 남기는지라 항상 오래도록 기억에 남는다. 이런 만남을 할 수 있는 사람이 많다면 삶의 행복한 시간이 늘어나지 않을까 생각한다.

걱정도 팔자여

들으면 병이요 안 들으면 약이다.

— 속 담

🌱 여행은 현실의 나를 그곳에 두고 여행지에서 나를 바라보며 삶의 의미를 다시 한 번 되새겨 보는 시간이다. 여행은 가슴 떨릴 때 가야지, 나이 먹고 손발 떨릴 때 가면 개고생이다. 옛 노래 가사에 "노세 노세 젊어서 노세 늙어지면 못노 나니 화무는 십일홍이요 달도 차면 기우나니라"라고 하는 말이 요즘 맘 속에 콕 콕 와닿는다. 그래 한살이라도 젊었을 때 떠나자. 지금까지 경험으로 봐서 어느 곳으로든지 해외여행을 가려면 최소 3개월 전부터 여행지를 결정하고 항공편, 교통, 숙박, 투어 등 다양한 체험을 하기 위해 이것저것 꼼꼼히 챙기고 출발 날짜를 기다린다. 여행을 가서의 시간도 좋지만, 짐을 챙기고 여행을 떠나기 전까지 들뜬 마음으로 여행지에서 감동 받을 즐거운 일들을 상상의 나래를 펼치는 시간 또한 가슴이

콩닥거리는 여행의 일부이다. 멕시코 여행은 인생의 터닝포인트가 되던 시점에 특별한 경험을 위해 선택한 곳이었다.

지인들을 만나 이곳을 간다고 은근히 자랑을 했더니 여러 가지 반응이 나왔다. 김새는 부정적인 반응들은 "진짜 볼 거 하나도 없는데…. 그 멀리 뭐 얻어먹을 게 있다고 거기까지 가니?" "요즘 뉴스도 안 보냐? 위험한 곳이라고 여행 자제하라는데 뭣하러 가냐?" "비행기를 그렇게 오래 타는데 그 멀리? 나는 돈 주고 가라고 해도 안 가겠다." 물론, 진심으로 걱정해서 그곳의 상황을 뉴스로 접하고 말해주는 사람들도 있겠지만 자기들이 가지 못하는 것에 대한 시기와 질투의 내면을 표출하고 있다고 생각했다. 돈 주고 가라면 로또 맞았다고 동네방네 사방팔방 온갖 자랑을 다하고 다닐 텐데 안 가긴 왜 안 가겠어? 더 좋아 갈 거면서….

긍정적인 반응들은 "선물은 절대 필요 없고 몸만 건강히 잘 갔다 와라."(물론 자기 선물을 사오라는 반어법적인 표현이다) "단톡방에 사진 많이 올려줘." "좋겠다, 나도 이담에 가보게 여행코스와 경비 잘 메모해둬." 이런 반응 속에는 부럽다고 내뱉고 싶은데 자중을 하려 애쓰는 모습이 보인다.

남기나 중미 그중 멕시코나 쿠바 등 지역은 너무 멀고 정치적으로 마약으로 안전하지 않은 곳이라고 많이들 생각하고 있는 건 사실이다. 하지만, 남미 쪽을 가보겠다고 버킷리스트에 일찌감치 넣어 두었었는데 한 살이라도 젊을 때 먼 곳부터 가보자고 합의를 한 친구 부부와는 마야문명과 멕시코가 이색적인 문화와 풍경을 마주할 수 있는 곳이라 생각하여 그냥 뒤도 안 돌아보고 결정하였다. 출발 날짜가 다가올수록 이런저런 들었던 이야기들이 신경이 쓰였고 그러다 보니 현지 상황을 체크해 보는 뉴스를 읽어보게 되면서, "그렇게 위험한 곳으로 뭣하러 여행을 가니?" 하는 지인들의 말에 점점 공감을 하고 왠지 불안한 느낌도 지울 수가 없었다.

뉴스를 좀 더 심도 있게 분석해 보면서 몇 가지 위협요소가 있을 수 있겠다는 것을 알게 되었다.

첫 번째는 멕시코의 대표적인 활화산인 포포카테페틀(뽀뽀) 활화산에 관련 내용이다. 이 화산은 푸에블라주와 모렐로스주, 멕시코주 사이에 위치하고 있는 데다. 반경 약 100㎞ 이내 거주민만 2,500만 명에 달하고 폭발로 인해 현재도 화산재로 인한 항공기 결항 및 지연 상황이 지속되고 있다고 한다. 화산은 70여 년 동안의 휴화산기를 거쳐 1994년 활동을 재개한 뒤 계속 활화산 상태였지만, 최근 용암 분화구 내부에 작은 용암 돔이 계속 형성되고 있고, 크고 작은 폭발이 이어지는 등 활동이 활발해졌다고 그곳에 가는 것이 위험하다는 말이었다. 이런 뉴스를 접하고 예약한 코스를 살펴보니 우리가 활화산이 연기를 내뿜고 있을 뿌에블라를 가야 한다는 것이다. 이걸 어쩌나….

두 번째로는, 열기구가 추락했다는 뉴스다.

열기구 추락 사고는 아즈텍 피라미드 유적이 있는 멕시코의 인기 관광지 테오티우아칸 상공에서 발생했다고 한다. 사고는 비행을 준비하던 열기구 바스켓에서 갑작스러운 불길이 번지며 시작됐고 불길은 순식간에 바스켓 전체를 휘감았고 지상과 연결된 케이블이 끊어지며 열기구는 공중으로 치솟았다. 영상에는 사망 사고를 당한 가족으로 추정되는 탑승자들이 뛰어내리는 모습이 고스란히 담겼다고 한다. 우리도 똑같은 열기구를 타고 피라미드 위를 날아갈 텐데 걱정이 된다. 이걸 또 어쩌나….

셋째로는 살모렐라균으로 사망 소식이다.

미국과 캐나다에서 멕시코산 캔털루프 멜론을 먹고 식중독이 발생해 3명이 사망하는 사건이 발생했다. 한국은 해당 멜론이 수입되지 않는 식품이라고 밝혀, 국내에는 이러한 사건이 발생하지 않을 것으로 전망하고 있었다. 그렇지만 멕시코로 떠나는 우리는 과일도 함부로 먹지 못할 것 같고, 잘못 먹고 혹시나? 하는 불안감이 엄습했다. 이걸 또 어쩌나….

넷째로는 마약 관련 뉴스이다.

멕시코 북부 시날로아주 쿨리아칸 외곽 헤수스 마리아에선 때아닌 시가지 총격전이 펼쳐졌다. 멕시코 최대 마약왕으로 꼽히는 '엘 차포' 호아킨 아르치발도 구스만 로에라의 아들 오비디오 구스만을 체포하는 과정에서 카르텔 조직원들이 총을 난사하며 버텼기 때문이었다. 오비디오 구스만은 아버지 엘 차포가 이끌던 '시날로아 카르텔'을 물려받아 실권자로 군림했고, 마약과 무기 밀매·뇌물·살인 등 끔찍한 범죄를 저질러왔다. 멕시코 당국은 경찰과 군, 방위대 등 무려 900명의 인력을 투입해 구스만 체포에 나섰지만, 조직원들은 불타는 차량으로 도로를 폐쇄하고 헬기와 여객기를 향해 무차별 포격을 날렸다. 이로 인해 "체포 이후에도 총격전이 계속되며 마을 전체가 쑥대밭이 됐다"는 뉴스를 읽어봤다. 여행지는 관계없다고 생각하지만 혹시나 총을 든 괴한이 관광지에 나타나 무차별 사격이라도 한다면? 이걸 또 어쩌나….

이런 위험지역으로 여행을 떠난다는 것이 자세히 알아보지 않고 섣부르게 결정했다고 찝찝해하기도 했지만 이미 결재를 다 해놓은 상태라 손해를 감수하고 취소를 하지 않는 이상 별일 없이 무사히 살아 돌아오는 방법밖에 없었다. 안전 지역으로만 다니면 별 문제 없겠지 하고 맘을 다독거리면서 떠날 수밖에 없었다.

몹시도 긴 여정인데 LA에서 환승을 하고, 출발 후 18시간 만에 멕시코시티에 무사히 도착해서 핸드폰을 켜보니 제일 먼저 외교부에서 안내 메시지가 들어오고 있었다.

> [외교부] 일부 지역은 여행경보 3단계(출국권고) 발령지역이니 긴요한 용무가 아닌 경우 동 지역의 여행을 취소, 연기 바랍니다.

이것 참… 공항에서 미니밴 택시를 타고 예약한 숙소로 이동을 하면서 아무 말들이 없다. 차창 밖으로 스쳐 지나가는 풍경 속에서 혹시 위험한 광경을 찾아보려고 했지만 여기도 사람 사는 곳이고 관광객들이 많았으며 위험하다는 생각은 들지 않았다. 정해진 일정을 하나둘 소화해내면서 기우는 기우일 뿐 가는 곳마다 관광객들이 넘쳐났고, 활력이 있어 보이는 도시가 매력적이었고 점점 긴장의 끈을 늦추었다. 우버로만 이동하고, 관광객들이 붐비고 안전하다는 곳으로만 일정을 잡았는데 사흘이 지나고 나서야 우리는 문제가 전혀 없다는 것을 느꼈다. 버스로 이동을 하면서 여행객과 현지인들이 뒤섞인 버스 안에서 환하게 웃으며 그동안의 찜찜함을 모두 떨어버렸다.

여행을 하기로 한곳의 사전 정보는 매우 중요하다. 하지만, 너무 지나친 뉴스로 편협한 생각과 불길한 상상을 통해 내쉬는 한숨은 여행 전의 설레는 마음에 찬물을 끼얹는다. 현지에서 만난 사람들에게 들었던 말들 중에서 오히려 한국이 묻지 마 살인이 일어났고 북핵 위협이 항상 있는 가장 위험한 지역이라 여행 자제 국가가 아닐까 생각한다고 하니, 결국 각자가 접하는 현지의 뉴스는 사건 사고나 폭력적인 정치 뉴스이다 보니 그렇게 생각할 수밖에 없다는 생각이 들었다.

겁먹고 떠난 여행이었지만 아무 일 없이 여행을 마치고 무사히 귀류하는 비행기에서 보는 멕시코의 풍경이 그렇게 아름답게 보일 수가 없었다. 활화산도 마약사범들도 우리가 잘 머물다가 떠나게 해줘서 고맙다. 비행기는 어느새 순항 고도를 잡고 식사 서비스를 제공하고 있었다. 맛있다. 기내식이 더욱 맛있다.

나의 죽음을 알리지 말라

위대한 여행은 발걸음 하나에서 시작된다.

- 노 자

🙏 여행 중 한가한 시간에 쓸데없는 난상 토론도 재미있다. 대화 주제들 중에 정치 종교 얘기는 싸움이 나니 하지 말아야 한다고 하는데, 그것은 남의 말을 들어주지 않고 자기주장만 내세우니 그렇다. 한잔 걸치면 용기가 생기고 남들은 듣기 싫다고 손사래를 쳐도 끝까지 할 말 다하는 술 취한 사람만의 특권(?)이다. 종교와 인생, 뭐 정설은 아니지만 기독교, 불교, 천주교, 이슬람교, 통일교 등등 모든 종교가 추구하는 방향은 사회적 순기능으로써 이웃을 사랑하자는 공통된 가르침과 실천, 남의 생각이 자기와 달라도 틀린 것이 아니라 다르다는 이해와 배려가 필요하다고 열변을 토한다. 길가로 나가 남에게 피해를 주며 자신의 종교를 전도하기보다는 묵묵히 사랑과 봉사와 배려를 실천하므로써 이웃에게 진정한 종교인의 삶이

무엇인지를 전달하는 것 그 자체가 중요하다고 생각하기 때문에 모든 종교는 이와 같은 기준에서 일맥상통하고 있다는 어줍잖은 논리를 이야기하면 공감을 하는 건지, 듣기 싫고 귀찮은 건지, 졸린 건지 조용하다. 개인의 종교관은 삶의 양식과 방향을 결정하는 중요한 자기 가치관의 판단 기준이라고 생각한다는 말에 친구는 감복하여 그 개를 끄덕이며 기도를 올리고 있고(졸고 있는 상황) 집안 이야기 몇 줄까지 늘어놓자 일행들은 재미가 없는지 어느새 자기들 방으로 하나 둘씩 사라진다.

간밤에 마셔댄 술이 자고 일어났어도 떨어져 나갈 줄 모르고 몸속 이곳저곳을 헤집고 다니는 것 같다. 이순신 장군처럼 대적을 맞아 싸우며 지휘를 한 것도 아니고, 장터에서 돈 벌어 보겠다고 고래고래 소리 지르며 호객행위를 하지도 않았는데 간밤에 알 수 없는 열변으로 목소리는 제멋대로 여러 갈래로 갈라져 나오고, 하체는 흔들거린다.

겨우 중심을 잡고 여기저기 돌아다니며 다시 나를 찾아가고 있는데 어느 얼빠진 기독교인(무슨 교회 장로라고 함)의 거슬리는 한마디가 들려온다. "고니시 장군이 십자가를 매달고 예수 전파라는 목적으로 조선으로 오는 것을 이순신 장군이 무력으로 막은 거야. 따라서 이순신 장군은 현재 이 나라에 구원의 손길이 들어오는 것을 늦춘 사람이고 그렇기 때문에 이순신 장군은 사탄이다."

어이가 없는 말에 귓방이를 한 대 패주고 싶었지만 다시 째려보면서 저런 인간도 밥을 먹고 산다는 게 신기한 생각이 들었다.
"에라이!(뒷말 생략)"

귀를 청소해 내고 일행들과 담소를 나누는 중에 누군가가 한 마디 한다.
"이순신 장군이 화살 맞고 돌아가셨나? 아님 조총 맞고 돌아가셨나?"
그랬더니…. 나의 죽음을 알리지 말라고 하셔서 말해 줄 수 없다나?

여행은 시작이 중요하듯이 마무리도 중요하다. 바닷바람과 어우러진 아름다운 풍경들은 복잡하고 어지러웠던 머릿속의 생각들을 말끔히 씻어내기에 충분했고 일행들과 함께한 시간들을 더욱 소중히 생각하고 앞으로도 이러한 시간들을 함께하자는 의견에 모두가 공감을 하였다. 일상으로 다시 돌아가 아름다운 기억을 떠올리며 행복한 꿈을 꾸기를 기대해본다.
자신만 사랑하고 남을 사랑할 줄 모르는 사람은 물질적으로는 부유할지 모르나 정신적으로는 가난한 사람이다. 취해야 술맛을 알고 이별 후에야 진정한 사랑이었음을 알게 되듯이 이해타산이 없는 만남이야말로 소중한 만남일 것이다.
부자로 살고 싶다고? 그럼 쉬지 말고 돈을 열심히 모아라!
행복한 사람으로 살고 싶다고? 그럼 지금 있는 돈으로 열심히 여행하며 추억을 모아라!

어? 내 지갑

삶은 짧고 세상은 넓다. 최대한 많은 곳을 경험하라.

— 사이먼 레이브

앞으로 매면 내 거, 뒤로 매면 네 거.
친구로부터 로마 여행을 떠나오기 전부터 귀에 못이 박히도록 들었던 말들이 많았다. 한때 서양 문명을 대표하는 로마 제국의 수도이자 영원한 세계적 도시를 일컫는 "모든 길은 로마로 통한다"라는 말이냐구? 아니구요. 평소 자기가 하던 대로 하지 말고 그곳의 규칙을 다르라는 "로마에 가면 로마 법을 따라야 한다" 이것도 아니구요. "로마에 가면 소매치기 조심 또 조심, 가방은 앞으로 메고, 지갑 등 귀중품은 잘 챙기고, 이태리 사람은 전부 소매치기로 보면 됨…." 이런 말을 들을 때마다 속으론 "너나 잘하세요." 하고 시큰둥한 반응을 보였다.

로마에서의 첫날에 그것도 귀에 못이 박히도록 들었던 말들을 까마귀 고기를 먹었는지 까먹고 친구는 지갑 분실 사건의 주인공으로 등극하였다. 역까지 걸어가면서 건물마다 낙서로 범벅이 된 길갓집들의 벽면, 지하철역 입구를 보니 들어가기 싫을 정도로 난장판이었고 지저분하기 그지없다. 그래도 구글 지도로 어렵지 않게 찾아간 지하철역에서 이틀 동안 이용할 수 있는 기차표를 사기로 했으나 자동판매기 앞에서 아무리 봐도 이태리어로 써 있는데 무슨 말인지 모르겠다. 옆에서 표를 사는 여자한테 몸동작으로 물었더니 영어로 나오는 방법을 친절히 알려주었다. 4장의 표를 사고 콜로세움 쪽으로 가는 방향을 찾아 지하로 내려갔다. 잠시동안 낙서된 벽들과 지하철 모습이 신기하기도 하고 사진 한 장 찍고 얼른 기차에 올랐다.

 기차는 출발했고 퉁퉁한 어느 아주머니가 일행 중 한 명의 어깨를 툭 치며 알아듣지 못하는 말로 자꾸 뭐라고 떠들어댄다. "무슨 소리 하고 있는 거지?" 별일이네…. 그런데 눈을 마주치고 계속해서 어떤 사인을 주는데 아. 뒤늦게야 우리보고 배낭을 뒤로 메지 말고 앞으로 매라는 신호라는 걸 알았다. 고맙다고 눈인사를 하고 배낭을 앞으로 고쳐맸고, 승객들에게 밀려 조금더 안으로 들어가 있는 친구에게 사인을 줬다.

 다른 칸은 한가한데 왜 이 칸만 이렇게 사람이 많고 복잡한거지 이런 생각을 하고 있었다. "배낭 앞으로 메." 알았다는 듯 싱긋 웃는 친구의 얼굴…. 그것도 잠시. 표정이 확 바뀌면서…. "어? 내 지갑. 아. X발, 지갑 없다…." 갑자기 분위기가 싸해지고 친구의 얼굴은 창백해졌고 울 것 같은 상태로 보였다. 전철은 다음 역에서 승객을 내리고 막 출발하고 있었다. "어떻게…. 지갑이 없어졌어…." "내려." "쟤네들이야!" "X발 스톱! 스톱!" 아우성 쳐봤지만 기차는 이미 출발했고 소매치기를 했던 여자아이들은 우리를 보고 손을 흔들며 웃고 있었다.

 우리는 다음 역에서 내려 다시 탔던 곳으로 돌아왔다. "어떻게 된 거야?" "돈은 얼마나 들어있었고?" "신용카드는?" 황당해서 정신이 멍하게 나간듯한 친구를 데리고 일단 역 밖에 공원으로 나와 이것저것 물어보았다. "아까 탈 때 사람들이 붐비지도 않는데 여자들 몇 명이 앞을 가로막아 밀치고 탔었는데 그때 이미 손을 탄 것 같아" "나이는 17~18살 된 계집애들인데 4~5명이 몰려 있었고 걔네들 내릴 때 눈도 마즈쳤는데…. 그것들 짓이 분명해" "얼굴도 기억나. 아. X발" "신고할까?" 이런저런 말을 하면서 그만 진정하라고 이야기했지만 너무 황당해서인지 정신도 없고 횡설수설하는 수준이었다.

 망연자실한 친구를 달래고 정신을 챙겨준뒤 일단 카드사로 전화를 걸어 신용카드를 정지시켰고, 나누어 가지고 있던 돈을 확인해 보니 하루 정도 여행경비를 지갑에 넣고 다녔다. 나머지는 호텔에 있다고 하여 천만다행이라고 생각했다. 적지 않은 돈을 잃어버린 것으로 확인했고, 기분이 확 잡쳤지만 어쩔 수 없는 일이었다. 일단 관광은 하기로 하고 다시 지하철에 올랐다. 사후 약방문처럼 누가 시키지도 않았는데 우리 일행은 가방을 앞으로 단단히 멨다.

이곳저곳 구경을 하면서 친구 머릿속에는 지갑 털린 게 멘붕 상태였는지 어떻게 할지를 계속 생각했던 모양이다. 한참을 걷다가 불쑥 내뱉은 말이다. "우리 신고할까?" "신고해도 별 수 없고 설령 잡힌다 해도 반성문 하나 쓰고 내보낸다는데 뭣하러 신고해" 이런저런 상의 끝에 그래도 분이 안 풀렸는지 신고하기로 하고 경찰서를 물어 찾아갔다. 경찰서에서 줄을 서라고 해서 민원인이 참 많구나 생각했는데 그게 아니었다. 어쩐지 외국인들이 더 많이 줄을 서 있다고 생각했는데 우리처럼 물건을 잃어버린 사람들이 잔뜩 짜증을 내며 신고하기 위해서 줄을 서 있는 것이었다. 기가 막히지만 우리는 줄을 서고 지나가는 관광객들에게 우리처럼 되지 않으려면 조심하라는 경고를 보내는 사람이 되었다.

"보험사에 제출하면 보상금이 나올 수도 있잖아…." "현금 분실을 누가 보상해줘? 얼마인지 확인할 수도 없는데…." 어쨌든 1시간 이상을 기다려 확인서를 받았고 여행을 예약해준 담당에게 보내고 마무리했다. "50여 년 살아온 인생에 있어 최대한 수치야." "그렇게 주의하자고 신신당부했는데 내가 당할 줄이야." "진짜로 빼가는 느낌이 전혀 없더라고." "여자들이 4~5명씩 떼 지어 다녀서 뺀 애를 현장에서 잡았어도 지갑은 이미 다른 애 손으로 넘어가 있어서 안 그랬다고 우기면 방법이 없어."
"그냥, 액땜했다고 생각해…. 더 한 것도 잊어버릴 수 있는데 뭘."

이런저런 그때 상황을 이야기를 나누면서 로마의 이미지는 완전히 거지 같은 도시가 되었고 왠지 기분 나쁜 여행이 될 것 같았다.

잃어버린 돈, 물론 아깝다. 하지만 어린 소녀들이 소매치기를 하고, 여행객들에게 나라의 품격을 떨어뜨려도 단속을 강화하지 않는 나라. 그래도 그 당시 우리나라보다 잘살고 G8이라는 게 이해가 가질 않았다.

잠자리에 들면서 소매치기 소녀가 지갑 빼내는데 성공을 하고 잃어버린 사람과 눈이 마주쳤을 때 웃음 짓는 모습을 상상해보니 측은하고 섬찟한 생각도 들고 내 딸들이 생각났다.

왠지 씁쓸한 기분에 잠도 오질 않고 뒤척이며 로마의 이미지는 점점 나쁘게 바뀌고 있었고 하루라도 빨리 여행을 마치고 떠나고 싶어진다. 하루틀 보내고 몇날 며칠을 보낸 거 같은 무더운 까만 밤은 우리들의 아픈 마음을 잊으라며 감싸주고 그렇게 깊어가고 있었다.

니가 왜? 거기서 나와

여행은 자유를 느끼게 하고, 인생을 더욱 풍요롭게 만든다.

— 리처드 브랜슨

🕯 명절 때 차례 안 지내고 여행을 간다는 게 이해가 안 되었던 시절이 있었다. 하지만 세월이 흘러 명절 풍속도가 많이 변했다. 차례도 간소해졌고, 부모님과 인사를 올려야 하는 집안 어른들이 모두 돌아가시고 안 계시다 보니 차례 뒤로 남아 있는 연휴는 충분히 자유 시간을 가질 수 있게 되었다. 동시대에 비슷한 생각으로 가득 찬 일행들과 몇 달 전에 만나 일본 Fukuoka(Beppu, Yufuin)으로 온천휴가를 가지고 약속을 했고, 변심할까 봐 번개같이 예약을 마쳤다. 뉴스에서 명절 연휴 때 떠나는 여행객 인파가 계속 늘어나고 있다고 보도를 했지만, 변화된 명절 풍속도를 실제로 공항에서 느껴보니 생각보다 많은 인파에 놀라울 뿐이었다. 일본 현지 일기예보를 검색하면서 싸온 옷들이 캐리어에 실려 검색대로 들어가는 것을 보

고 생각보다 추운 날씨일 것 같은데…. 잘못 준비했다는 불안감과 설마 그렇게나 춥겠어? 하고 위로했다. 출발 전 질본청 예방접종 증명서 발급과 Japan visit web에 정보 입력을 하고 QR코드를 받을 때까지 처음 해보는 것이라 우왕좌왕하다 보니, 참 어렵게도 만들어 놨다고 짜증을 냈던 기억이 있다. 출발부터 매끄럽지 못한 게 어떤 예기치 못한 상황이 생길 것 같은 불길함과, 늘 그래 왔지만 또 어떤 임팩트 있는 추억을 남기고 돌아올지 자못 궁금해하며 비행기에 몸을 실었다

1. 터뷸런스

후쿠오카 공항에 안전하게 착륙 후 입국 수속 과정은 선진국이라 할 수 없을 정도로 시스템이 엉망이었고, 동남아 어떤 후진국보다 못하다는 생각으로 실망스럽게 했다. 지루한 시간을 때우는데 "추가 요금도 안 받고 1시간을 더 태워줬다고" 아재 개그를 쏟아내는 일행. 쓴웃음을 지으며 쩝… 휴. 비행 중 터뷸런스를 여러 번 경험했지만, 오늘은 유난히 심했고 기분이 좋지 않았다. 적지 않게 흔들리는 탓에 아이구 하나님, 부처님 등 마음의 평온함을 가져다 줄 수 있는 온갖 신을 다 불러보고 있었다. 급강하할 때는 모두가 합창하듯 "아!" 소리를 질렀고, 뒷좌석에 앉은 아이들은 바이킹을 탄 것처럼 괴성을 지르며 깔깔대고 있었다. 일부 승객들은 긴장되어 축축해진 손바닥으로 의자 손잡이를 꽉 잡고 무사 착륙을 기원하고 있는 것 같았다. 고도를 낮추지 못하고 계속 선회하고 있는데 방송으로 착륙 대기 순서가 18번째이라고 한다. 하

필 18번째? 욕 나오네. 대략 1시간 정도 소요될 것으로 예상하고 있었다. 에구…. 선회할 때 기분은 바이킹, 롤러코스터 타고 최정점에 올라갔다가 내려오는 기분이랄까? 불안에 떨며 안도의 숨을 내쉴 때까지 맘 졸였는데 착륙한 공항은 눈이 내리고 있었다. 바람도 무척 세다. 험난한 여행의 전주곡이 울려 퍼지고 있었다.

2. 차에서 내려 밀어주실래요?

가이드의 한 마디에 일행들은 몸이 얼어붙었다. 뱃부에서 관광을 마치고 유후인 숙소로 가는데 갈 수 있는 길이 3곳이고 그중 고속도로는 폭설로 이미 차량통행 금지가 되었고, 언덕길이지만 다른 한 곳을 선택하여 가다가 일이 벌어졌다. 눈길을 가려면 저속으로 멈추지 말고 계속 진행해야 하지만 중간쯤 갔을까? 차가 갑자기 멈춰서더니, 더 이상 치고 올라가지 못하고 공회전을 하면서, 반대쪽 차선으로 넘어가며 계속해서 옆으로 미끄러지고 있었다. 스마트카라 공회전이나 미끄러지면 자동으로 엔진이 멈춰서 중간에 선 것이라고 했다. 일행들은 당황을 했고, 무사고 기원 맘속 기도 소리가 울려 퍼지는 것 같았다. 가이드도 스노우 타이어의 성능을 믿고 도전했지만 처음 겪어보는 일을 많이 당황했다. 마음을 진정시키고 할 수 있는 일을 찾아보았다. 우선 다시 내려가서 스노우 체인을 구해 넘어가는 수밖에 없을 것 같았다. 공감을 하여 후진으로 돌려 내려갈 공간이 있는 곳까지 겨우 내려와 천만다행으로 돌아가는 길로 들어섰다. 가이드는 눈이 오지 않는 지역이라 이곳에서 스노우 체인을 구할수 없고, 체인을 구하기 위해 시내를 돌아다녀 봐야 시간 낭비이며, 해 떨어져 더 미끄럽기 전에 다른 길을 택해 넘어가 보겠다고 했다. 우리는 중턱에 멈춰 오도 가도 못하고 차박 하는 상황이 발생할 수도 있기에 반대를 했고, 분위기가 냉랭해졌다. 그 와중에, 차박에 대비해서(?) 차량에 연료가 얼마나 있는지 체크해 보는 사람도 있었다. 가이드가 우리 의견을 들어 공업사를 찾아갔고 겨우 직물 체인을 구했다. 처음 보는 것이지만 없는 것보다 나을 것이라고 한다. 마지막 길을 선택해서 가는데, 미끄러진 차, 체인하는 차로 통행이 쉽지 않아 보였다. 조심조심 저속으로 올라가는데, 미끄러지는 느낌은 없었다. 그나마 다행이었다. 일행은 모두 좌석 뒤로 옮겨 앉아 후륜 구동차의 마찰계수를 높여주는 데 일조를 했다. 앞이 보이지 않을 정도로 폭설이 내리고, 앞에 가는 차량의 비상등과 가드레일을 보고 도로 폭을 인지하며 운전하며 가는 길은 걱정과 침묵 그리고 낮은 탄식의 연속이었다. 와이퍼가 얼어붙어 중간에 얼음을 제거하며 갔지만, 시야는 계속해서 좋지 않았다. 가이드의 기지로 막히기 직전의 길을 빠져나오기도 했고, 한 시간가량을 기어가는 듯하다가 드디어 안전해 보이는 도로로 접어들자 모두 안도의 숨을 쉬었다. 휴. 어려운 일이 닥치면 의견이 분분해지고, 성격이 거칠어질 수 있는데 침착해야 한다는 생각을 하면서 마음을 진정시킨다. 긴장이 풀어지면서 약간의 농담과 미소도 나온다. 숙소는 외풍이 심해 옷을 잔뜩 껴입어도 춥다. 그래도 한방에 모여앉아 여담을 나누며 행복한 미소를 짓는다. 한국에서도 눈 보러 안 다녔는데, 날씨 좋다는 이곳에 와서 눈구경 실컷 했다고…. "가이드

골 때리지? 아니 언덕길에서 폭설에 미끄러지니까 당황해서 우리보고 내려서 밀어 달라고 했잖아. 밀다가 미끄러지면 우리 다 깔려 죽는데? 잠시 정신이 나갔던 모양이야…." 사고 안 났으니 다행이지…. 한 잔하면서 그때 그 순간 이야기로 웃고 떠들고…. 일행들 웃음꽃이 옷풍을 헤집고 방안에 가득찼다.

3. 비닐 운동화

옷도 잘못 가져왔지만, 매쉬 운동화를 신고 와서 눈도 들어오고 찬바람도 운동화 속에 상주했다. 순간적인 임기응변과 기지를 이용하여 수많은 일들을 해결해 나간다는 맥가이버처럼 아이디어가 번득 떠올랐다. 일행들에게 비닐 봉투를 얻어서 먼저 얇은 양말을 신고 비닐 봉투를 그 위에 씌우고 다시 양말을 신고 운동화를 신었다. 걸어보니 이건 뭐 완벽하고 스노우 부스와 같았다. 춥다고 투덜대며 못 간다고 할 것 같았던 입을 막은 게 다행이다. 이런 아이디어가 얼마나 신선해? 스스로에 감탄을 하면서 눈 덮힌 유후인을 여유롭게 관광할 수 있었다. 일행 중에는 처음에는 뭘 그렇게까지 호들갑 떨고 비웃는 말투로 코웃음까지 치더니 어느 정도 걸어 다니다가 도저히 발이 시려워 참기가 힘들어지자 두꺼운 스포츠 양말을 사서 신었다. 맥가이버 아이디어를 우습게 보더니…. 쌤통이다. 폭설로 상가는 대부분 철시했지만, 아는지 모르는지 유후인역에서 쏟아져 나오는 관광객들, 특히 한국 젊은이들이 거리를 가득 메우고 있었다. 전통 라멘집을 겨우 찾아 줄까지 서고 한참을 기다리다 먹었으나 너무 짜서 실패. 역시 숙소에서 주는 식사가 최고야! 정말이지 숙소에서는 제법 정성이 가득한 다양한 일본 전통식을 제공했다. 파파고 언어번역기를 이용하여 대화를 하며 박장대소하며 감탄했다. 마트에서 사온 사케를 가지고 가서 자신 있게 먹다가 지적질 당해 머쓱해지면 우리들의 주특기인 물병에 담아가서 몰래 먹으니 이 또한 즐겁지 아니했던가? 매일 취기를 가득 채웠다고 생각했지만, 조금 부족하다고 생각하면 한방에 모여 요즘 젊은들 이야기로 언성도 높여 보고, 재산 상속으로 난상 토론을 해보며 부족분을 채워나갔다. 행복과 기분은 꽉 채워져야 제맛이니까.

4. 네가 왜 거기서 나와?

할 일도 없고 영양가 없는 관광지를 찾아 다녔지만 세계 곳곳을 자주 여행해본 일행들의 눈에는 별 감흥이 없었고, 갈 데가 없다 보니 도서관 구경을 갔는데, 도서관 자리에 앉아 스타벅스 커피를 마셔보는 특이한 경험도 했다. 유후인 숙소에서 노천욕을 해봤고, 온천물로 익힌 계란도 먹어보고, 무료로 제공해 주는 생맥주도 마셔보고 온천욕의 즐거움을 만끽했었지만 다른 일정들은 시시해서 취소하고 마지막으로 온천을 다시 가기로 했다. 현지인들이 다니는 대중목욕탕 같은 곳을 찾아갔다. 탕에 들어가는 법을 가이드를 통해 안내받고 들어가 보니 노천탕이 제법 크고 사람들도 많았다. 이번 여행은 다른 거 없이 피르나 잘 풀고 가야지…. 뿌연 수증기에 가려 희미한 사람들의 벌거벗은 형태가 보이는데, 옷을 입고 누군가 휙 지나간다. 엥? 여자 같은데…. 아니, 한국 목욕탕처럼 때밀이인가? 생각하고 있었다. 참나, 조금 있다가 다시 그 여자가 핸드폰을 들고 통화하면서 누군가를 찾는데…. 아니, 니가 왜 거기서 나와? 특이한 일본 문화를 체험한 신선한 느낌이라고 할까? 예전에 전혀 경험해 보지 못하고 들어 보지도 못한 상황이었다. 그 여자는 전혀 당황하지도 않고 사람을 찾고 있었고, 심지어 이웃인 것 같은 어느 남자들과는 다정하게 인사를 나누고 있었다. 남자는 벌거벗고 여자는 옷을 입고 아는 이웃인지 큰 인사를 주고 받다니…. 웃어야 할지 놀라야 할지…. 노천탕을 오가며 보니 그 여자는 몇 번을 들어와 여러 가지 잡일을 하고 있었다. 증기탕에서는 그 여자가 타올을 바꾸러 들어오자 30~40명의 남자들이 일제히 일어나서 타올을 던져주는 광경은 장관(?)이라고 해야 하나? 풋! 문화는 소중한 겨.

여행의 마무리는 아쉬움이라고 해야겠지. 하지만 추억은 남는 것. 일행들과 함께했던 시간들을 뒤로하고 각자 집으로 돌아가는 길은 출발 때와 다른 지친 상태…. 아쉬움이 밀려오고 다음을 기약하는 기다림, 추억을 함께 공유하는 즐거움이겠지. 아무 사고 없이 무사히 도착해서 바쁘게 살다가 문득 생각나면 그 시간과 순간들은 그 모습으로 멈춰있을 테지. 기억을 더듬어가다 보면 소중한 추억이라 생각 들고 많은 일들을 그리워하겠지. 특히, 폭설이 미끄러지면서 숙소로 향하던 순간의 기억들이 오래 남아 있을 것 같고. 나이가 들어가면서 함께 여행을 할 수 있고, 좋은 추억을 만들 수 있는 소중한 사람들이 곁에 있다는 것은 행복이다. 그중에서 웃지 못 할 그렇다고 울지도 못한 일들을 함께 겪어봤어야 두고 두고 안주거리가 될 것이다.

어? 내 가방 어디 갔지?

"여행은 모든 세대를 통틀어 가장 잘 알려진 예방약이자 치료제이며 동시에 회복제이다."

– 대니얼 드레이크

벌써 건망증인가? 업은 애기 3년 찾는다는 속담도 있듯이 가끔씩 물건을 손에 들고 찾기도 하지만, 금방 생각하고 있던 것도 바로 까먹는 건망증이 나타날 때 나이가 들어가나? 하는 생각이 들곤 한다. 버스나 지하철 옆에 꼭 끼고 신경 쓰고 있다가 친구들과 이런저런 이야기 속에 몰입되어 떠들다가 또는 다른 상념에 빠졌거나 졸고 있다가 내리는 곳이 임박하여 급히 내리느라 까먹고 그냥 놔두고 내릴 때가 있다. 한번은 친구와 여행을 할 대였다. 그것도 해외여행을 가서 웃고 떠들다가 돈과 여권, 숙소 바우처와 여행 관련 모든 것이 들어 있는 가방을 차에 두고 내렸으니 건망증으로 인한 보통 큰 낭패가 아닐 수 없다.

알프스! 누구나 한 번쯤 꿈꿔본 여행지. 유럽 중부에 있는 거대한 산맥으로 오스트리아에서 시작해서 이탈리아, 독일, 스위스, 프랑스에까지 뻗어 있고 4천 미터 정도의 봉우리가 60여 개에 이르고 길이는 1,200km에 달한다고 하니 우리나라의 설악산에서 지리산까지 백두대간을 생각해 보면 웅장함은 이루 말할 수가 없을 정도일 것이고 생각만 해도 가슴이 쿵쾅거리고 며칠을 잠 못 이뤘다. 특히 알프스 중 3대 미봉으로 알려진 융프라우, 몽블랑, 마테호른을 죽기 전에 꼭 가보는 게 소원이다. 여러 해 동안 적금식으로 여행 경비를 모아 드디어 유럽의 지붕이라는 융프라우를 갔으니 이 어찌 감개무량하지 않을까? 어렵게 갔으니 평생 못 잊을 아름다운 추억을 남기고 가리라 열심히 준비했다. 그린델발트에서 산악열차를 타고 전망대에서 오르는 길은 한 폭의 풍경화 속에 들어와 있는 듯한 기분이 들었다. 입은 쩍 벌어지고, 마음은 평온해지며, 귀는 오를수록 멍해지지만 기분은 나쁘지 않았고, 눈은 이쪽저쪽 정신없이 굴리고 머리는 맑아지면서 이런 곳에서 살고 있는 사람들은 얼마나 좋을까? 부러우면 지는 줄 알면서도 부럽긴 부럽다고 말끝마다 연발하였다.

기차를 중간에서 갈아타고 동굴을 지나 꿈에 그리던 정상에 도착. 눈보라가 심해서 서 있기도 힘들었지만 잠시 안개가 비켜나간 사이로 웅장한 모습을 보니 감탄사가 절로 나온다. 도착한 관광객들은 너도나도 인증 사진을 찍느라 정신없다. 인생샷 한번 건져 보리라 이리저리 좋은 자리 찾아 V를 그리거나 만세나 하트 모양을 만들며 찍어 달라고 부탁했다. 날씨는 변화무쌍해서 눈보라가 일고 그러다 보니 오랫동안 정상을 바라보며 충분한 감흥을 마음속에 잘 담지는 못했다. "에고 추워…" 손을 호호 불며 전망대에 들어섰는데, 신라면 냄새가 솔솔 풍겨 왔다. 정말 신기했고 그곳에서 먹는 라면의 맛은 한국인의 긍지와 서프라이즈를 불러일으키기에 충분한 냄새이기도 했다.

융프라우! 꼭 다시 한 번 길게 와보고 싶은 곳! 딱 기다려라. 은퇴하면 다시 오마. 융프라우 여운이 가시기도 전에 피르스트(First, 2167m)에 케이블카를 30분 정도 타고 오르는데 이렇게 긴 코스도 처음이거니와 만년설에 쌓인 아이거북벽의 웅대한 파노라마, 목초지에서 풀을 뜯는 소와 염소들의 한가로운 풍경이 어우러져 한 폭의 그림과 같았고 동화 속 주인공이 된 듯 가슴이 쿵쾅거리며 설렜다.

피르스트 전망대와 트래킹 코스에서의 산책, 구름을 타고 나는 듯한 기분의 드넓고 멋진 계곡들이 선사해주는 기쁨은 놓칠 수 없는 스위스 여행의 백미였다. 보일 듯 안 보일 듯 흘러가는 구름 사이로 나타났다 사라지는 풍경들 속에서 산신령이 된 듯한 기분과 눈앞에 어우러져 있는 풍경이 너무 아름다움을 무엇으로도 표현을 하지 못하는 마음에 눈물을 쏟아낼 정도의 경이로움을 자아냈다. 즈금만 더 시간이 천천히 흘렀으면…. 충분히 즐겼을까? 아무리 아름다움에 심취해 있다 해도 이젠 돌아가야 한다. 눈과 마음속에만 가득 담고 다음 여정으로 떠나는 마음은 아쉬움이 가득했다. 수없이 많이 다녔던 여행지 중에 이 다음에 다시 한 번 꼭 찾고 싶은 이곳. 멀리 사라지는 아름다운 경치를 뒤로하고 다음 코스로 떠나야 한다. 아쉬운 마음을 어찌 마음으로 표현해 낼 수 있을까? 인터라켄에서 밀라노를 거쳐 베니스로 가기 위해서는 역을 이동해야 한다. 버스를 탔다가 시간적 여유로움으로 걸어가면서 멀어 보이는 알프스와 공원에서 휴식을 즐기고 있는 사람들의 여유로운 일상 풍경에 빠져 있을 때였다.

 어느 정도나 걸어갔을까? 친구의 낮은 탄성과 함께 "어? 내 가방!" 갑자기 사색이 된 얼굴로 기억을 더듬으며 당황하고 있었다. 허전한 등짝이 이상해서 생각해 보니 메고 있던 배낭을 기차에 놓고 내렸다는 것이다. 그 속에는 앞으로 모든 일정의 기차 예약권, 호텔, 귀국 항공권, 여행 경비, 여권 등 모든 것이 들어있다고 했다. 갑자기 머리가 하얗게 변하고 식은땀이 났다. 친구가 다급하게 조금 전 내렸던 기차로 달려갔다. 나도 헐레벌떡 뒤따라 뛰었다. 얼마나 빠른 지 친구는 벌써 사라졌다. 뛰면서 순간적으로 기차에서 내릴 때 배낭을 메고 있었던 것 같은데 하는 생각과 버스를 탔다가 시간이 안 맞아 그냥 내렸다는 생각이 들었다. 뛰다가 버스를 바라본 순간 아까 그 버스, 우리가 탔던 버스는 막 떠나려고 하고 있었다. 나는 헐레벌떡 버스 쪽으로 달려갔다. 내 판단이 옳았으며 기적이 일어났다. 예상대로 내리는 문쪽 옆 좌석에 배낭이 덩그러니 놓여 있었다. 버스를 타겠다고 짐을 올려 싣고 그 자리에 앉으려 했는지 배낭을 풀어놓은 것이었다. 찾았다! 안도의 숨과 배낭을 찾아가지고 내리자마자 버스는 출발하였다. 정말 배낭을 찾은 건 찰나의 선택이었다.

 숨을 고르며 정신을 차리고 기차역 쪽을 바라보니 아뿔싸. 우리가 타고 왔던 기차가 출발하고 있었다. 이런 젠장 할. 배낭 찾겠다고 올라탔을 거고 내리지 못했다면 저기 타고 있을 것이고 아…. 우리 일정은 엉망진창이 되는 순간이었다. 다시 기차가 가는 그린델발트로 쫓아가야 하나? 이름을 여러 차례 목놓아 불렀다. "정곤아, 가방 찾았다고 제발 돌아와 줘." 여행객들로 북적이는 대합실에서 몇 번이나 불렀을까? 그런데… 떠나는 기차를 바라보고 망연자실하고 있던 친구와 눈이 마주쳤다. "어? 여기! 찾았어. 가방" 이산가족 상봉하듯 손을 흔들며 달려오고 있는 친구와 기쁨의 재회를 하며, 끌어안고 숨을 고르고 안도의 숨을 내쉬었다.

자기도 기차를 타려고 했는데 문이 닫혀 못 탔고 역무원에게 가방 잃어버렸으니 문 열어달라고 애원했다는 것이다. (영어로 확실하게 표현을 했는지 확인할 길은 없다). 분명 영어가 안 통했을 것이고 역무원이 What? 소리만 했을 게 뻔한데 그나마 서로 못 알아들었다는 게 정말 다행이었다. 모든 것을 잃어버렸다면 낭패 중에 낭패를 볼 뻔했고 여행은커녕 현지에서 낙동강 오리알이 되어 생각만 해도 끔찍한 일이었다. 일행은 밀라노로 가는 기차 안에서도 아까의 순간을 계속 이야기를 하면서 웃어 댔으나 웃어도 웃는 게 아닌 심정으로 서로의 가슴을 쓸어내리고 있었.

융프라우, 피르스트의 아름다운 풍광과 여운은 까맣게 타고 없어졌다. 스위스 여행 중에 이런 에피소드가 생겼으니 그때 일이 생각날 때마다 화들짝 놀란 얼굴, 발이 안 보일 정도로 열라 뛰던 모습, 찾았을 때의 기쁨, 잊지 못할 추억의 한 장면이 되었다.

여권을 자리에 두고 내렸나 봐. Help me, please.

인간의 실수야말로 인간을 진정으로 사랑스럽게 만든다.

― 괴 테

🌿 여권의 목적은 소지자의 신분을 증명하는 것으로 이름, 생년월일, 국적과 같은 필수 정보가 포함되어 있어 어느 국가든지 출입국 시 신원을 증명하기 위해 절대적으로 필요하다. 모든 해외 여행자들이 가장 신경 쓰는 것이 여권이 아닐까 싶다. 우리 여행 동지들의 철칙은 몸에서 30cm 이상 떨어져서 보관하면 안 된다.

항공권은 언제 예매를 하고, 직항인지 경유인지에 따라 그리고 어떤 항공과 좌석을 어떻게 선택하는지에 따라 요즘이 천차만별이다. 패키지 투어를 해보면 타라면 타고, 가라면 가고, 언제까지 오라면 오고 그러다 보니, 여행 후 추억에 남는 임팩트는 없다. 편리하게 이동하는 것과 일괄적인 식사와 더 머물고 싶은 곳에서 짧은 시간을 보내다 보니 아쉬움이 많이 남았다.

아구리 어렵고, 멀더라도 자유 여행을 하다 보니 한 푼이라도 경비를 절약하기 위해서는 일정을 일찍 잡고 저가 항공권부터 예매하고 남들이 선호하지 않는 가장 뒤쪽의 좌석을 선택하곤 한다. 맨 뒷좌석도 어떻게 시간을 보내는지에 따라 여행의 즐거움을 반감시키는 일은 별반 없었다.

현지에서 이동하는 비행기는 국적기가 아니라 영화나 드라마를 볼 수는 없지만 핸드폰에 다운받아 가지고 간 것들을 보노라면 시간 가는 줄 모르고 어느새 착륙할 시간이 되곤 한다. 아쉬운 것은 내릴 때 가장 늦게 내리고, 그러다 보면 입국 수속이 늦어진다는 것이다. 게이트에 도착하여 앞 좌석부터 내리기 시작하면 맨 뒤쪽은 10~20분 정도 후에나 내리기 시작할 수 있다.

"저기 우리 짐이 나온다." 뒷좌석이니 일어나서 움직일 수도 없고 자리에 앉아 기다리가 할 일 없이 창밖을 바라보니 우리 캐리어를 비행기에서 옮겨 싣는 것을 발견하고 반색을 하면서 일행에게 소리친다. '집어 던지거나 떨어뜨려 깨지지 않는지 문제없이 잘 옮겨 싣는지 봐." 앞 사람들이 순차적으로 내리고 우리 순서가 되길 기다리며 한참 동안 짐을 내리는 것을 구경하고 나서야 드디어 우리가 내릴 차례가 됐다. "마지막으로 여권, 이어폰 등 잊지 말고 잘 챙겨." "오케이."

기지개를 한껏 켜며 지루함을 자리에 털어 버리고 내렸다.

맨 뒤에 내렸으니 입국 수속 때 제일 뒤에 서서 늦을 거라 생각하여, 약간은 뛰는 걸음으로 입국심사 하는 곳으로 가니 이미 끝도 없는 긴 줄에 입이 딱 벌어졌다. 하는 수 없이 맨 끝에 줄을 서려고 하는 순간 와이프 표정이 좋지 않았다. 가방과 주머니를 뒤적이는 게 뭔가 잃어버린 것을 찾고 있는 것에 불안한 예감이 들었다.

"뭘 찾는데?" 표정이 점점 창백해지면서 하는 말이 "아무래도 여권을 비행기에 놓고 내린 것 같은데…." "뭐?" 일행은 동시에 큰소리로 반문하였다. "잘 찾아봐" 여기저기 뒤적뒤적하더니 "없어…." 한참을 찾고 있는 와이프 얼굴은 울먹이는 표정이 있었고, 친구는 계속해서 가방을 뒤적이고 잘 찾아보라고 다그치고 있었다. "없어…." 이런 변이 있나? 하늘이 노랗다.

맨 뒤에 내렸고, 조금이라도 빨리 입국 수속을 하려고 뛰어오다시피 한참을 왔는데 내렸던 곳이 어딘지, 게이트가 닫히지 않았는지, 다시 가볼 수나 있는지, 아니면 청소하고 다른 행선지를 가려고 이미 문을 닫았는지 알 수도 없고 정신이 멍했다. "진짜 비행기에 놓고 내린 것 맞아?" "응, 아까 자리 바꾸면서 급해서 좌석 앞 포켓에 넣고 그냥 온 것 같아." 어떻게 해야 할지 당황스러워하고 있는데, 빨리 입국 수속해 보려고 정신없이 걸어오다 지나친 곳에 'I'글자가 적힌 파란 옷을 입고 있는 한 여자가 있었다. 'I'면 인포메이션이겠지…?

여기는 미국이고, 지금부터 영어로 이 모든 상황을 해결해야 한다. 상황이 상황이다 보니 머릿속으로 어떻게 말할지, 상대방이 잘 알아들을 수 있도록 문법에 맞게 문장을 정리하고 나서,

"Hello, I just arrived on Delta Airline from Cancun and I think my wife left her passport on the plane, would you please help me?"

지금 막 델타항공을 타고 칸쿤에서 도착했는데, 와이프가 여권을 비행기에 두고 내린 것 같은데 어떻게 해야 할지 도와주세요. 당황하면 영어도 꼬이지만 또박또박 천천히 말했더니 여자는 알아들었는지 델타항공 사무실 방향을 가리키며 가서 물어보라고 성의 없이 대답했다. 그래도 감사하다고 말하고 그녀가 지시한 방향 쪽으로 허겁지겁 가고 있는데, 일행들은 아직도 와이프를 수색하듯 주머니와 가방을 아직도 탈탈 털고 있었다. 어떤 남자가 표찰을 하고 무전기를 가지고 걸어오길래 일단 아까 그 여자에게 말한 대로 도움을 요청했다.

"Hello, I just arrived on Delta Airline from Cancun and I think my wife left her passport on the plane, would you please help me?"

아까 당황해서 말해 보았고 같은 문장을 반복하니 조금은 부드러워진 발음에 그 사람은 한 번에 알아듣는 듯했다.

그 남자는 게이트 번호, 항공편, 좌석 번호등을 자세히 물어보았는

제3장 여행의 즐거움 125

데, 웃기는 건 숫자를 말할 때 영어와 한글이 막 섞여 튀어나왔다. 그래도 알아듣고는 어딘가에 무전을 치는 것 같았다.

 항공편, 출발지, 좌석 번호 등을 메모해 둔 것을 보여주며 소통을 하였는데, 정확한 의사 전달을 하는 데 도움이 된 것 같다. 누군가와 열심히 연락하더니 어떤 사무실 쪽으로 가면서 이 자리에서 기다리라고 했다. 한참을 서 있어도 그 사람이 나타나지 않기에 내가 잘못 알아들었나? 여권을 못 찾았나? 뭔가 잘못되지 않았나? 여권을 못 찾으면 입국 수속을 어떻게 하지? 대사관에 연락해야 하나? 이런저런 불안한 생각을 하면서 답답해하고 있는데 그 사람이 다시 나타났다.

 잘못 알아들을까 귀를 쫑긋하며 입 모양을 계속 주시를 하고 있었더니 친절하게도 천천히 또박또박 다시 말해주었다.

 "I talked to a delta agent, they told me they will send agent in about 20 minutes, they said to have you in secondary screening in the meanwhile. So, I talked to the immigration officers and they said to have you wait on line and when you get to an officer, they will put you in secondary screening and in that time the Delta agent should bring that passport to you"

 델타항공 직원과 말해 보니 20분 정도 후에 직원을 보내줄 것이고 2차 심사를 받아야 한다고 했다. 그래서 출입국 관리 사무소 직원과 이야기해보니 줄을 서서 기다리고 있으면 경찰이 도착할 것이고, 2차 심사할 때 그 여권을 가져다 전달해 줄 것이라고 말한 것 같다. 그리고 그는 어디론가 가버렸다. 그런데, 줄을 서 있으면 날 어떻게 찾아오지? 이런저런 불안한 생각을 떨쳐 버리지 못하고 있는데, 10여 분이 지나니 아까 그 사람이 다른 사람과 다시 나타났다. 나와 눈을 마주치니 와이프를 줄에서 데리고 나오라고 했고 이런저런 질문과 여권 사진을 대조해 보더니 여권을 건네 주었다. 여기부터 입국심사가 한 시간이라는 안내가 써 있는 곳까지 온 게 긴장과 불안한 마음에 며칠을 은 듯했다. 모든 상황이 30분 정도 사이에 무사히 끝났지만 와이프는 미안한 마음과 걱정스러웠던 마음이 녹아내리며 울먹거리고 있었고, 일행들은 그제서야 얼굴에 웃음기를 띠었다. 당황하면 익숙하게 알고 있던 단어와 문장들도 뒤죽박죽 튀어나온다. 영어가 고국 와서 고생을 하였지만, 서툴더라도 또박또박 의사 전달을 하면, 영어를 못하는 사람들을 무시하는 사람이 아니라면 웬만하면 친절하게 알려준다.

예약해둔 리무진을 타고 호텔에 도착한 우리들은 안도의 숨을 내쉬었다. 이렇게 긴급한 상황은 언제 어디서 발생할 수 있기 때문에 모든 것을 좀 더 잘 챙기자는 이야기와 조금 전 상황을 복기하면서 파안대소하는 얼굴에는 피곤한 기색이 하나도 남아 있지 않았다. "그래 밋밋하면 재미없지, 뭔가 임팩트 있는 걸을 만들어야 여행의 참 맛이지." 말은 그렇게 하면서도 누군가 실수를 해서 당황하고 굳어 버리던 그 순간의 아찔했었던 에피소드를 나누고 있노라니 술병은 쓰러지고 술잔은 여기저기 바쁘게 취기를 나르고 있었다.

창문, 그게 왜 떨어져?

모자란다의 여백, 그 여백이 오히려 기쁨의 샘이 된다.

– 파스칼

🐾 우연이 반복되면 필연이 된다는 말도 있는데 그 친구와 어디를 가면 꼭 한두 번씩 예상을 뛰어넘는 기상천외한 첫 경험을 하게 된다. 그런 경험은 세월이 지나서 웃으면서 말할 수 있지만, 현장에 있을 그때는 머리털이 쭈뼛하고 당황스럽기 그지없다.

"창문 떨어졌어, 빨리 내려와 봐."
"창문이 왜 떨어져?"
"몰라 빨리 와봐, 힘들어."
"알았어 기다려."

숙소로 정한 아파트는 EU건물 근처에 자리 잡고 있는 조용한 곳이었다. 생소한 출입시스템으로 비밀번호를 받긴 받았는데 퍼즐 맞추듯

도무지 조합이 잘 안 되었다. 추리력까지 동원하여 겨우 들어간 아파트는 복층 구조로 좁지만 1층은 주방과 거실이 있고 2층은 방 2거의 침대방이 있었다. 입주 축하 와인을 한잔하고 각자 쓸 방 배정을 마치고 창밖으로 보이는 주변 풍경을 여유롭게 즐기고 있었다. 그런데, 신경 쓰이는 장면은 대각선으로 보이는 아담한 집의 내부가 한눈에 내려다보이는데, 커튼을 치지 않아 젊은 부부인지 애인인지 포옹과 키스를 하면서 속옷 차림으로 돌아다니는데, 여간 신경이 쓰이는 게 아니었다. 저 사람들이 관음증을 발동하게 만드네….

상상의 날개를 펼치고 있는데 쿵 소리와 함께 다급한 목소리가 들렸다. 와인 한잔을 걸친 일행들은 취기도 돌고 방에서 쉬기 위해 올라왔지만 그 친구는 갑자기 작곡의(작곡하고 전혀 상관없는 직업) 영감이 떠오른다고 2층 방으로 올라오지 않고 혼자 맥주라도 한잔 더 하고 올라온다 했었다. 다급한 목소리에 일행은 무슨 일인가 하고 서둘러 내려갔더니 창문을 붙잡고 씨름하고 있었는데 모습이 우스꽝스러웠다.
"창문 붙잡고 씨름해?"
"농담 아니고·· 창문이 앞으로 확 떨어져서 붙잡고 있어."

설명을 들어보니 창문을 억지로 닫다가 이런 상황이 발생한 것 같았다. 이곳은 에어컨 시설이 필요 없는 곳이라 창문을 활짝 열어놓으면 제법 시원한 바람이 들어온다. 그리고 창문을 열어둘 때 바람에 저절로 닫히지 않도록 열린 창문 틈 사이에 나무로 만든 고정핀을 꽂아 놓는다.

맥주 한잔을 추가해서 알딸딸한 기분에 서늘했는지 창문을 닫으려 했었다. 그런데 고정해 놓은 나무가 있는 줄도 모르고 "왜 안 닫히지?" 하고 무리한 힘을 주고 밀었더니 경첩이 부러지고 창문이 내려앉는 사고가 발생한 것이었다. 다행히 이중 열림 문이라 경첩 하나가 버티고 있어서 육중한 창문이 바닥으로 떨어지며 박살이 나지 않아서 그렇지 대형 사고가 날 뻔했다.

일단 이 상황을 정리를 해야 하는데 어떻게 처리할까 고민하다가 매니저에게 메일을 쓰기로 했다. "입실한 지 첫날인데 창문에 문제가 있네요. 방을 바꿔 주시든지 수리해 주세요. 창문을 열었는데 사람이 다치지 않은 게 다행이지 경첩이 부러지고 창문은 금방이라도 앞으로 쏟아져 내릴 것 같습니다. 찬바람도 계속 들어오고요." 우리 문제는 일체 언급 없이 처음부터 문제가 있었다고 사진까지 첨부해서 메일을 보냈다. 찾아와서 고장 난 부위를 보면 그들도 우리가 잘못했다는 걸 금방 감잡을 수 있을 것이다. 손님 쪽에서 잘못했으니 우리에게 수리비용 일체를 청구해도 어쩔 수 없지만 그래도 아니길 하는 한 가닥 기대감으로….

다음날, 계속해서 창문에 신경이 쓰였지만 어쩌겠어, 이왕 벌어진 거 하면서 즐겁게 여행을 마치고 들어와 보니, 창문이 어느 정도 닫혀 있고 메모지가 붙어 있었다.
"창문을 미리 점검하지 못하고 문제가 있어 죄송합니다. 사람을 불러 물어보니 수리하는데 며칠이 걸린다고 합니다. 그래서 우리가 퇴실 적까지는 수리가 어려울 것 같습니다. 바꿔드릴 다른 방도 없고, 불편을 끼쳐드려 너무 죄송합니다."는 글이 이쁘게 붙어 있었다. 그러면서 그 창문은 안전하게 봉해 놓았으니 사용하지 마시고 다른 창문만 사용하라는 것이었다. 술술 해석이 되는 게 영어가 그렇게 아름다운 언어인 줄 새삼스레 알았다.

앗싸! 그깟 불편쯤이야… 귀책 사유로 수리비 청구서가 날아오지 않을까 불안했는데 휴. 다행이었다. 하마터면 여행 경비 다 날릴 뻔했다. 서로 환한 미소로 쾌재를 부르며 맥주를 벌컥벌컥 들이마셨다. 한쪽 창문에서 들어오는 바람이 그렇게 신선할 수가 없었고 상쾌함을 느꼈다.

"제발 사고 좀 치지 마."
"내가 뭘"
"다른 창문은 절대 건들지 마…. 영감인지 땡감인지 떠올라도 쓸데없이 창문하그 씨름하지 말고 그냥 2층 올라가 잠이나 자."

사고뭉치 친구에게 경고성 발언을 날리니 아무 말도 안 하고 풀 죽은 듯 고개 숙이고 2층 계단을 오르는 모습을 보니 미안한 생각이 들었다. 고장 난 창문 사이로 한가득 들어오는 달빛도 왠지 일그러져 있는 것 같았다.

키가 안 빠진다구?

인간은 누구나 과실이 있다. 다만 과실에 집착하는 것이 어리석은 일이다.

― 키케로

유럽에서 여러 개의 출입문을 통과하는데 오래된 키를 사용하는 곳이 많이 있다. 오른쪽으로 두 번 돌린 상태에서 동시에 문을 당겨야 열린다고 설명이 되어 있다. 간단하다고 생각하지만 실제로 익숙하지 않아 적응하는 게 쉽지 않았다. 대부분 현지 숙소에 도착하면 대문, 현관, 여러 개의 방 등 열쇠 뭉치를 한 움큼 받아들고 좌우로 돌리고 이리저리 별짓을 다해 봐도 열리지 않아 당황해본 사람이 많을 것이다.

그럴 때마다 우리가 사용하는 편리한 디지털 번호키를 왜 사용하지 않을까? 의문이 들게 된다. 이유는 디지털키를 사용하면 주택 구조상 비에 고장이 나기 쉽고, 옛날부터 돈 많은 부자들이 열쇠 꾸러미를 잔뜩 가지고 다녀야 부의 상징으로 여기고 그것이 자랑이었다고 생각한다니 그들의 문화라 어쩔 수 없는 노릇이다.

　친구 부부와 밀라노를 여행할 때 일이었다. 렌트한 아파트는 구조가 유난히 이상해서 출입이 복잡했다. 열쇠를 가지고 설마 문을 못 열겠어? 아파트에 도착하여 매니저에게 열쇠를 한 움큼 받았다. 이것은 대문, 이것은 현관, 이것은 안방 등등 설명을 한참 듣다 보면 정신이 없다. 매니저가 영어는 잘 안 되는지 못 알아 듣겠고, 몸 동작으로 설명하기를 출입하는데 3번의 각각 다른 키를 사용해야 아파트로 들어갈 수 있다고 대충 이해했다. 피곤해 죽겠는데 문을 여는 방법도 시범을 보여주고 문제 있으면 연락하고 말하며 방긋 웃어주고 가버린다. 말이 많네 하는 표정으로 일행은 넘겨받은 키 뭉치에 뭐가 그리 많은 키가 달려있는지 어리둥절했지만 가장 중요한 출입을 위한 것이니 시도했다.
　첫 번째 출입문은 15세기 풍이 남아 있는 대문으로 키를 넣고 위아래로 약간씩 흔들다가 오른쪽으로 살며시 살짝살짝 돌려야 열린다. 처음에는 우악스럽게 열려고 애쓰다가 안 열려 고민하고 있던 차에 입실하는 다른 사람들이 하는 걸 유심히 보고 알아차렸다. 두 번째 중문은 뭐 그리 속썩이지 않아서 문제가 없었다. 마지막 아파트 문을 열기 위해 우로 두 번 좌로 반만 돌리고 힘을 주어 문을 당기면 열렸는데 그렇게 어렵지는 않았다.
　"별거 아니네."
　자유 여행을 추구하는 우리는 그날도 뚜벅이 여행을 하기로 하고 아침을 챙겨 먹은 후 아파트를 나왔다. 한참을 걸어가고 있는데 친구가 가방을 뒤적뒤적하더니 모자를 안 가지고 나왔다고 하며 돌아가서 가져올 테니 여기서 잠깐 기다리라고 했다. 알았다고 하고 나머지 일행은 지도를 보면서 어떻게 가야 하는지, 대중교통은 어디서 어떻게 타야 하는지 열심히 구글 지도로 찾아보고 있었다. 얼마나 지났을까? 금방 돌아오겠거니 해서 기다리고 있었는데 돌아올 시간이 웬만큼 지난 것 같은데 이상하게 오지를 않았다.

"내가 한번 가볼게요"

기다리다가 자기가 가서 데려오겠노라고 친구 와이프가 갔다. 시간이 얼마나 지났을까? 친구 와이프도 시간이 꽤 지났는데 함흥차사다.

"무슨 일이 터진 건가?"

"터질 일이 뭐 있겠어? 화장실 갔나?"

아무래도 기다린 시간을 봤을 때 무슨 일이 생겼다고 생각하고 그제서야 우리도 아파트로 가보자고 했다. 그런데 키가 없어서 공동 현관을 들어갈 수가 없었다. 한참을 우왕좌왕하고 있는데 마침 누군가가 안에서 나오려고 문을 열었다. 그 틈을 타서 공동 현관을 무사히 통과하였다. 중문에서는 누구 없냐고 사람을 부르니 친구 와이프가 듣고 엘리베이터를 타고 내려와서 문을 열어 주었다.

"어떻게 된 거예요?"

"키가 문제가 있어서 오도 가도 못하고 있어요."

"무슨 문제가?"

올라가 보니 친구는 아파트 현관문 앞에서 키를 잡고 끙끙거리고 있었다.

"뭐해?"

"키가 도저히 안 빠져…."

"모자를 쓰고 나와 문을 잠궜는데 키가 빠지지 않는 거야."

"……."

"이런저런 할 수 있는 방법을 다 써 봤지만 안 빠져, 문도 열리지도 않구."

"키를 우악스럽게 다루면 안 되지. 여자 다루듯 살살 조심조심 했어야지." 농담을 해가면서 비켜보라고 하고 내가 이런저런 방법을 동원해 키를 빼보려고 한참을 노력해 봤지만 역시 꼼짝을 하지 않았다. 이게 뭔 시츄에이션이지?

오도 가도 못하고 키와 씨름을 하고 있다가 일단 매니저에게 전화를 하보자고 하였다. 그런데 매니저는 주말이라 다른 곳에 가 있다고 와 볼 수가 없다고 했다.

키가 안 빠지는 상황 설명과 그럼 으런 주말 동안 집으로 들어가지도 못하고 밖에서 있어야 하느냐, 어떻게든 조치를 취해 달라고 영어로 설명을 했더니 전혀 알아듣지도 못하는지 What? What?만 되묻고 있었다. 처음부터 이상하다고 생각한 게 영어를 못하는 사람에게 매니저 자리를 맡겨 놓은 게 말이 되나? 투덜거리며 다시 연락한다고 해놓고, 해결할 수 있는 별 궁리를 다해 보았다. 그러다 친구는 뭔가 생각이 난 듯 이곳을 예약할 때 주인 전화번호와 이메일을 받았다고 했다. 그런데 전화를 몇 번 시도해 보았으나 받지를 않았다. 일단 이메일을 썼다. 상황 설명을 하고 급하니 이메일을 보는 대로 바로 연락해 달라고…. 연락이 오기를 문밖에서 기다려야 하는 상황이 되었다. 이런 제기랄…….

한참 시간이 흘렀다. 이메일이 오는지 계속 쳐다보고 있었다. 일행들은 이젠 지쳐가는지 체면 따위는 둘째치고 바닥에 주저앉았다. 멍 때리고 있는데 자리를 비웠던 와이프가 어떤 여자를 모시고 왔다.

"뭔데? 누군데?"

"Can you speak English? 했더니 약간 할 줄 한다고 해서 "Help me, Help me!" 하면서 슬픈 표정을 지으며 소매를 끌고 왔어."

"오. 굿!"

그 여자에게 현장을 보면서 키를 좌우로 돌리고 영어로 몸짓으로 설명을 했더니 그 여자가 어떤 상황인지 정확히 이해를 했다. 그 여자는 영어를 못하는 매니저에게 전화를 다시 걸어서 유창한 이태리어로(당연히 모국어니까) 상황 설명을 하고 손님들이 오도 가도 못하고 있으니 빠른 조치를 해달라고 강하게 말하는 것 같았다. 통화를 끝낸 그녀는 "매니저가 이해를 했으니 조치를 취해 주겠다고 합니다."

"너무 너무 감사합니다."

구세주 여자분께 일행은 고맙다고 엘리베이터를 타고 내려갈 때까지 폴더 인사를 여러 번 했다. 그리고 30여 분을 기다리고 있으니 열쇠공이 왔다. 능숙한 솜씨는 아니지만 여러 가지 공구를 이용해서 결국은 열쇠를 빼내고 고쳤다.

"다행이다."

열쇠공은 우리보고 기다리라고 했다. 수리비용 때문에 누가 지불할 것인지 매니저에게 물어봐야 한다고 하는 것 같았다.

"근데, 이게 왜 우리 잘못이야?"

"글쎄, 모르지."

"아니, 문이 안 열리는데 왜 우리 탓이야?"

"수리 비용을 우리보고 지불하라고 하면 어쩌지?"

"싸워야지."

우리끼리 갑론을박을 하고 있는데 열쇠공은 매니저와 통화를 하고 있었고, 매니저에게 본 대로 느낀 대로 설명을 하면서 우리 잘못인지 아파트 쪽 잘못인지 판단과 비용을 어느 쪽에서 받아야 하는지 설명을 하는 것 같았다. 도대체 몇 시간 째인지 점심때도 훨씬 지나서 배도 고프고 힘들고 점점 부아가 치밀어 오르고 있는데, 최종 결론은 아파트 쪽 귀책 사유라는 결론이 내려지자 그래도 다행이라고 생각했다. 여행지에서 키 때문에 귀중한 하루를 허무하게 그렇게 까먹고 말았다.

여행을 끝내고 돌아올 때쯤이면, 다음부터는 여행할 나라의 언어를 조금이라도 배워야겠다고 생각을 해보곤 했다. 그래야 여행의 즐거움을 더 느낄 수 있고, 이러한 상황에서 응급 대처를 할 수 있지 않을까 생각해 봤다. 우리도 영어를 잘못하지만 전 세계에서 관광객들이 엄청 많이 올 텐데 웬만하면 영어를 할 줄 아는 사람으로 매니저를 시켜야 되는 거 아닌가? 하는 생각이 들었다.

돌아와 편안하게 번호키를 누르며 들어가는 우리집 현관문을 볼 때마다, 복도에서 하루 종일 쪼그리고 앉아 있던 밀라노가 생각이 난다.

더 이상 녹지 마

자연을 파괴하는 것은 결국 자기 자신을 파괴하는 것이다.

— 호메로스

❄ 빙하야 더 이상 녹지 마, 마음이 너무 아파. 빙하가 사라질 때, 인류는 어떤 모습으로 생존을 하고 있을까? 대부분 프랑스 영토에 속해 있고 만년설로 덮인 봉우리와 빙하 그리고 화강암으로 어우러진 절경으로 유명한 몽블랑은 인생 여행지 버킷리스트 중 늘 단연 Top에 위치해 있으면서 "언제 올 꺼야?" 하면서 빨리 오라고 재촉하는 듯했다. 이미 다녀온 다른 사람들 이야기를 듣거나 가끔씩 인터넷에서 사진을 보면 부러웠지만 한편으론 빙하가 점점 빠른 속도로 녹아내리고 있다는 뉴스를 접할 때마다 더 늦기 전에 빨리 가 봐야 할 것 같다고 생각했다.

시간, 돈 그리고 건강의 삼박자가 맞아 떨어졌다. 스위스 제네바를 거쳐 산기슭에 자리한 작은 산악마을 샤모니로 들어섰다. 동화 속 같은 아기자기한 집들과 알프스 빙하수가 흘러내리는 하천 그리고 덜리 보이는 만년설 덮힌 산맥의 위용과 어우러져 한 폭의 산수화 같았다. 자연 속에 잘 융화된 거리마다 관광객들로 북적이는 생동감 넘치는 모습이었다.

그냥 어느 곳을 바라보든지 감탄사가 튀어나올 정도였고 찍는 사진마다 예술 작품이 되는 환상적인 곳이었다. 꿈에 그리던 몽블랑과 첫 대면을 생각하니 심장이 더욱 박동 친다. 에귀디미디(Aiguille Du Midi, 한낮의 바늘이라는 뜻) 전망대를 올라가기 위해 아침 일찍부터 서둘렀지만 10시 30분에야 가까스로 탑승권을 받을 수 있었다.

세계에서 가장 높은 곳에 위치한 케이블카를 타고 내려다보이는 다을이 유난히 깨끗하고 조용하며 더욱 아름다워 보였다. 중턱에서 한 번 갈아타야 할 정도로 길었고 오를수록 귀가 먹먹하고 가슴이 답답하고 호흡이 가빠오는데 만약 견디지 못하면 내려가라고 하는 것 같았다. 그런 사람에게는 자태를 보여 줄 수 없다는 몽블랑만의 테스트라고 생각했다. 고도의 변화에 따른 몸의 반응을 잘 참아내고 테스트를 통과했다. 그 덕분에 해발 3,842m 전망대에서 광활한 알프스의 비경을 감상할 수 있었다. 너무나 맑고 깨끗한 구름 한 점 없는 날씨에 모든 알프스 산봉우리들이 가까이에 도열하고 방문을 축하하는 인사를 건네는 것 같았다. 한눈에 바라보기 힘들 정도의 끝없는 만년설로 뒤덮인 산맥들의 웅장한 모습이 일부는 사라지고 삭막한 흙더미로 변한 곳도 볼 수 있었다. 자기를 잘 살펴보고 대책을 강구하라는 메시지를 듣는 것 같았고 아름다운 자태 뒤에 가려져 서서히 녹아내려가는 빙하의 운명이 몽블랑의 눈물 같았다. 멈출 수만 있다면 사람들은 어떤 노력이라도 해야 할 것이라고 생각한다.

온난화가 얼마나 빨리 진행되어 가는지 얼음동굴 메르데글라스에서 빙하 속을 들어가 보았다. 빙하가 녹아내린 연대표를 바라보니 최근 들어 점점 빨라지고 있다는 것을 쉽게 알 수 있었다. 이렇게 빨리 빙하가 사라지고 있다니…. 빙하 동굴 아래로 흘러내려 뽀얀 흙먼지를 뒤집어 쓰고 있는 모습이 사라져 갈 위기에 처했다고 호소하는 소리로 들려 안쓰러울 뿐이었다.

게일랜드호수, 브레방 플랑라즈 케이블카를 타고 오른 곳은 예전에는 빙하로 덮여 있던 곳이었다. 지금은 대부분 사라지고 약간은 남아 있는데 이런 곳은 트래킹을 할 수 있도록 개발하여 좁다란 길들이 끝도 없이 펼쳐져 있었다. 겨울이면 스키장으로 바뀔 코스를 걸어보고, 이름 모를 꽃들과 건너편 구름과 어우러진 몽블랑의 아름다운 풍경에 감탄을 멈출 수는 없었다.
하지만 가슴 한구석은 미래에 녹아버린 몽블랑의 슬픈 모습이 오버랩 되어 마음이 착잡했다.

비가 호텔 창문을 타고 내린다. 몽블랑의 눈물인가? 서글프게 내린다. 유익종의 "그저 바라다볼 수만 있어도" 노래가 빗소리를 가르고 들려온다.

이 밤 한마디 말없이 슬픔을 잊고져
멀어진 그대의 눈빛을 그저 잊고져
작은 그리움이 다가와 두 눈을 감을 때
가슴을 스치는 것이 무엇인지 모르오

그저 바라볼 수만 있어도 좋은 사람
그리워 떠오르면 가슴만 아픈 사람
우리 헤어짐은 멀어도 마음에 남아서
창문 흔들리는 소리에 돌아보는 마음

멋진 와인이여!

와인은 신이 인간에게 준 최고의 선물이다.

― 플라톤

🍷"포르투갈 북부의 항구도시로 대서양으로 흘러 들어가는 도루강 인근에 건국의 기원이 된 도시이자 대항해시대의 해양 무역의 거점도시이고, 포르투 와인의 생산지로 유명하다, 알겠지?" 인터넷을 뒤져가면서 찾은 정보를 공유하는 시간인데 와인에 취했는지, 일행들은 시차에 멍한 상태인지 뭔가 깊이 있는 얘기만 나오면 졸고 있는 것처럼 침묵이 흐르고 반응들이 없었다.

패키지 여행은 현장에서 가이드가 설명을 해주니 약간의 지식만 가지고 있어도 현장에서는 이해를 하는데 어려움이 없지만 느끼는 감흥이 약하다. 자유여행으로 갈 경우 특히 그곳의 참맛을 알려면 가는 곳을 좀 더 자세히 공부하고 떠나야 하는 수고가 많이 있어야 한다. 그렇지 않으면 패키지 여행만도 못하고 수박 겉핥기 여행이 된다고 생각한다.

그래서 웬만큼 사전 지식을 가지고 여행을 떠났어도, 기억 속에 존재하지 않은 정보의 낯선 이름들이나, 음식 이름, 유명하다는 건축물 등은 시선만 잠시 머물고 멋있다 정도로 마무리 해버리는 게 대부분이다.

포르투! 풍부한 관광지와 와인이 유명하니 맛있는 여행을 위해 작정하고 유튜버, 인터넷 등 많은 정보를 찾아보고 떠나자고 했다. 그리고 도착해서는 저녁 식사 중 아니면 별도로 와인을 한잔하면서 다음 날 갈 곳의 정보를 공유하고 토론하자 했고, 적극적인 참여와 관심으로 왠지 여행의 참맛을 느껴보겠다는 결심을 했지만 역시, 와인 앞에서는 그렇게 작심한 것들이 와르르 무너지고 있었다.

출발 전.
"스페인만 여행해도 시간이 부족할 텐데…."
"그래도 죽기 전에 포르투갈만 다시 여행하기 힘들 텐데, 대표적인 도시인 포르투를 가보는 게 좋지 않을까?"
"포르투 구도심과 일몰을 보면 포르투갈을 다 보는거라고 하던데…."
"자유여행이고 이동 동선이 길어 짐을 싸고 푸는데 시간을 너무 허비하면 안 되지…." 포르투를 넣느냐 마느냐 출발 전에 다양한 토론 끝에 가기로 해서 결정된 도시이자 여행을 시작하는 첫 번째 도시가 되었다. 여행 계획은 20여 년 정도 여행을 같이 다니고 있는 친구가 맡았다. 가끔 실수와 에피소드 제조기(?)지만 전체 윤곽을 그려내고, 예약하는데 남다른 재능을 가졌다. 개인적으로 평가하면 베테랑 여행사들이 "사부

님, 한 수 가르쳐 주십시오" 할 정도로 완벽한 기획력을 가지고 있다.

 항공료를 절약하기 위해 이스탄불을 경유하는 항공편을 예약했고 10시간 이상의 장거리 비행이다. 3-3-3인이 앉는 비행기 좌석 배열. 누구나 다 생각하겠지만 운 좋게 옆자리가 비었으면 하는 바람을 가지고 먼저 탑승하여 자리에 앉아 들어오는 사람들을 관찰하고 있었다. 멀리서 봐도 뱃살 가득 복도를 꽉 채우고도 좁은지 옆으로 낑낑거리며 들어오는 남자. 저 사람은 설마 아니겠지 했는데…. 그런데, 웬걸 아뿔싸. 그동안 경험해 보지 못한 경험을 하게 되었다. 엉덩이가 의자에 들어갈 수나 있을까? 걱정이 될 정도로 뚱뚱하고 처진 살들을 거의 포개고, 접고 끼워 넣다시피 하여 자리에 비벼 넣고 겨우 앉았다. 팔뚝이 허리보다 두껍고 다리를 오므리지 못해 와이프가 앉아 있는 자리까지 침범하니 최악의 자리였다. 이런 사람은 프리스티지석이나 2좌석을 예약하든지 해야지 옆에 앉은 사람은 날벼락을 맞은 거고 이게 무슨 상황이란 말인가? 설상가상으로 감기가 걸렸는지 계속 기침을 해대고 있다. 한잠 자려고 눈을 붙이면, 그 사람은 벌써 코 골고 기침하며 고개를 옆으로 떨구고 몸을 비스듬하게 쓰러져 자꾸 와이프 자리를 침범하니 나랑 자리를 바꿨다. 스튜어디스가 눈치를 챘는지, 그 사람에게 뭐라고 하는 것 같았는데 그 사람은 전혀 개의치 않고 내가 뭘? 하는 표정과 행동이었다. 오히려 그 사람 좌석 주위의 사람들이 모두 마스크를 착용하는 이상한 풍경이었다. 최악의 상황이었어도 자리를 옮길 수 없는 만석인 상황이니 어쩌랴. 식사시간에 서비스로 제공하는 와인에 취해 있지 않았다면 이런 불편함을 견디기 힘든 상황을 보냈을 것이다. 그렇게 10여 시간 사투를 벌이는 첫 경험을 하고 이스탄불을 경유하여 포르투 행 비행기를 탔는데 천만다행으로 옆 좌석은 날씬한 남자가 앉았는데 왠지 감사하다고 인사라도 해주고 싶은 마음이 들었다.

현지에 도착해서 길 찾고 대중교통을 이용하는 방법을 찾아 공유하고 일행을 안전하게 리딩하는 역할은 주로 나와 친구 와이프의 담당이었다. 자유 여행을 하면서 대부분 대중교통을 이용해봤기 때문에 길 찾고, 지하철을 이용하는 것에 별로 어려움이 없었다. 헤매지 않고 스무스하게 도시의 중심 상벤투역에서 내렸고 숙소를 예약한 곳까지는 10여 분 이상 가야 하는 언덕길과 아스팔트가 아닌 돌길로 캐리어를 끌고 가는데 땀 좀 흘렸다. 유럽의 출입문은 우리나라에선 박물관에나 있을 법하고 잊어 간 옛날 키를 계속 사용하는 곳이 많다. 걱정을 많이 했는데, 다행히 번호키를 설치한, 리모델링을 한 깨끗한 아파트였다. 복층 구조로 되어 있어 침실과 주방이 분리되어 있고, 좁은 계단으로 오르락내리락하는 불편은 있겠지만 여행을 하기엔 최적의 위치에 자리 잡고 있었다. 역시 숙소 찾기의 달인인 친구 와이프에게 맡겨놨더니 밤새우면서 모든 리큐를 훑어보고 예약했다고 했는데, 고생 고생해서 찾은 만큼 기대 이상으로 맘에 쏙 들었다. 또 다른 이번 여행의 백미는 친구가 전 일정 식사를 책임진다고 폭탄선언을 하였다. 그럼 나는? 라면 밖에 끓일 줄 모르니 자동으로 설거지 담당이며 질 좋은 와인을 찾아서 식탁에 대령하는 역할을 담당하였다. 와인의 본고장 포르투에서 가능한 질 좋은 와인을 싼 가격에 맘껏 마셔보자고 다짐을 했다. 우선 인터넷을 통해 와인에 관련된 정보를 찾아보았더니, 맛과 가격이 천차만별이었다. 하지만, 와인 라벨을 대면 와인 상태와 리뷰를 통해 어떠할지 판단해 주는 앱을 설치하여 왔기 때문에 걱정 말라고 큰소릴 칠 수 있었다. 아파트 근처 마트에 갔더니 입이 쩍 벌어질 정도로 와인이 끝도 없이 진열되어 있었다. 우선 가격대를 정하고 레드 와인을 좋아하니 범위가 좁혀졌는데도 선택이 쉽지 않았다. 맛 없으면 안 마신다고 적당한 가격의 와인을 샀다.

웬걸? 모두가 엄지 척을 하면서 맛있다고 해서 얼마나 다행인지 몰랐다. 그렇게 와인병을 저녁마다 2~3병씩 비워냈고, 와이너리 가서 와인 제조 과정을 구경도 하고, 여자들이 시음을 하고 나서 와인 맛에 반해 사가겠다고 먼저 나서는 모습에 놀라움을 금치 못했다.

일몰의 장관을 놓치면 포르투에 올 이유가 없겠지? 1888년 완공 당시 세계에서 가장 긴 2층 아치형 다리로 매우 파격적인 형식이라 흉물이라고 들었던 동루이스다리. 하지만 현재는 이 다리를 빼놓고는 포르투를 말할 수 없을 만큼 유명하며, 다리 건너 수도원과 모루공원에서 일몰을 바라보면 넋이 나갈 만큼 아름답다고 해서 그런지 매일 관광객이 차고 넘쳤다. 인생샷을 남기기 위해 가슴 설레며 찾았던 첫날은 인터넷이나 유튜버에서 봐온 풍경 사진과 너무 달라 실망을 하였다. 구름 한 점 없이 너무 맑아서 그런가? 현장에 가봐서 많은 실망했던 어떤 여행지들처럼 인터넷의 그런 사진들이 합성이나 조작된 건 아닐까? 사진 작가들의 촬영 기법에 너무 기대를 많이 가진 것일까? 아무튼 이런저런 의심을 갖기도 했고, 영종대교로 넘어가는 석양이 훨씬 예뻤을 거라는 둥 감동이 없어서 그런지 마냥 이곳의 일몰을 깎아내리고 있었다. 아무리 별거 아니라도 확인은 해봐야 할 것 아닌가? 다음날, 재도전을 강력히 원하는 와이프가 구름도 제법 껴있어서, 낙조가 아름다울 것이니 다시 가보자고 졸랐지만 와인을 마시고 있었던 터라 술기운이 돌아서 반응이 시큰둥하였다. 해 질 시간이 다 되어 가니 그러면 여자들끼리라도 나가겠다고 자리에서 일어서서 어쩔 수 없이 끌려나갔다. 와인을 마셔 알딸딸한데 시간에 맞춰 가야 한다고 빠른 걸음을 재촉하는 통에 정신이 하나도 없었다. 이번에는 지난번 갔던 곳보다 더 높은 곳에 있는 수도원 방향으로 갔다. 한숨을 돌리며 서쪽 하늘을 바라보고 있는데, 일몰 시간이 가까워질수록 아름답게 물들어가는 도루강과 강 건너 성당과 붉은색 지붕으로 덮인 나지막한 집들이 서서히 물들어가면서 장관을 이루고 있었고, 환호성과 감탄하는 소리가 저녁 노을과 함께 황홀하게 물들어가고 있었다.

동루이스 다리가 붉은 노을을 머금었다가 반사하며 하나둘 켜지는 조명과 함께 그저 아치형 2층 다리였는데 어디에서도 볼 수 없었던 색다른 명장견을 연출해 주었다. 흐르는 시간 속에 하나둘씩 늘어가는 조명들도 최고의 아름다운 일몰을 위해 다양한 포즈로 반짝거리기 시작했다. 아무리 아름다운 경치를 사진 속에 담는다 해도 마음속에 새기는 것만 못하여 어둑어둑해질 때까지 한동안 모루공원과 동루이스다리 위에서 하나도 빼놓지 않을 심산으로 멋진 광경을 마음속에 차곡차곡 담고 있었다. 이렇게 아름다운 일몰처럼, 나이 들어가는 나의 중년 삶이 이처럼 멋진 모습으로 채색되어지길 희망해 본다. 이곳에서 느낀 감동은 맘속에 항상 살아 숨 쉬며, 힘들 때나 외로울 때 커다란 힘을 주는 영양제가 될 것이다.

유럽인들도 은퇴 후 가장 살고 싶어 하는 도시인 이유를 알 것 같았다. 도우강 상류 쪽으로 끝도 없이 펼쳐진 와인 산지를 보면서 입이 다물어지지 않는다. 가시거리로 보이는 것이 와인 산지의 10% 안 된다니 왜? 여기 와인이 유명한지 알게 되었고, 시음을 하면서 취해 해롱거렸지만 와인아, 사랑해…. 돌아가면 와인으로 주종을 바꾸겠다고 결심해보는 계기가 될 것 같았다. 포르투 와인의 매력에 풍당 빠져버린 우리들은 저녁 식사와 함께 와인을 매일 마시기 시작했고, 어느덧 와인을 **빼놓지** 않는 현지인들의 일상과 동일한 생활을 하고 있었다.

여유로운 도우강변에서의 샹그리아 한잔이 즐거움을 더해준다. 짧지만 강한 인상을 남겨준 도시 포르투. 이곳도 사람 사는 곳인데, 지지고 볶고 내가 사는 곳과 크게 다르지 않겠지? 하지만 좋은 여행지에서 만나는 사람들을 보면 분명히 더 행복하게 사는 것처럼 보인다. 그들이 우리를 바라볼 때는 중국인? 일본인? 한국인? 헷갈리겠지만 이런 곳까지 여행을 온다는 것에 자신들보다 행복하게 사는 사람들 일거라고 평가는 더 높게 해주지 않을까? 와인잔 속에서 우리들의 아름답고 즐거운 기억들이 춤을 추고 있고, 멀리 창밖에서 스며드는 강변과 와인잔을 치켜든 사람들의 웃음소리가 거실 가득히 머물다 흩어지고 있었다.

삼 대가 덕을 쌓은 게 확실해

한 세대의 생명은 유한하나 조국과 민족의 생명은 영원한 것. 민족의 영산, 그 위대한 품을 마주하다.

🐎 지린성 동부에 위치한 연변 조선족 자치주의 중심 옌길(옌지)공항에 도착하여 피켓을 들고 있는 가이드와 만났고, 드디어 백두산을 품에 안아볼 수 있다는 생각에 가슴이 두근거렸다. 백두산을 가기 위한 여정은 이도백하에서 출발을 하는데, 그곳을 가는 길에 두만강, 혜란강, 용두레 우물가 등 우리 민족의 얼이 깃든 곳을 찾았다.

1. 두만강, 눈물 젖은 북녘 땅을 보다

두만강은 생각보다 강폭이 좁았다. 조용히 흘러내리는 강 건너 북녘 땅은 손에 닿을 듯 가까워 보였지만 갈 수 없이 머나먼 곳이었다.

그 물결 위에 가슴 아픈 한국전쟁의 역사와 수많은 이산가족과 탈북자들의 사연들이 어른거렸다. 나는 가만히 흐르는 물결을 바라보다가, 임진각에서 철책선을 바라보며 느꼈던 분단된 민족의 현실보다 이처럼 뚜렷하게 보이는 곳도 드물 것이라는 생각이 들었다. 강 건너 마치 날 바라보라고 전시해 놓은 것 같은 집들이 나란히 늘어져 서 있었고 사람들의 모습은 보이지 않았지만, 어딘가에는 가족을 그리워하는 누군가가 나처럼 강을 바라보고 있을 것 같았다. 같은 언어, 같은 피를 나눈 사람들이 강 하나를 사이에 두고, 서로를 바라볼 수조차 없는 현실이 이토록 가슴 아프게 느껴질 줄은 몰랐다.

2. 선구자

일송정 푸른 솔은 늙어 늙어 갔어도
한 줄기 해란강은 천 년 두고 흐른다
지난날 강가에서 말 달리던 선구자
지금은 어느 곳에 거친 꿈이 깊었나

용두레 우물가에 밤새 소리 들릴 때
뜻깊은 용문교에 달빛 고이 비친다
이역 하늘 바라보며 활을 쏘는 선구자
지금은 어느 곳에 거친 꿈이 깊었나

용주사 저녁 종이 비암산(ja)에 울릴 때

사나이 굳은 마음 길이 새겨 두었네

조국을 찾겠노라 맹세하던 선구자

지금은 어느 곳에 거친 꿈이 깊었나

학창 시절에 배우고 불렀던 이 노래는 아직도 끝나지 않은 역사의 메아리였다. 일송정 푸른 솔은 의연히 서 있던 그 모습에서 용정과 불굴의 민족정신을 나타내는 상징이었다고 한다. 수목이 울창하고 무성한 비암산 일대는 항일운동가들의 활동장소였던 곳이고 조국의 독립을 위해 싸운 선구자들이 무수히 지나갔으리라 생각하며 멀리서나마 바라보는 마음은 더욱 선연한 푸름으로 물들었다. 혜란강과 용두레 우물가, 이름만 들어도 가슴 뭉클하다. 혜란강은 백두산에서 발원하여 두만강과 만나며, 과거 독립운동가들의 은신처였고, 때론 최후의 격전지이기도 했다. 흐르는 물소리마저 조용했고, 용두레는 옛 두기창그가 있었다는 설도 있고, 혹자는 이곳에서 조선인 자치의 꿈이 움텄다고도 했다. 이 땅의 모든 자취가 민족의 발자국처럼 느껴졌다.

3. 백두산 천지

백 번을 가면 두 번 정도 본다고 해서 백두산이요, 3대가 덕을 쌓아야 볼 수 있을 정도로 기후가 변화무쌍한 백두산이다. 1년 중 8개월 이상 눈에 덮여 희게 보이기 때문에 백두산이라 불리고 중국에서는 창바이산, 장백산이라 불린다. 해발고도 2,500미터 이상에 16개의 봉우리가 있고, 6개는 북한, 7개는 중국, 3개는 국경에 걸쳐있고 가장 높은 최고봉은 북한 쪽에 있는 장군봉이다. 모든 강이든 호수든 수원이 충분하지 않으면 마르게 되는데 천지 물이 마르지 않는 이유는 특수한 지리적 환경으로 기후의 온도 차에 의해 일정한 수증기를 형성해 스스로 수원을 공급한다고 한다. 백두산, 이름만 들어도 가슴이 뛴다. 단지 높은 산이 아니라, 민족의 정체성과 아픔, 그리고 희망이 깃든 그곳, 그 이름은 마음속 깊은 곳에서부터 울림이 있다. 어린 시절 교과서에서 보았던 천지의 사진, 민족의 영산이라 불리는 그 장엄한 산, 늘 마음 한편에는 언젠가 꼭 가보고 싶은, 그러나 막연히 멀게만 느껴졌던 그곳, 그 백두산을 향한 발걸음을 내딛기까지는 긴 시간과 결심이 필요했다. 단순한 산행이 아니라 마음 깊은 곳의 그리움과 질문을 품은 성스러운 민족의 영산을 마주하는 뜻깊은 여정일 것이라고 확신했다.

4. 서 파

버스를 타고 가는데 날씨가 변덕이 심하다. 흐린 듯하다가 햇살이 나고 다시 구름이 잔뜩 끼면서 가슴을 졸이게 하였지만 빗방울은 없었기에 천지를 마주하는 것은 문제없을 것으로 생각하였다. 그런데, 가이드들끼리 현재 천지의 영상을 주고받는지 천지에 먼저 올라있는 가이드가 보낸 실시간 영상을 보여주는데 에구머니나! 천지는 안개에 휩싸여 있었다. 불안한 마음이 엄습하며 이렇게 수천 리를 마다 않고 달려왔는데 이번에는 천지를 아예 대면도 못 하고 돌아가는 것이 아닐까 생각하니, 3대가 덕을 쌓아야 볼 수 있다는 말이 사실인 양 생각났다. 우리 가문은 덕을 안 쌓았나? 그럼 우리 조상 중에 누가 폭탄이지? 하고 쓸데없는 생각을 해보기도 했다. 가이드가 위안을 해주려는 상투적인 말인지 몰라도 이런 날씨지만 오르는 동안 안개가 걷힐 수도 있거나 아니면 안개 사이로 잠깐씩 천지를 보는 경우도 많다고 하였다. 하지만, 우의를 걸치고 내려오는 사람들의 절망스러운 표정과 힘들게 올라가서 보지도 못하고 그냥 내려왔다는 푸념 섞인 대화들이 희망의 끈을 놓게 만들고 있었다. 그래도 가이드가 계속해서 바람이 세차게 부는 것으로 보아 걷힐 수도 있겠다고 하였다. 혹시나 하는 조그마한 희망의 실마리를 움켜쥐고 1,400여 계단을 한 걸음씩 올라 정상에 섰지만, 아니나 다를까 눈앞은 그저 하얀 장막뿐 모든 풍경을 조금도 볼 수 없는 감추어진 세계 같았다. 어떻게 왔는데…. 실망스러웠지만 그 안개마저도 백두산의 품은 품이라고 생각을 고쳐먹고 눈을 감고 사진 속에서 보아왔던 서파의 풍경을 안개 위에 그려보았다. 하늘에서 내려온 천지가 저 아래 숨 쉬고 있음을 느껴보려 애썼지만 짜증 섞인 목소리로 불만을 토로하는 사람들의 목소리에 집중이 되지 않았다. 조바심내지 말고 추위에 떨며 기다리다 보면 혹시라도 천지신명이 기특하다고 잠시라도 그 모습을 펼쳐 보여주지 않을까 생각하며 한 시간 이상을 기다렸지만 끝내 모습을 보여주지 않아 백 번 오면 두 번 본다는 백두산이니 앞으로 99번을 더 와야 하나? 생각하면서 고개를 떨군 채 조용히 하산길로 발걸음을 돌렸다. 와이프는 황산, 장가계 등 많을 곳을 다녔는데 그때마다 날씨가 좋지 않아 제대로 본 적이 없다고 중국은 자기와 안 맞는다고 투덜댔다. 그래? 이 여자가 비를 몰고 다니는 폭탄인가?

5. 북 파

　북파는 천지의 전모를 가장 온전하게 마주할 수 있다고 한다. 그러나 어제 서파를 산행했을 때처럼 날씨가 도와주지 않으면 아무 소용 없다는 것도 익히 들었다. 대부분 안개로 가려져 천지를 제대로 보지 못하는 이들이 태반이라 했다. 밤새도록 일기예보에 촉각을 곤두세우고 있었다. 천지 기상을 체크하느라 밤잠을 설쳤는지 다크서클이 볼까지 내려온 것처럼 퀭한 모습으로 아침을 맞았다. 그래도 밤새 확인한 일기예보는 그나마 안심이 되었고, 쾌청한 아침 공기에 청명한 하늘이 반갑게 맞아 주었다. "오늘 같은 날씨는 1년에 열 손가락 안에 드는 맑은 날씨로 여러분들은 3대가 덕을 쌓아서 복을 받으시는 겁니다." 어제는 삼 대가 덕을 못 쌓은 것 같다고 우스갯소리를 하더니 오늘은 반대로 말하는 가이드 말에 가슴이 설레고 믿을 수 없을 정도로 가슴이 쿵쿵 뛰었다. 버스 안에서 사람들의 표정은 흥분과 기대감으로 충만해 있었다. 마지막 버스로 갈아타고 꾸불꾸불 오르는데 가시거리는 중국의 끝까지 보일 정도로 좋았고 구름 한두 점 떠다닐 뿐 눈앞에 펼쳐지는 야생화와 푸르름으로 옷을 갈아입고 있는 초목들이 감탄사를 절로 나오게 하였다. 군데군데 하얗게 치장한 잔설들이 겨울과 봄이 공존하는 곳이라는 아름다운 풍경을 연출하여 입을 다물지 못하게 하였다. 드디어, 내가 천지를 제대로 볼 수 있는가 보다. 버스에서 내려 조금 올라간 순간 눈 앞에 펼쳐진 천지의 장관. 그 순간,

숨이 멎는 듯했다. 커다란 분화구에 고인 물, 그 깊고 푸른색은 달로 표현할 수 없는 감정을 자아냈다. 하늘과 맞닿은 호수. 민족의 근원, 우리의 영혼이 깃든 그곳. 천지는 단지 한 폭의 절경이 아니었다. 우리들은 이곳에서 시작된 존재였고 우리 민족의 심장이었다. 저 아래, 산의 품에 고이 안긴 푸른 천지의 맑은 물은 마치 하늘의 한 조각이 내려와 산의 가슴에 눕듯, 고요하고 찬란하게 펼쳐져 있었다. 하얀 눈은 아직 녹지 않아 호수 가장자리를 두르고 있었고, 그 눈이 반사되어 천지를 더욱 신비롭게 물들였다. 바람 한점 없는 그 순간, 천지는 말 그대로 '천상의 호수'였다. 숨이 멎는 듯한 아름다움에 감동이 밀려왔다. 천지가 한눈에 바라다보이는 곳에 서서 말없이 한참을 서 있었다. 사람들의 환호성, 사진 찍는 소리, 바람 소리 모두 멀게만 느껴졌고 그저 내 눈과 가슴에 이 풍경을 더욱 깊이 담고 싶었다. 민족의 기원이자 우리의 혼이 깃든 장소, 수천 년 동안 한민족이 고난과 영광의 역사 속에서도 마음 속에 품었던 그곳. 내 조상들의 숨결과 한이 서린 이곳에서, 나는 무언의 교감을 나누고 있었다. 눈으로 본 풍경은 한 폭의 수채화 같았지만, 가슴으로 느낀 감정은 시와도 같았다. 오랜 세월 동안 이 민족이 흘린 눈물과 피, 그리고 희망이 응축된 백두산, 그날의 하늘이 유난히 맑았던 이유도, 그날의 천지가 유난히 반짝였던 이유도 어쩌면 나를 기다리고 있었던 것은 아닐까? 그렇게 믿고 싶었고 이 순간은 아마 평생 내 삶의 빛나는 한 페이지로 남을 것이다.

6. 장백폭포

　하늘의 물줄기 천지의 물이 흘러내려 장백폭포를 이루었다. 그 장엄함은 말 그대로 '하늘이 쏟아붓는 물' 같았다. 낙차 68미터, 거대한 물기둥이 아래로 떨어지는 웅장함 그 앞에 서 있으니, 인간이 얼마나 작고도 위대한 존재인지 절감하게 된다. 이 자연 앞에 인간이 겸손하지 않다면 무엇이 겸손이랴. 그 물 안에 백두의 기운이 담겨 있다면, 나도 그 일부가 되어보고 싶었다. 천지에서 흘러나온 물이 거침없이 쏟아져 내리는 그 웅장한 물줄기는 마치 대자연이 인간에게 들려주는 심포니 같았다. 한참을 멍하니 바라보며 귀를 기울였다. 물소리 사이로 들리는 것 같았다. "네가 여기까지 오느라 수고했다"고 백두산이 말해주는 듯했다.

　두만강을 바라보며 분단된 조국을 가슴 아파했고, 민족의 영산을 마주하고 모든 감동과 여운을 내 마음속에 새긴 백두의 하늘과 천지의 물빛에 담아 두었다.

제4장 기념, 가족

가족들이 서로 맺어져 하나가 되어 있다는 것이
정말 이 세상에서의 유일한 행복이다.

파도야 제발 잠 좀 자자

부부가 진주처럼 사랑이 익어 빛난다. "진주, 얼어붙은 눈물"

– 결혼 30주년

❧"지금 하고 싶은 것을 나중으로 미루면 나중에 할 수 있도록 쌓이는 게 아니라 연기처럼 사라지는 겨."
"요즘, 결혼기념일을 누가 챙기나? 옛날 말이지."
결혼하고 25주년은 은혼식이고 50주년은 금혼식이라는 말은 많이 들어 봤는데 30주년이니 진주혼식 기념을 하자고 하기에 시큰둥했다.

어느 날 저녁 식사를 하면서 누군가 먼저 결혼 30주년이나 됐다고 하니 너도나도 내년이 30주년이란다. 갑자기 누군가에서 기념 모임을 가자는 말에 튀어나왔고, 술김에 막 지르고 어디서 어떻게 할까? 여기저기 장소와 이벤트 등 다양한 이야기가 오르 내리고 나오고 왁자지껄하더니 하와이에서 멋진 기념을 하자고 했다. "부곡 하와이?" 웃고 저들고 일단 한잔하면서 "달리고 달리고." 꼭! 가자고 강력히 불 지핀 사람이 한 명 있었다. 부어라 마셔라 한참을 돌고 돌더니 취기가 잔뜩 오른 후에야 모임은 파장이 되었다.

다음 날 아침에 그룹카톡이 정신없이 울린다 "죄송합니다. 제가 너무 취해서 오버를 한 거 같은데 여행 가는 것은 없던 일로 해주세요. 제가 여러 가지 일이 있어서 갈 수가 없는 형편인데 술에 취해서 그만…." 술기운 때문에 질렀겠거니 알겠다고 하고 이해한다며 기념 모임은 흐지부지 수면 아래로 가라앉았다. 그런데 며칠이 지나서 이런저런 톡이 오고 가면서 다시 기념 모임을 하자는 쪽으로 불이 붙었다. 설날 전에 다녀오는 게 어떻겠냐는 의견이 나왔고 거절하기도 그렇고 가자고 하기도 그렇고 이러다 말겠지 하고 어정쩡한 스탠스를 취했다. 근데 돌아가는 분위기가 여행과 이벤트를 동시에 할 수 있는 하와이로 거의 정해지는 듯했다.

결과적으로 일행들의 30주년 기념 모임이 나의 결심 여부에 달려 있게 되었다. 회사에 휴가를 낼 수 있냐는 추궁 끝에 받아내 보겠다고 대답했다. 진즈혼식 여행을 가지고 제안한 친구는 속전속결로 쉴 틈을 주견 딴 생각을 하고 잡음이 많아 취소될까 봐 계속 밀어붙였다. 가서 어떻게 할 건지 계획 등 진행이 착착 진도가 나가고 있어서 며칠 내 휴가를 받아낼 수 있는지 결론을 내어 알려주어야 할 것 같았다.

차일피일 휴가 낼 적기를 찾고 있는데 일정을 잡았으니 빨리 휴가를 내라고 숨통을 조여오기 시작한다. 항공권예약을 들어가야 하니 여길

사본을 보내 줘라, 비자를 신청해라, 돈을 부쳐라 등등···. 카톡이 땀을 뻘뻘 흘리며 조금도 쉴 틈 없이 그의 메시지를 숨 가쁘게 전달해 댄다. 이미, 하와이를 갈 수밖에 없는 상황이 되어버렸고 일주일 정도 휴가를 간다는 말을 꺼내는 게 어떨지 생각하다가 "에라 모르겠다, 될 대로 되라지, 아님 때려치든가." 자포자기하는 심정으로 휴가를 신청했는데 다행히 쉽게 승인을 받았다. "괜히 혼자 고민하고 끙끙 앓았네…." 승인을 받고 나니 긴장이 풀어지고 그동안 친구가 진행해온 준비 과정이 그제서야 눈에 들어오고 하와이의 정경이 마음속으로 읽히기 시작했다.

자세히 살펴보지는 못했지만 알차게 준비해온 게 느껴지고 고생 많이 했구만 하는 감사의 마음이 전해진다. 우여곡절 끝에 출발하는 세 부부가 술자리에서 30주년 기념 여행을 약속한 걸 행동으로 옮기는 시간이 되었다.

여행 경비는? 자식들한테 30주년 여행을 간다고 슬쩍 흘려 봐야지. "지금 못 가면 평생 못 간다"는 인생의 평범한 진리를 내세웠다.
"맛있는 거 많이 드시고 즐겁게 지내다 오세요" 하고 통장으로 용돈이 입금됐다.
아이들에게 삥뜯는 건 아닌지 뒤통수가 가려웠지만 이것도 교육이겠거니 하고 너희들 키우느라 고생했으니 그 정도는 감수해야 하지 않겠니? 미안한 생각은 들었지만 부모를 생각하고 제법 큰돈을 부쳐 준 아이들이 고마웠다.

출발 전부터 여자들은 드레스를 입겠다, 리마인드웨딩 촬영을 하겠다, 하얀 원피스를 입겠다, 남자들은 하얀 와이셔츠를 입어라, 가서 하얀 티셔츠를 단체로 사 입자, 사진은 와이키키 해변에서 찍자는 등 의견을 개진하는 단체 카톡이 쉴 새 없이 울려대던 게 엊그제 같았는데 준비가 완료되고 일행은 호노룰루에서 하와이항공으로 갈아타고 빅아일랜드 코나에 도착하였다.

내 버킷리스트 중 하나가 바닷가에 가장 가까이 있는 숙소에 머물며 파도 소리를 들으며 와인 한잔을 기울이는 여유를 만끽해 보는 것이었다. 그런데 이번에 그런 기회가 찾아온 것이다. 와우! 방문을 열고 테라스에 나가서 보이는 풍광이 너무 아름답고 철썩거리는 파도에 물고기와 인어의 수다 소리가 방안까지 고스란히 전해온다. 가슴이 탁 트이는 바다를 오른쪽으로 바라보며 왼쪽으론 아름다운 집들이 따뜻한 햇살을 맞이하는 방향으로 옹기종기 모여있는 이국적인 아름다움을 가득 품고 있는 호텔. 문을 닫아도 파도 소리가 살며시 문 열고 들어와 음악 소리처럼 들려지는 아주 좋은 곳에 숙소를 잡았다고 친구에게 감사와 칭찬을 많이 해줬다. 물론 뽑기를 하여 선택된 방이었지만. 버킷리스트에 실행해 봤다는 동그라미를 그리고 광망대해와 넘실대는 파도 소리가 오케스트라의 협연과 한 폭의 그림을 연상하게 해서 짐을 풀기도 전에 넋 나간 것처럼 흠뻑 취했다.

와이프와 30주년 기념 이벤트를 어떻게 할지 많은 생각과 고민 끝에 고무풍선, 가위, 컬러 끈, 가위, 스카치 테이프 등등 이것저것 준비를 해왔다. 우리 방을 이벤트 장소로 정하고 열심히 준비를 해서 모두에게 깜짝 이벤트를 해보고자 풍선을 불고 끈을 매달고 구도를 잡고 난리를 치고 난 후에 짜잔. 오픈을 했다. "와우!" 의도대로 되지 않아 엉성했지만 자기들이 생각했던 것보다 괜찮은 기획, 풍선들이 벽에 붙어 있고 색 끈으로 이뤄진 조화 연결된 글들이 맘에 들었나 보다. 이래저래 칭찬도 웃음도 한참 넘쳐났고 분위기에 취하고 파도 소리에 취하고 하와이의 멋진 밤에 취해 술판을 벌이고 돌아가면서 한 마디씩 하고…. 연출된 기념사진을 찍으며 외마디 "우리 너무 오래 살았나?" 먼 곳에 와서 같은 공간에 마주 앉아 정담을 나눌 수 있는 인생의 동행자가 있다는 것이 행복하다고 한마디씩 거들었다.

살아오면서 질곡의 시간들을 잘 헤쳐나왔고 짧은 것 같지만 길었던 30년을 잘 버티고 왔기에 오늘날 같은 시간이 주어지지 않았나 생각된다. 아이들은 장성을 해서 결혼을 했거나 앞두고 있고, 어떤 가정의 아이들보다 훌륭히 성장하여 자신의 일을 하고 있는 아이들과 지켜보는 부모들. 떠들썩한 대화와 셀프 칭찬 험담 에피소드 등이 술 안주가 되어 어우러지더니 후끈 취기가 돈다. 어느 여인의 자뻑 자식 자랑은 듣는 사람에게 술을 계속 마시게 하였다. 원래 자식 자랑과 마누라 자랑은 하지 말라고 했는데….

아무튼 왁자지껄한 시간이 지나가고 한가한 시간이 되었다. 이런 곳에서 하룻밤을 자보는 게 소원이었는데 조용하니 파도 소리가 점점 크게 들려온다. 이상하다? 처음에는 분명 감미로운 음악 소리로 시작하였는데 누웠더니 잠자는 것을 방해할 정도로 파도 소리가 크게 들려왔다. 사람은 참으로 간사하다. 도착했을 때 아름다운 풍경과 파도 소리가 딱 마음에 들었는데, 이젠 감미로움이 소음으로 들리기 시작한다. 철썩, 주기적으로 먼 바다에서 바람을 타고 밀려와 바위에 토해내는 저 소리…. 굽결 속에 바다 한가운데에 떠 있는 듯한 기분. 이리저리 뒤척이다 잠깐 잠들었나 싶었는데 시차 때문인지 새벽에 몇 번씩이나 잠을 깼다…. "방음이 잘 안돼서 이렇게 크게 들리나?" 언젠가 중후한 중년으로 변했을 때 별장을 짓고 와인 한 잔을 들고 아름다운 노을을 바라보면서 멋지게 보내고 싶었던 꿈이었는데 "이게 아닌가?" 생각이 스쳐 지나가고 있었다. 다시는 바닷가 근처를 동경하며 별장을 갖고 싶다는 생각을 안할 것 같았다. 그냥 가끔 하루 이틀 지내다 가는 게 좋겠다는 생각과 함께 우르릉, 들려오는 파도 소리가 몇 초 간격으로 나는지, 이때쯤 철썩 소리가 나겠지 하고 파도 주기를 맘속으로 셈하며 같이 파도타기를 하며 날을 세웠다.

빅아일랜드, 어떻게 여행코스를 잡고 어디를 들릴 것인지 출발 전부터 흥분된 감정으로 많이 이야기했던 곳이다. 결혼 30주년 기념 술자리가 길어져 숙취가 남아 있고 비는 부슬부슬 내리고 운전은 해야 하고 왠지 컨디션은 엉망이고 기분이 착 가라앉은 상태로 렌트한 닷지(DODGE 7인승) 내비가 알려주는 대로 가는데 신호와 속도표지판 좌우 회전 때마다 남들은 컨디션이 엉망인지 자느라고 정신이 없는데 운전석 옆에 앉아 자라고 해도 자지도 않고 잔소리를 늘어놓는 친구와 티격태격하면서 운전하고 부슬거리는 비가 쓸쓸한 느낌과 싸늘함을 전해준다.

가볍게 입고 나오면서 따듯한 옷을 잔뜩 가져왔는데도 호텔 방에 두고 챙겨 나오지 못한 것을 계속 후회했다. 아직도 화산 활동을 하고 있고 얼마 전 화산 폭발이 있었던 빅아일랜드에서 용암이 흘러내린 광경을 보고 감탄을 하면서 운전을 하고 있는 상황이 무척이나 이채로웠고 그곳에 삶의 터전을 잡아 집을 짓고 사는 사람들이나 시커먼 용암이 흘러내려 굳어버린 죽음의 땅에서 파릇파릇 새싹이 돋아나고 나무가 자라나는 생명의 신비로움이 묻어나는 곳은 그동안 경험하지 못했던 색다른 풍경이다. 이렇게 척박한 곳에서 뿌리를 내리고 살고 있는 식물들이 헛된 시간을 보내고 불평하고 삶을 자포자기하듯 던져버리는 인간에게 보란 듯 교훈을 주고 있는 듯하다.

빗방울이 제법 굵어졌는데 한기가 느껴질 정도 비바람은 맞았지만 스팀밴트에서 분화구를 내려다보니 군데군데에서 올라오는 수증기가 온천지대를 연상하게 했다. 내가 밟고 있다. 땅속에 뜨거운 용암이 흐르고 있고, 여러 곳에서 수증기가 분출되는 상황이 활화산이 금방이라도 폭발할 것 같다는 생각이 들었다. 분화구까지 내려가는 일정에 세 명은 비가 오고 춥다고 기권하고 세 명이 우산을 쓰고 트래킹 코스로 내려갔다. 영원히 무엇인가가 자라지 못할 것 같은 용암재 속에서 생명이 움트는 광경을 가까이 다가가 살펴보니 신비롭다. 한참을 바라보며 그곳에 비를 뿌리고 부는 바람이 생명을 지키고 있다는 것에 자연의 신비로움을 느꼈다. 용암이 흘러내려 형성된 코끼리 형상을 하고 있는 바위까지 자동차 여행은 감탄사를 연발하게 했고 기존에 도로가 있었는데 화산 폭발과 흘러내린 용암으로 인해 도로가 묻혀버린 손바닥 만한 아스팔트 길도 볼 수 있었다. 용암이 흘러내리면서 형성된 기묘한 지형, 흘러내리다 바다와 만나 형성된 기암괴석 해안선이 멋진 모습을 연출하고 있었다.

호텔로 돌아오는 길은 깜깜한 산길에 빗속을 달리고 있었지만 마음 가득히 다양한 첫 경험과 추억을 담고 돌아가고 있었다. 일행들은 비와 추위에 지쳤는지 어느새 골아떨어졌다가 방지턱에 차가 덜커덩 튀었다 떨어지면 깜짝 놀라 "누구야? 뭔 일이야?" 하고 침을 닦으며 벌떡 일어나 두리번거리고 잠시 이런저런 얘기로 헤헤거리는 듯하다가 또 잠들고 하면서 차는 한참을 달렸다. 중앙 분리대 야광 빛이 멀리코나 시내의 불빛과 하나둘 늘어나는 집들과 시내의 네온이 보이기 시작하니 거의 다 왔다는 생각에 갑자기 시장기가 돌았다. 식사와 후담을 즐기며 그동안 살아오면서 아슬아슬했던 부부의 위기의 순간을 거침없이 토해내다 부부싸움으로 번져 일촉즉발의 시간도 있었지만 밤새도록 콩이야 팥이야 가리며 떠들던 대화들이 영양가 없는 이야기로 결론 나고 어둠 속으로 흩어질 때 하룻밤은 그렇게 깊어가고 있었다.

하와이 인구 대부분이 오아후섬에 살고 있다고 하니 곳곳이 북적거릴 것 같았다. 영화나 TV, 책 속에서 멋지게 서핑을 즐기는 사람들과 썬텐을 즐기는 늘씬한 금발의 미녀들. 그곳에 보였던 사람들이 무척이나 부러웠고 언젠가는 한 번은 꼭 가보리라 했던 와이키키해변. 부산과 제주도의 유명한 해수욕장에 비해 기대했던 만큼 감동을 즈지 못했지만 세계에서 가장 유명한 해변에 서 있다는 것만으로 가슴이 뭉클했다. 왠지 발가락 사이를 비집고 들어오면서 사각사각 소리를 내는 모래들도 "어때, 한국의 모래와 느낌이 다르지? 내가 세계 최고의 해변에 있는 그 모래야…. 많이 밟아봐" 하며 속삭이는 듯 발가락 사이를 헤집고 다니는 게 부드러운 느낌을 주는 것 같았다.

하와이는 늘 동경의 세상이었고 선택받은 자들만이 그곳을 갈 수 있다고 생각하였고 부러움과 특권을 가진 자들의 공간으로만 보였었다. 호텔이 해변 근처에 자리 잡고 있어서 그런지 주변은 가장 젊음의 에너지가 넘치는 중심가에 있는 듯하다. 체크인을 하면서 유창하지 않은 영어 실력임에도 요구할 것은 다 요구하고 받아낼 것은 다 받아냈고 불편함이 없도록 악착같이 해내는 멤버들이다.

여행을 떠나기 전에 인터넷을 통해 여행지를 먼저 둘러보고 가기 때문에 기억 속에 남아 있는 풍경과 눈으로 직접보고 있는 지금의 풍경과 어느 정도 일치하는지 확인하는 게 여행의 새로운 트랜드 모습인 것 같다. 달리다가 멈추고 풍광에 심취해 있다가 또 달리고…. 청명한 하늘과 솜털 구름, 나지막한 동산 같은 푸르른 숲 속의 아름다움을 가슴 가득히 차곡차곡 욕심껏 담고 또 담았다. 감탄과 설레는 마음으로 정해온 코스대로 열심히 돌았다.

호텔 주변의 지리가 익숙해져 갈 무렵, 화려한 도시, 스포트라이트를 받고 빛나고 우아한 것들이 눈에 많이 띄지만 어두운 곳은 반드시 존재한다. 무심코 지나치거나 관심을 받지 못하는 뒷골목이나 한푼 달라고 누워있는 노숙자들. 잊히는 공간과 사람들이 될 수도 있다. 넘쳐나는 관광객들로 오히려 몸살을 앓을 정도로 경기도 좋을 텐데 노숙자가 왜 그리도 많은지. 관광객들에게 피해를 주지는 않는다고 하지만 의외로 많다는 느낌을 받았다. 특별히 기억에 남는 광경은 젊은 노숙자로 보이는데 길거리에서 쓰레기통을 뒤지고 있었다. 속으로 '저 나이에…. 이곳은 일거리도 무척 많을 텐데 열심히 노력해서 돈을 벌지 저게 뭐람…' 생각하고 있는데 뒤적이다 그 속에서 무엇을 찾았는지 들어 올린다 콜라병을 들고 남아 있는지 뚜껑을 열고 벌컥벌컥 마신다. 한참을 마시고 버리고 나더니 다시 쓰레기통을 뒤진다. 갑자기 "헉!" 하그 인상이 찌푸려지며 역겨움이 일었다. 그런 장면을 못 보았는지, 자주 있는 일상인지, 보고도 모른 체하는지 무관심하게 웃고 떠들며 스쳐지나가는 수많은 사람들. 화려한 네온사인과 버스킹에 인도가 좁을 정도로 넘쳐나는 관광객들. 쇼핑몰은 돈 쓰는 사람들로 넘쳐나그 맛집고 즐거움이 가득하며 곳곳에 취객들로 흥청거리는 도심 속에 버려진 노숙자. 그냥 아름다움만 보고 가고 싶었는데 이런 것들은 왜 눈에 띄었는지…. 하와이의 이면에 이런 모습들이 한동안 오버랩될 것 같았다.

누구와 어디를 함께 동행해야 가슴 설렐까? 인생길 행복하게 사는 방법은 F+F와 관계를 잘 지키면 된다고 한다. Family와 Friends이다. 살아오면서 많은 친구를 만났고 나를 친구라고 생각해주는 사람들에게 그려지는 나를 위해 무엇이 옳은 삶의 방향인지 생각해 보는 것도 의미 있겠지.

인생의 한 페이지에 멋진 추억을 새겼다. 모든 것은 영원할 수 없고 유한하기에 지금의 추억 속 기억들이 소중하다. 세월이 흘러 사진 속 얼굴들과 추억이 가물가물 빛바래져 갈 때 함께했던 사람들과 불현

듯 만나 생맥주 한잔 나누며 이때의 즐거운 시간들을 마구 소환해가며 이야기할 수 있으면 좋겠다.

"야, 너 그때 좌회전 잘못해서 엿 먹으라고 손가락질 받았잖아."

"싹쓸이 쇼핑한다고 투덜대더니 더 많이 샀잖아."

"30년 기념하려구 방에다 소품 꾸렸던 거 기억이 생생하다."

"총소리 나길래 놀라서 빨리 차 타고 도망치자고 했었지."

"넌 사진 찍어주고 마눌한테 무지 혼났었지?"

"쥬라기공원에서 들어가 보지도 못하고 아쉬웠던 시간이 생각나."

"지오바니에서 애국심으로 한국인이 하는 푸드트럭으로 갔었는데…."

"서퍼들을 구경하며 멋지다고…. 근데 물 밖으로 나오는 남자가 배 뽈록 하고 흘러내린 팬티를 올리는 모습 보고 한참을 웃었는데."

"커피 농장에서 유유자적하던 시간이 그립네."

"돌파인애플 농장에서 추운데 기차 타고 한 바퀴 돌았는데 돈이 아까웠지."

"화산공원 가서 비 온다고 차에 앉아 있고, 추워서 오돌오돌 떨었었는데."

"그 젊은 노숙자는 지금도 쓰레기통을 뒤지고 있을까?"

이 모든 아름다운 기억들이 하나둘씩 되살아나며 왁자지껄 떠들고 그때의 추억 속으로 시간여행을 할 때가 언젠가는 오겠지. 30년 결혼기념을 함께 했으니 그들과 추억 속에 주인공이 되어 함께 머물고 싶다.

사돈과 뒷간은 멀수록 좋다?

"사돈집과 뒷간은 멀수록 좋다."

― 속 담

🐾 우리 속담에 '사돈집과 뒷간은 멀수록 좋다'는 말에서 알 수 있는 것처럼 사돈은 촌수가 성립되지 않으니 가족이라 하기도 그렇고, 그래서 그런지 옛날부터 가까이하기엔 어려운 관계라는 말을 많이 듣고 살아왔다. 하지만 우리 사돈 관계는, 속담에 맞지 않게 애들이 결혼식을 올리기 전부터 골프를 같이 치고, 술잔을 여러 번 기울이면서 남들이 오래전부터 알고 지낸 사이인가? 하고 고개를 갸우뚱할 정도로 고정관념 속의 사돈 관계를 깨 버리고 호칭도 형님, 아우로 변한 사이가 되었으니 허물없이 가깝게 지내는 사이가 되었다. 부부끼리 1박 2일로 골프 여행을 가질 않나, 사돈집에 가서 안방을 차지하고 자고 오는 일까지 있었으니 시쳇말로 골 때리는 사돈 관계였다.

특별기획 가족여행, 사위가 생각할 때 양쪽 부모님들끼리 잘 지내고 있으니 해외여행을 함께해도 불편하지 않겠다고 기획한 여행의 동반자는 우리 부부와 사돈 부부, 사위와 큰딸 그리고 손녀였다.

어떤 여행이든지 설렘으로 시작하여 아쉬움으로 마무리하는데 그래도 이번 여행은 사돈끼리 가는 거라 걱정이 앞섰고 과연 편안할까? 하고 생각하면서 설렘보다는 걱정이 되기도 하였지만, 색다른 경험이 될 것 같은 기대감도 있고 다양한 생각들이 들었다. 출발 전 사위가 여행을 보내준다고 자랑삼아 몇몇 사람들과 이런 이야기해보니 멤버가 참 특이하고 그렇게 같이 가는 게 도저히 이해가 안 간다고 말하는 사람이 대부분이었다.

아무튼 사돈과 5박을 한 공간에서 함께해야 하는 시간은 어떨까? 조언을 들을 만한 유사한 관계를 유지하는 선배들은 없고 겪어봐야 알겠지만 이번 일로 마음 다치는 일이 없기를 바랄 뿐이다. 생각지도 못할 특이한 경험과 추억을 남기고 돌아오기만을 기원했다.

예약을 다 해놨는데 안 가겠다고 할 수도 없었고, 게다가 여러 가지 회사 일들로 머리가 복잡하기도 했다. 여행 일정 중에 컨퍼런스 콜 일정도 있어 노트북까지 챙겨가야 하니 여행과 업무가 중복된 맘이 썩 편치 않고 묵직한 여정이 예상되었지만 그래도 이렇게 구성된 동반자와 첫 경험, 처음 만나볼 여행지로 간다는 것이 맘을 설레게 했다.

생각지도 못할 특이한 경험과 추억을 남기고 돌아올 일정이 시작되었다

지루해질 만한 비행시간 후에 도착한 곳의 숙소는 입이 쩍 벌어지게 럭셔리하다. 단층으로 각각 독립된 3개의 방과 욕실이 그리고 거실에서 바라다보이는 야외 풀과 바다는 프라이빗한 휴식을 즐기기에 조금도 부족함이 없었다. 야외 풀에서 잠깐씩 수영을 하고, 바닷가 백사장을 거닐거나 비치 의자에 누워 멍 때리기를 즐기기도 했다. 해수욕을 하다가 조개를 잡기도 하고 바닷가를 달려보기도 하고, 스트레스 받은 속을 풀기 위해 소리도 질러보았고 조그만 모래성을 쌓기도 했다. 한낮 땡볕에는 너무 뜨거워 해수욕을 하거나 백사장을 거닐 엄두가 나질 않았다. 그래도 파도에 실려 오는 상큼한 냄새와 바닷물 소리가 상상 속 청량함을 가져와 주었다. 보이는 풍광이 복잡한 머릿속을 비워주고 있어서 그런지 사돈과 함께 있어 불편할까? 하는 고리타분한 생각은 끼어들 곳이 없었다.

한 공간에서 수영복을 입고 다녀도 눈치를 보거나 불편할 정도의 어색함도 없었다. 게다가 머무는 동안 월드컵 본선에 진출한 대한민국 경기가 열리는 기간이었는데 가나전을 응원하면서, "건배"를 외치며 술잔을 기울였다. 한마디씩 전문가 분석하듯이 열변을 토하며 축구 경기를 즐겼던 시간은 분위기를 편안한 쪽으로 만들어 주었고 어색함을 날려버리는 시간이 되었다.

교통수단도 어색함을 깨고 즐거움을 선사했는데 방에서 전화를 하면 Tuk Tuk이가 숙소 앞에서 픽업을 하여, 로비에 내려주면 그곳에서 가고픈 곳을 가도록 연결해 주는 역할을 했다. "툭툭이 불러줘." "툭툭이 언제 와?" "툭툭이 불렀어?" 서로 가장 많이 묻고 요청한 단어가 툭툭이었다. 편리함과 기다리는 시간에 이런저런 이야기들이 어색함이 없도록 즐거움의 한 조각이었다.

저녁 이후 각자 방에서 휴식을 취하며 무료할 것 같은 시간에는 보드게임과 동양화(?)를 감상하였다. 동전으로 큰돈 따먹기를 하는 것처럼 진지하게 또는 무리하게 쓰리고를 외치며 왁자지껄 떠들고 무료함을 달래거나 웃음으로 피로를 푸는 시간을 가졌다. 도착해서 짐을 풀면서 사가지고 간 술을 보고 "언제 다 먹지?" 했었는데 부족할 줄은 몰랐다. 구경을 나갔다 돌아올 때 술을 더 사왔고, 나중에는 그것도 모자라 룸서비스를 통해 와인을 추가해 마시기도 했다. 웃고 즐기고 마시는 가운데, 아이들 이야기와 살아온 이야기, 돌아가신 부모님 이야기, 정치, 경제, 사회 등 장르에 관계없이 다양한 이야기들을 나누며 심각하기도 하고, 아쉬워하기도 했고, 즐거움에 박장대소한 시간이 불편하지 않았다. 함께하는 사람과 대화의 내용에 따라 마시는 술의 양이 다르다는 것을 다시 한 번 확인하였다.

관광하기 위해 갔던 사파리에서 운전을 겸한 가이드의 한국어 설명은 우리말을 잘 모르기에 10단어 이내로 간단명료했다. 아프리카

원숭이 원 남자 투 여자…. 그렇게 설명하는 게 전부였는데 반복해서 들으니 왠지 웃기고 따라하게 되는 중독성이 있는 즐거운 시간이 웃음으로 어색함을 덮어 버렸다.

바리바리 싸가지고 간 다양한 반찬과 햇반, 라면으로 간식과 주식을 돌아가면서 먹다 보니, 김치가 그립고 다양한 한국 음식이 그리워지는 시간이 없었고 속이 전혀 거북하지 않았던 편안한 여행이 되었다. 사위는 듣기까지 와서 음식을 해먹냐고 뭐라 했지만 눈치 보며 그래도 가져간 음식을 먹을 땐 고향의 맛 행복한 시간이었다. 여행 중 음식은 즐거움을 주는 기쁨인데 베트남 음식, 너 정말 괜찮았고 술을 당기게 하고 즐거움을 선물해 주었다.

한국에서도 새벽 골프는 싫은데, 날씨가 더우니 어쩔 수 없이 아침 일찍 치기로 했다. 전날 새벽까지 술을 마셔서 2~3시간밖에 못 자서 걱정을 했는데, 그렇게 힘들지는 않았다. 클럽도 렌탈을 했으니 플레이가 쉽지 않겠다고 생각했는데, 이런! 왠지 남의 채 망가질까 조심스럽게 쳐서 그런지 더 잘 맞는 것 같아서 당황스러웠다. 너무 더워 숙소에서 가져온 얼음물로 더위를 식히며 치고 있는데 마셜이 코스를 돌면서 전후반 한 번씩 얼음과 물을 제공해 주니 얼음 몇 조각이 사막에서 오아시스를 만난 것처럼 세상을 다 얻은 듯 기쁘기 그지없었다. 생각보다 덥기는 하였지만 그렇게 힘들지는 않았다. 복장은 요상하고 망측할 정도로 목에 얼음을 감싼 스포츠 타올을 두르고, 얼굴

가리개를 하고, 토시를 팔에 끼고, 햇볕을 차단하기 위해 완전무장을 하고 라운드를 해서 불편할 것 같았지만, 버디와 파 물론 양파도 했지만 웃고 떠들고 환호하고 격려하며 하이파이브를 나누었던 시간은 아름다운 추억이 되었다.

살아가면서 두 번 다시 경험하기 쉽지 않은 사돈 부부와 함께한 여행은 많은 추억을 남기고, 아이들과 많은 이야기를 나누었던 시간은 그들의 생각과 고민, 목표와 행복 가치관 등 이해할 수 있는 생각의 폭이 넓어졌고 살아가는데 소중하다고 생각할 다양한 이야기를 나누고 들었다. 이런 고급스러운 추억을 남겨준 사위와 큰딸에게 고마움을 전하고, 예쁘게 자라고 있는 손녀의 성장하는 모습과 재롱을 보면서, 30여 년 전 내가 가정을 이루고 아이를 낳고 기를 때 느껴보지 못했던 새로운 차원의 행복을 느껴본 즐겁고 행복한 시간이었다. 나이가 들어갈수록 추억을 먹고 산다고 한다. 그중에 특별한 기억에 남는 이번 여행은 지칠 때마다 에너지를 충전해주는 활력소가 될 것으로 생각한다…. 사위야, 큰딸아 너무너무 고맙고 사랑해! 담엔 어디로 데리고 갈 거니?

은퇴식, 깜짝이야 어떻게 된 겨?

물러날 때를 아는 사람이 지혜로운 사람이다.

― 사마천, 공자

🌸 고등학교 다닐 때 교과서에 실렸던 조병화 시인의 「의자」라는 시가 생각난다.

지금 어디메쯤
아침을 몰고 오는 분이 계시옵니다
그분을 위하여
묵은 이 의자를 비워 드리지요

지금 어디 메쯤
아침을 몰고 오는 어린 분이 계시옵니다
그분을 위하여

묵은 이 의자를 비워 드리겠어요

먼 옛날 어느 분이
내게 물려주듯이

지금 어디메쯤
아침을 몰고 오는 어린 분이 계시옵니다
그분을 위하여
묵은 이 의자를 비워 드리겠습니다

『사기』에 "나아갈 때만 알고 물러날 때를 모르며, 오래도록 그 자리에 있게 되면 그것이 빌미가 되어 화가 미친다"고 했다. 박수 칠 때가 피크인데 왜 떠나냐구? 인간사 모든 일엔 흥망성쇠가 있다. 아무리 전성기가 길고 열정적인 힘을 가졌던 때가 있어도 결국은 추락하게 마련이다. 전성기를 구가하고 남들이 박수칠 때 떠난다면 가야 할 때가 언젠지 분명히 알고 가는 이의 뒷모습이 아름답기 때문이다. 앞에서는 "그 나이에도…. 대단하십니다." 하고 존경을 표하는 것 같지만 뒤에서는 시기나 질투, 비판이나 비난이 많아진다. 지나치면 지금껏 쌓아온 좋았던 모습들과 긍정적인 평가가 물거품이 되고 자존감에 큰 상처를 입을 수 있기 때문이다. 스스로 물러나지 못하고 매달리다 진흙탕 싸움도 하고 과거의 작은 행적까지 탈탈 털리고 손가락질 받다가 결국 내몰리는 사람들의 뉴스를 접하면서 "섭리를 거스르고 발버둥 치고 있으니 얼마나 추접한 인생인가? 나는 저렇게 살지는 말아야지"하고 몇 번씩 다짐을 하면서 살아왔다.

　은퇴를 영어로 하면 retirement로 타이어를 다시 갈아 끼우고 새롭게 출발하는 의미라고 한다. 많은 사람들이 은퇴 후 "요즘 뭐해?"라고 물을 때 "그냥 놀고 있지" 대답을 하고 나서 왠지 무능해 보이고 무시당하는 느낌이 든다고 했다. 그래서 은퇴 후에도 "나이가 먹었어도 일을 해야지" 라는 신념을 갖고 직장을 구해 명함이라도 갖고 일을 하면 내세울 것이 있다는 생각 속에 노동을 최고의 가치처럼 말하며 만족해하는 사람들이 있다. 실제로 경제적인 여유가 없기 때문일 수도 있지만 "놀아봐라, 얼마나 지겨운데…"라며 논다는 것을 무료하고 뭔가 남들보다 뒤처지고 무위도식하는 삶이라고 생각하는 것 같다. 그렇지만 나는 계획적으로 직장인처럼 주5일제 생활을 하기로 플랜을 세웠다. 월요일에서 금요일까지 주중에는 배우고 싶은 것을 배우고 좋아하는 일들을 찾아 열심히 노는 일에 집중하고 공휴일 포함 주말은 가능한 푹 쉬기로 했다. "노는 것과 쉬는 것, 뭐가 다르지?" 할지 모르겠지만 노는 것은 에너지를 필요로 하는 것이고 쉬는 것은 에너지를 충전해야 하는 것으로 엄연히 다르다. 놀면서 심신에 과부하가 걸리지 않게 때로는 브레이크타임도 가지면 좋겠지.

　즐겁게 놀 수만 있다면 남들보다 뒤처지면 또 어떤가? 설령 뒤처지거나 앞선들 뭐가 달라질 게 있을까? 지금까지 직장 생활을 해오면서 몇달 후에 다가올 긴 연휴를 손꼽아 기다리고 얼마나 설레고 즐거웠던가? 그런 연휴가 매주 5일씩 지속적으로 펼쳐지는데 얼마나 가슴 벅차오르겠는가? 그동안 내가 하고 싶었던 일들, 나중으로 미뤘던 즐겁게 노는 일들을 해보면서 나이 들어간다면 의미 있는 인생을 살 수 있을 것으로 생각됐다.

"얼마나 더 산다구, 지금부터 신명 나게 잘 놀아 보자…."

정년퇴직의 나이가 정해져 있지 않은 직장을 다니고 있던 나로서는 남들에게는 부러움과 동시에 시기의 대상이었다. 그런 신의 직장을 조만간 그만두겠다고 하니 "힘닿을 때까지 일을 해야지 뭔 소리야" 하며 이해하기 힘들다는 말을 가장 많이 들었다. 하지만, 아이들도 장성했으니 이젠 여기서 멈추고 물러나겠다는 평상시에 생각해 왔던 소신을 실천하게 되었다. 은퇴 전부터 "무엇을 할 때 내가 가장 행복했을까? 무엇을 배우며 무엇을 해보고 싶었을까? 시간이 없어서 무엇을 못 하고 뒤로 미루며 아쉬워했을까?" 이러한 물음에 대한 답을 찾아보고 버킷리스트를 작성해서 은퇴 후 플랜이 어느 정도 세워졌다고 생각했을 때 사직서를 제출하였다. 후임자를 직접 뽑아놓고 가라는 둥 본사에서는 여러 가지 어려운 조건들을 걸고 퇴사를 만류하였고 요청한 희망 퇴사일도 거부하며 승인해주지 않았다. 하지만, 다른 회사로 이직하는 것도 아니고 다른 인생을 살아 보기 위해 떠나겠다는 내 의지를 꺾을 수는 없었다.

"내가 신입사원으로 입사해서 임원 달고 지금까지 30여 년 동안 얼마나 회사 발전을 위해 불철주야 고생을 했는데 명퇴를 시켜?"하며 어느 날 갑자기 잘렸다고 술 한잔할 때마다 격한 감정을 떠올리고 분노를 안고 살아가는 사람들을 여러 명 봐왔기에 스스로 물러나겠다는 용기 있는 멋진 결정을 내린 내 자신에게 "멋진 녀석" 하고 박수를 쳐주었다.

그동안 가족을 위해 애써온 감사의 표시로 성장한 자식들이 퇴직축하 식사자리를 마련해 준다고 한다. 퇴사 기념 여행 일정이 잡혀있고 이런저런 친구들 모임도 예정되어 있었는데 이번 모임에는 참석하지 못한다고 그들에게 전화를 돌렸다. 대부분 이야기를 듣고 나서 은퇴 결정이 맞다고 축하해 주었고 덧붙여서 가족들하고만 식사를 한다고 아쉬워했다.
"그래 은퇴 축하하고, 퇴직기념 여행도 잘 다녀와서 한번 보자."
제2의 인생을 살아갈 나에게 모두들 기꺼이 응원을 해주고 있었다.
항암 치료를 받고 있는 친구에게는 용기를 전해주었고, 건강 잘 챙기고 나중에 연락하겠다는 말도 잊지 않았다. 이런저런 관계의 친구나 지인들에게 전화를 돌리고 나니 진짜 은퇴를 했구나 하는 생각과 은퇴하면 그동안 알고 지냈던 사람들과의 관계가 모든 게 달라진다는데 어떻게 변해갈까? 궁금도 하고 상상도 해봤지만 그때 가봐야 알 일이고 일단 마음이 홀가분해졌다.

와이프는 아침부터 약속이 있다고 나갔다가 시간 맞춰 집으로 올 테니 같이 가자고 하며 나갔고, 둘째 딸도, 아들도 선약이 있어 식사시간에 맞춰 예약된 곳으로 직접 갈 거라며 나가버리고 집에 혼자 텅

그러니 앉아 있었다. 앞으로 혼자 남겨지는 이런 시간이 많아지겠구나 하는 생각에 휑한 쓸쓸한 마음이 맴돌았다. 그래도 하필, 오늘 저녁에 식사하기로 했는데 혼자 두고 다들 나가버리다니 너무들 하네 하는 생각에 못마땅하였다. 식사 시간이 다 되어갈 무렵이 되어서야 와이프가 들어오더니 축하 술도 한잔할 겸 택시를 타고 가자고 했다. 그동안 고생 많이 했다는 위로의 말과 다 내려놓고 홀가분한 마음으로 하고 싶은 것 하면서 마음껏 즐겨 보라는 말들…. 스쳐 지나가는 창밖의 풍경 속에 어떻게 살아갈 것인가 상념에 잠긴 내 생각 속으로는 그런 말들이 아직은 파고들지 못하고 귓전에 맴돌다 사라져 갔다.

식사할 장소에 도착하니 큰 손녀가 달려 나와 "할아버지"하고 안기니 번쩍 안고 둘째 딸이 안내하는 예약석 쪽으로 걸어갔다. 둘째 딸이 동영상을 찍으면서 묻는다. "아빠, 기분이 어때?"
"어떻긴…. 시원섭섭하지." 뷔페라 여기저기 사람들이 많아 피해 걸어가며 대답했다. 둘째 딸은 오늘 서프라이즈한 추억이 남을 것이라며 계속 옆에서 동영상을 찍는데 "식사 한두 번 하는 것도 아닌데 뭘, 사람들도 많은데 창피하게…. 그만 찍어라." 했지만 계속 찍으면서 앞서서 인도해갔다. 코너를 돌자 둘째 딸이 "주인공 도착하십니다" 하고 소리 지르니 박수 소리가 들리면서 동시에 초중고대학 친구들이 한자리에 모여있는 모습에 깜짝 놀랐다. "어? 이게 어떻게 된 거야?" 아까까지만 해도 친구들과 전화 통화할 때 오늘 모임에 못 나간다고 했더니 알겠다고 가족과 식사 맛있게 하고 여행 잘 다녀와서 만나자고 했던 친구들,

몸 관리 잘하라고 당부했던 친구와 조만간에 보자고 했었고, 은퇴 축하한다며 여행 갔다 와서 보자고 했었는데 여기에 와있고, 부부동반으로 단나는 친구들이 와이프와 함께 와서 축하의 박수를 쳐주고 있었다. 너무 놀라서 눈이 휘둥그레지고 마음이 진정이 안 되고 어떻게 된 일인지 어안이 벙벙했다. 서로 모르는 초등, 고등, 대학 친구들이 한방에 다 같이 모여 있는 것도 이해가 안 갔지만 한 명 한 명에게 인사를 나누면서 "아까 통화할 때 여행 갔다 와서 보자며?" "오늘 모임인데 나 빼고 모인다더니 다들 여기와 있네, 어떻게 된 겨?" 어떻게 이렇게 한 자리에 모일 수 있는지 도저히 상황 파악이 쉽게 되질 않았다.

자리에 앉았더니 스크린에 나오는 그동안 회사 생활하면서 찍은 사진들이나 '강남스타일'을 본사에 가서 부르며 춤췄던 동영상 등과 인터뷰 기사들을 언제 다 모아서 은퇴 영상을 만들었는지 놀라울 따름이었다. 사위가 사회를 보는데 저렇게 말을 조리 있게 잘했었나? 하는 생각이 들었고 "직장 생활은 안하고 밤무대에서 돈 많이 썼겠는데?" 하고 갈하는 친구들에게 웃음과 감동적인 메시지를 전달하고 있었다. 행사가 진행되어 갈수록 궁금증이 하나둘씩 풀려가기 시작했다. 서프라이즈한 자리를 마련해 주고 싶다고 와이프와 아이들이 사전에 밀약했고 나만 모르게 이런 자리를 마련하게 되었다고 했다. 나에겐 절대 비밀로 하려니 보안 유지를 하는 게 가장 어려웠다고 했다. 내 친구들의 참석 여부를 파악하고 나한테는 절대 말하지 말라고 신신당부를 했지만 혹시나 비밀이 새 나가서 망칠까 봐 노심초사했다고 했다.

친구들과 식사와 와인 한잔을 하면서 "큰딸에게 비밀로 하겠다고 언약을 했는데 너랑 통화하면서 여행 갔다 와서 보자고, 오늘 모임은 우리끼리 한다고 거짓말할 때 들통날까 봐 심장이 떨려 죽는 줄 알았다."고 말하며 감쪽같이 속인 것에 기쁨을 감추지 못하고 친구는 박장대소를 했다. "너는 오늘 강의도 있고 바쁘다며?" "너는 오늘 다른 약속 있다고 했잖아?" "여행 다녀와서 보자며?" 통화를 했지만 오늘 이 자리에 참석을 한다고 말한 친구는 한 명도 없었고 다들 참석하는 것을 들킬까 봐 조마조마했다고 했다. 이런 서프라이즈 행사 자리에 기꺼이 동참해준 친구들이 너무나 고마웠다.

와이프와 아이들이 선약 있다고 나 혼자 두고 나가기에 "하필 오늘 같은 날, 다들 약속을 했다는 게 섭섭하고 나를 무시하는군." 하고 오해했었는데, 와이프는 은퇴 케이크를 직접 만들기 위해 아이들은 선물, 영상, 참석 여부 재확인 등등 몰래 만나서 준비를 하기 위해 나갔던 것이었다. 다들 서프라이즈한 오늘을 위해 열심히 작전을 수행하고 있었던 것이었다.

어느 정도 행사가 마무리되어가고 친구들도 하나둘씩 돌아갔다. 이렇게 멋지고 서프라이즈한 자리를 마련해준 아이들에게 고마웠다. 나를 기쁘고 즐겁게 해주기 위해 많이 수고한 사위와 딸, 아들을 안아주며 사랑한다고 말했다. 오늘의 식사자리는 영원히 잊지 못할 기억에 많이 남는 행사였다. 거기에다 큰딸은 가족들과 각종 모임과 관련된 분들 그리고 친구들에게 카톡으로 한마디씩 축하 메시지를 보내달라고 한 모양이었다. 다양한 축하 메시지에 감동을 받았다. 그중 한 친구가 남긴 글이 긴 여운을 남겼다.

친구야,

군 생활 이후로 오랜만에 너에게 편지 써보는 기분으로 몇 자 적어 보려고 한다. 1988년으로 기억하는데…. 아니 87년 겨울이겠다. 졸업 전에 두산컴퓨터로 첫 출근을 하였으니…. 그때부터 시작하여 오랜 직장 생활을 이어오던 생활에서 벗어나 이제는 인생의 2막이라는 은퇴 생활을 앞두게 되었구나! 약 36년이라는 긴 세월을 자신과 가족을 위하여 견뎌온 세월이기도 하고, 많은 성취감도 맛보았을 시간이기도 하였겠지? 직장 생활을 이렇게 길게 해보지 못한 나로서는 생각지도 못한 여러 만감이 교차하기도 할 것 같다.

하여튼 짧지 않은 세월을 뚫고 인내하며 달려온 지난날들을 옆에서 쭉 지켜본 친구로서 박수를 보내며 칭찬을 아끼지 않는다.

이런 모든 세월이 뒤안길로 사라지면서도 남은 인생의 밑거름으로 남아 더욱더 풍성하고 알차며 행복한 날들로 채워지는 자양분으로 작용할 것이라 생각한다. 그동안 가족도 많이 늘어서 할아버지까지 되었고 우리도 어느새 흰머리가 늘어 버렸네? 돌이켜보면 철없고 젊었던 시절이 엊그제 같은데….

이왕 태어났고, 이왕 친구로 만났으니 앞으로도 우리 재밌게 살아보자! 친구의 앞날을 축복하며 이만 졸필을 줄인다.

너의 친구가 지난날을 회상하며….

행복한 울타리

행복한 가정은 모두 엇비슷하고, 불행한 가정은 불행한 이유가 제각기 다르다.

― 톨스토이

🌿"가족은 인생 여정에서 가장 확실한 동반자다." "가족은 먼저, 나중에, 항상 함께다." "가족은 인생의 기반이자 서로를 이해하고 지지하는 삶의 근원이다." "가족은 최초에 만난 사회적 연결이며 자라면서 우리가 목표를 이루는 데 필요한 힘과 자신감을 주는 원천이다." 가족이란 말은 어떻게 표현해도 가슴 뭉클하고 지나치지 않으며 살아가면서 아무리 힘들고 좌절하고 지칠 때가 있어도 가족이란 모든 것을 포용해줄 것 같다.

가족의 유대감은 그 가족 구성원들이 서로 노력을 해야 하는데 대부분 명절, 생일, 기념일과 여행을 통해서 유지한다. 살아오면서 가족간의 만남도 불허하는 시기가 있었다. 코로나가 한참 심할 때에는 가족간의 인원 제한을 두기까지 해서 단남도 어려웠을 뿐 아니라 더부분 나라들은 자국민 보호를 이유로 크로나 확산 방지를 위해 빗장을 걸어 여행객 입국도 금지하였다. 거의 3년간을 마스크를 쓰며 지니던 시절에 식사 모임도 못하고, 기념일도 챙기지 못하다가 어느 정도 완화되어갈 무렵 답답한 마음에 제주도로 가족들과 여행을 간 일이 있다. 그때도 인원 제한을 두던 시기라 가족 관계 증명서를 발급 받아 가서 증명을 해야 했으니 얼마나 감옥 같은 시기였던가? 가족간의 유대관계가 코로나 시기에 희석되었기 때문에 그 후엔 가장 먼저 가족여행을 통해 그동안의 갭을 메우려는 기회를 모두들 많이 만들고 있는 것 같았다.

그렇게 소중한 가족, 하지만 뉴스에서 가족 해체라는 단어를 낯설지 않게 들어보고 있고, 가족간의 불화로 살인도 일어나고, 원수처럼 살아가고, 재산을 두고 법정 다툼까지 하는 경우가 있다고 한다. 가족간에 평생 마음의 고통을 안고 살아가야 하는 이런 일들이 일어나는 것은 돈이면 뭐든지 다 된다는 물질 만능주의가 낳은 인간성이 파괴된 사람들이 많이 생겨났기 때문이다. 모든 사람들에게 마음의 안식처요 익숙하고 안정적인 울타리인 가족, 그 단어만 들어도 피톤치드 같은 신선한 공기가 전해지고 심신이 편안하고 포근하지 않은가? 이제는 명절이나 제사 문화도 희석되어 가면서 가족 단위로 여행을 가기 위해 공항이 만원이라고 한다. 어떠한 형태로든 가족들과 만나서 이런저런 소박한 이야기를 나누는 것이 행복 찾기의 바른길이 아닐까 한다.

세상이 변해서 지금은 인구 소멸 위기이니 제발 결혼도 하고 애도 낳으라고 지원금과 별의별 정책을 다 쏟아낸다. 내가 결혼할 때는 가족계획 표어가 "하나씩만 낳아도 삼천리는 초만원" "낳을 생각하기 전에 키울 생각 먼저 하자" 귀에 못이 박히게 듣던 시절이었다. 하지만 표어가 무색하게 우리는 딸 둘에 아들 하나, 셋을 낳았다. 셋째는 아예 의료보험 카드에 이름도 올리지 못했던 가슴 아픈 사연이 있었다. 큰딸도 시집가서 손녀 둘을 낳았으니 우리 가족은 인구 소멸을 예상(?)하고 국가 정책에 적극 협조하는 진정한 애국자들이다. 형제들과 형제들의 손주까지 모든 식구들이 한자리에 모이는 날을 정해 모임을 갖는데 조카들이 장성하여 결혼도 했고, 그 아이들까지 모두 모이면 40여 명이 넘으니 대가족이다. 일 년에 한 번씩이라도 만나서 하루를 보내기로 해서 가능한 매년 만나오려고 노력하고 있다. 인원이 많다 보니 어디 웬만한 식당을 예약하기도 힘들고, 여행을 겸한 펜션을 빌려 모임을 하였다. TV를 보고, 산책을 하고, 식사 준비를 하고, 족구나 게임을 하고 각자 하고픈 것을 하다가 식사를 하면서 한자리에 모여 그동안 살아왔던 이야기를 나눈다. 어른들이야 다들 은퇴하고 평범하게 살아가니 특별하게 지내는 이야기를 할 것은 없지만 아이들은 그동안 변화가 많았으니 할 이야기도 많았고 그들 세대를 이해하는 데 도움이 되는 대화들이 많았다.

이야기 주제가 다양하지만 가족들이 한자리에 모여 즐거운 시간을 갖는다는 것이 세상에 처음 나와 유대감을 가졌던 혈육이라는 본능적으로 끈끈한 감정이 있는 것 같다. 시간이 흘러 내가 이 세상에 존재하지 않을 때라도 아이들이 커서 결혼을 하고, 그 아이들이 또 아이를 낳고 지속적인 만남이 가족이라는 이름으로 이어지기를 소망해 본다. 얼굴도 알아보기 어렵게 훌쩍 자란 아이들은 중고등 학생으로 또는 대학생이 되었거나 벌써 사회생활을 하는 아이들도 있었다. 다들 자신들에게 주어진 삶을 열심히 살아가는 모습이 대견하고 기쁘기 그지없다.

명절이나 생일잔치, 아무튼 가족들이 만날 때 웬만하면 정치와 종교 이야기는 가족 모임에서 금기라고 한다. 그런데 우리는 특이하게도 금기시된 주제를 가지고 이야기하는 경우가 많은데, TV에서 나오는 정치 뉴스를 보다가 제일 어르신인 큰형님이 주로 유튜버들이 자극적으로 올려놓은 내용이나 가짜 뉴스를 말씀하시는 것을 시작으로 다른 형제들은 다른 입장의 정보를 가지고 반론을 제기한다. 양측이 서로 진실 게임을 하듯 자신들의 주장이 옳고 조금도 양보할 기석이 없는 것이 정치인들이 양보 없이 국회에서 싸우는 모습과 똑같이 닮았다.

콩이냐 팥이냐 결론도 없이 술병을 얼마나 비우고 있는지 세기도 어려웠다.

토론의 핵심은 정치가 국민들의 삶을 걱정해야 하는데 대화도 타협도 흩치도 없고 부정부패의 온상이며, 개판을 쳐도 다음에 또 뽑아

줄 거라는 확신이 있어, 여야는 언제 충돌할지 모르는 마주 달리는 열차와 같고 작금의 정치와 정치인에게 적개심을 가질 정도로 불신이 팽배해 있다는 수긍되는 내용이다. 뉴스에서 정치 얘기를 하다가 형제들끼리 싸움이 일어나거나 각종 모임이 정치 얘기로 파탄이 났다는 뉴스를 접한다. 그래도 우리 가족은 얼굴 붉힐 정도의 상황까지는 가지 않으니 천만다행이다.

처음에는 약간의 관심을 가지고 합석했던 아이들은 정치 얘기가 시작하고 할아버지들의 목소리 톤이 조금씩 올라가면 하나둘 자리를 피한다. 갑론을박, 결론도 없이 대화하다가 큰형님이 이제 그만하자고 정회(?)를 선포하며, 마무리 발언으로 다 잘 되겠지 하면서 가족들의 행복을 다짐하고 건강하자는 건배를 하고 별 탈 없이 정치 토론을 마무리를 한다.

정치 얘기에서 술 한잔을 더 하면 종교 얘기를 거쳐 이런저런 이야기를 나누다 보면 형제들이 모두 현역으로 제대한 군대에서 고생했던 이야기로 넘어간다. 그러니까 술자리에서 하지 말라는 주제는 다 토론하고 넘어가는 셈이다. 그러다가 대화는 다시 어려웠던 시절로 돌아가서 번듯한 집에 살아봤던 시절, 사업이 망해서 다 털리고 쫓겨나 기도원과 이곳저곳으로 전전긍긍하면 셋방살이했던 시절, 일산신도시로 수용되기 전에 경의선을 타고 형과 맥주 한잔하던 시절, 아무튼 가슴 아팠던 시절에 돌아가신 부모님과 즐거웠거나 슬펐던 여러 가지 추억들을 소환해 낸다. 술기운이 어느 정도 오르면 더욱더 옛 생각에 빠져들며 분위기가 숙연해질 때도 있다.

가난에 찌들어 고생만 하시다 돌아가신 부모님, 세상을 떠나면서 이렇게 가족들은 남겨두셨고 우리들은 가족의 이름으로 살아가고 있다. 어머니라는 단어만 들어도 코끝이 찡한데 큰집 손녀가 작시했다는 시가 가슴을 촉촉이 적신다.

만과 곶

전예원

나는 당신을 동경했다.
나는 침식작용을 받는 곳이었고
큰 바닷물이 밀려와
내 마음은 하루하루 깎여 갔다.
만인 당신의 마음에는 퇴적 작용으로 인해
모래가 쌓여가 사빈이 생겨났고
그 무게는 날이 갈수록 커져 가
당신의 어깨는 무거워져 가기만 했다.
바닷물에 깎인 내 마음은 뾰족해만 갔고,
당신의 쿵툭해진 마음은 뾰족한 나를 감싸왔다.
나는 깎이고 깎여, 당신은 쌓이고 쌓여

우리는 결국 만났다.
우리의 해안선은 다시 단조로워진다.
나는 아직도
당신을 동경한다.
나는 아직도
어머니를 동경한다.

 가족, 영원한 마음의 안식처로 떼어내려고 해도 뗄 수 없고 없으면 허전하고 있으면 든든한 존재. 내가 가장 사랑하는 사람들…. 바로 핏줄, 가족이다.

제5장 쉼, 취미

취미는 우리의 삶의 멍에에서 해방시키고,
우리의 정신을 날개 달린 말로 바꾼다.

짤짤이를 아시나요?

놀이는 우리 뇌가 가장 좋아하는 학습 방법이다.

— 다이앤 애커먼

    🌱 취미가 뭔지도 모르고 이렇다 할 놀이도 없던 어린 시절에 짤짤이라는 게 있었다.

"으찌, 니, 쌈 먹어" 주먹을 쥐고 있는 동안, 으찌, 니, 쌈 셋 중에 접은 사람이 이기는 것을 **빼놓고** 두 군데를 선택하여 동전을 걸어 승패를 가르는 놀이라고 하지만 노름이라고 봐야 한다. 접은 사람이 동전을 세 개씩 맞추어 손에 쥔 동전을 다 내려놓을 때, 마지막으로 남은 동전이 하나가 남으면 으찌를 간 사람에게 간 만큼 돈을 주고, 두 개가 남으면 두 개를 간 사람에게 간만큼의 동전을 주며, 마지막으로 세 개가 남으면 접은 사람이 먹는 것이다. 일명 "짤랑이" "쌈치기" 라고 하며, 같은 방법으로 하면서 "홀짝"으로 할 수도 있었다. 여럿이 함께 내기를 할 수 있는 이런 놀이가 휩쓸고 지나가던 소싯적에 나도 그런 놀이에 빠져 허우적거려본 적이 있었지만 지금 생각해 보면 놀이 문화가 없었던 시절의 아련한 추억이 되었다.

짤짤이를 언제 어떻게 알게 되었을까? 중고등학교 시절, 집안이 가난하다 보니 이사를 자주 다녔다. 주로 구기동과 평창동에서 이리저리 셋방집을 찾아다녔는데 동사무소에서 주민등록등본을 떼면 3페이지가 꽉 차게 이사 다닌 기록이 나올 정도였다. 이사 다니면서 사토운 아이들은 간났고 그들과 특별한 놀이가 없었는데 그때 짤짤이가 유행했고 나 또한 한참 빠졌던 시기였던 것 같다.

지금은 청정지역으로 고가 주택들이 즐비하지만 그때 당시에는 가난한 사람들이 많이 살고 있었다. 요즘은 어린이들도 스마트폰을 들고 다니며 얼마든지 게임을 즐기며 전화를 받을 수 있는 시대에 살고 있지만 그 당시에는 편지를 주고 받을 때도 누구누구씨 댁을 써야 우편물이 바르게 배달되었고, 전화도 없던 시기라 누구에게 전화번호를 알려줄 때도 주인집 번호를 알려주고 세 사는 누구집 바꿔달라고 하라고 말해 줘야 했다. 그래서 급한 전화라도 오면 주인집에서 "누구집 전화 받어" 하고 소리 지르면 얼른 주인집 안방으로 달려가 다소곳하게 쪼그리고 앉아 조용 조용한 목소리로 전화를 받곤 했었다. 통화가 끝나면 주인에게 "감사합니다." 폴더 인사를 올리고 조용히 문을 닫고 나왔었다. 그러다 보니 셋방살이했던 주인집 아저씨 이름을 지금도 줄줄 꽤고 있다. 가끔씩 마주치기라도 하면 "너희들 요즘 친구끼리 몰려다니며 구석에 모여앉아 뭐하는 거냐?"하고 말 들으면 짤짤이를 하는 걸 보셨나? 하고 찔리듯 제일 먼저 떠올리곤 했으니 그때가 정점이었을 것 같다.

　북한산이 뒷산이며 우리들 놀이터였다. 택지를 조성한다고 산허리를 구불구불 깎아 도로를 만들기 한창이었다. 공사판이라 돌아다니다가 철근 등 고철을 주울 수 있었는데 모아 팔아서 용돈을 만들기도 했다. 그런 수익 사업(?)에 코흘리개 친구 대근이와는 단짝이었고, 셋째 형과 사촌 형은 우리들과 나이 차이가 많지 않아 동참했다. 그게 소문이 나서 다른 아이들도 삼삼오오 함께 어울려 다니며 고철을 줍기도 했다. 그러다가 가끔씩 무당이 음식을 차려 놓고 한바탕 춤을 추며 귀신에게 길흉화복을 조절해 달라고 비는 굿을 보곤 했는데, 멀리서 지켜보고 있다가 굿을 끝내고 돌아간 자리에 가보면 동전이 항상 있었고, 빈 술병이나 음료수병들은 자루에 싸가지고 내려와 구멍가게에 가면 돈으로 바꿔주니 짭짤한 수익을 올릴 수 있었다. 그런 곳을 여러 군데 다니다 보면 제법 상당한 용돈을 만들 수 있었고 그런 돈이 생겼다면 약속이나 한 듯이 어느 한 집으로 모여 유행으로 번졌던 짤짤이를 하곤 했었다.

　더운 여름날에는 빈 병을 주워 메고 내려오다가 땀을 식히려 계곡 물에 뛰어들어 가재를 잡거나 물놀이를 신나게 즐기곤 했었다. 너럭바위에 웃통 벗고 드러누워 쳐다본 하늘은 미세먼지 하나 없이 맑고 깨끗해 구름 속까지 투시해 볼 수 있을 정도였다. 가난한 아이들이라 학교 수업 후에는 딱히 과외나 운동, 악기 등을 배우는 학원을 갈 수 없었고 알아서 지내야 야했다. 식구 중에서도 놀든지, 공부하든지 별로 신경 쓰는 사람도 없었다. 거대한 집들이 하나둘 들어서고 담장이 내 키를 몇 배나 훌쩍 높게 쌓이고 그 집을 지날 때 가끔 피아노 소리가 흘러나오면 나도 이런 곳에서 살고 싶다는 생각과 부잣집에서 태어났다면 얼마나 좋을까? 이 다음에 부자로 이런 집에서 살아볼 수 있을까? 하는 생각을 해봤었다. 아무튼, 하교 후 별일 없는 친구들끼리 삼삼오오 모여 놀게 되었는데 "짤짤이" 유혹에 쉽게 빠지고 재미를 느꼈다. 우리들은 자주 친구집 뒷방이나 막다른 골목 후미진 곳에 모여 앉아 짤짤이를 하곤 하였다. 주말에 용돈 생기면 어떻게든 만나서 짤짤이를 했는데 한번 빠지니 도무지 쉽게 헤어나오질 못했다.

  짤짤이도 실력이 있으면 승률이 높았고 친구들 용돈을 훑어갈 수 있었다. 그중에 가장 탁월한 능력을 보였던 친구가 있었다. 보통 친구들은 허리 뒤로 손을 돌리고 10개 이내의 동전으로 심리적으로 나에게 두엇을 먹으라고 할까 하고 얼굴들을 쳐다보며 그래 뭘 접어야지 하고 접는데 그 친구는 접는 역할을 할 때마다 우리들이 보는 앞에서 동전을 잔뜩 쥐고 흔들며 소리를 들려주며 추측해 맞춰보라고 하면서 약 올리듯 접는다. 우리는 동전 두께를 보고 추측을 하고 배팅을 한다. 셋 중에 둘을 선택하고 하나를 비워두게 되는데 비워진 것이 접는 사람이 따는 숫자이다. 그 친구는 친구들이 "쌈" 먹어 하면 아무리 많이 접은 동전도 소리 내서 탁 탁 흔들면서 몇 개나 되는지 숫자를 정확히 맞추는 재주가 있었다. "오케이, 쌈 먹으라구? 30개네, 내가 먹었네" 하고 세 개씩 착착 바닥에 내려놓는데 기가 막히게도 정확히 맞췄다. 동전이 십 원, 오십 원, 백 원이 있을 때니까 두께도 크기도 다른데 어떻게 그렇게 정확하게 맞추는지 짤짤이 달인이요 감탄할 따름이었다. 그 친구는 학교에 가서도 쉬는 시간에 짤짤이를 한다고 했다. 시간과 장소에 구애받지 않고 동전을 손에 쥐고 흔들어서 그런지 감각이 경지에 이른 듯했다. 아마도 혼자 연습도 하지 않았을까 생각한다.

주말은 더 할 일이 없다. 아이들과 공터에서 축구를 하거나, 과일 서리를 하러 다니고, 굿 한곳을 찾아다니며 동전이나 병을 주우러 돌아다녔다. 그래서 돈이 생기면 짤짤이를 했고 그렇지 않으면 만화를 보거나 잡담을 하면서 시간을 보내곤 했었다. 돈이 없으나 짤짤이가 하고 싶을 땐 부모님께 뭘 산다고 거짓말을 해서 남는 돈을 챙기거나, 심부름을 하면 남은 잔돈을 받아 밑천을 마련하였다. 친척이나 손님이 오면 가끔 용돈을 줬는데 그런 돈이 생기면 마치 자석에 이끌리듯 친구집 뒷방을 찾아갔었다. 영세민들을 위해 동사무소에서 취로사업을 시킬 때가 있었는데 북한산에 휴식공간을 만드는 의자 등을 나르면 일당을 줬다. 짤짤이 멤버들은 취로사업을 신청을 해서 함께 일하고 받은 돈으로 "짤짤이"를 하기도 했었다.

감각적으로 손에 쥔 개수를 알고 자기가 먹을 숫자를 맞추기 위해 속임수를 쓸 수 있었다. 형과 나는 집에서 돈을 따먹기 위해서 연습을 하기도 했다. 겨울철, 이불 속에 들어 앉아 짤랑이를 하고 있을 때였다. 그날은 그 친구가 다른 날보다 유난히 손을 많이 흔들고, 되기는 확률이 다른 날보다 높았다. 나중에 알고 보니 손에 동전을 쥐고 흔들며 자기가 먹을 수 있도록 한두 개 동전을 이불 속에서 뒤로 빼내는 기술을 하는 것이었다. 이불로 던진 동전이 소리가 나면서 들켰는데, 그제서야 실토를 하였다. 친구들은 딴 거 다 돌려주라고 윽박질렀고, 한 번이라고 했지만, 결국은 모두 잃은 돈을 돌려받았다. 그 후로 짤랑이를 해도, 이불 등 보조 깔개 없이 하기도 하였다.

친구 어머니한테 들켜, 그 애 집에서는 만날 수 없는 상황이 되었다. 그래도 한겨울에 골목길 후미진 양지바른 곳에 둘러앉아 짤랑이를 하였고, 친구집이 비었을 때는 이때다 하고 모여 짤랑이를 하였다.

인터넷이 없었고, 게임도 없었으며 놀이 문화가 빈곤했던 그 시절 짤랑이가 휩쓸고 지나간 그때를 회상하면 누구나 다 도박 기질은 있는 것 같았다. 용돈이 궁하다 보니 무당이 굿을 한 곳을 뒤지러 다녔고, 그것이 역설적으로 산행을 좋아하게 된 계기가 되어 건강하게 살아가는 밑천이 되었다. 지금도 시간이 날 때마다 북한산행을 한다. 어릴 때 추억이 머물러 있는 곳을 지나칠 때마다 어린 시절의 나를 만나 그렇게 놀고 있는 모습을 보고 웃음 짓곤 한다. 지금도 어디선가 가끔 "짤랑, 짤랑" 동전 소리가 들리면 돌아보게 된다. 혹시 짤랑이가 다시 부활하여 아이들이 놀고 있는지…. 잠자고 있는 추억을 깨우는 소리다.

당구 한게임 하실래요?

나는 당구를 통해 아름다움을 추구한다.

- 당구천재 이상천

        학창시절에 가장 많이 즐겼던 놀이 중의 하나가 당구였다. 지금은 프로 당구 PBA/LPBA가 생겨나면서 우리나라가 당구의 중심국이 되었고 높은 우승 상금과 쿠드롱, 조재호, 자넷 리, 김가영 등과 같은 프로 선수들의 멋진 플레이에 많은 이들이 열광하는 스포츠가 되었다.

  지금도 그 시절에 즐겼던 당구를 쳐보기 위해 동네 당구장에 가보면 젊은 사람들보다 머리가 희끗희끗한 중년의 어른들이 친구들과 삼삼오오 어우러져 당구 삼매경에 푹 빠져 있는 모습을 쉽게 볼 수 있다. 베이비붐 세대들이 젊은 시절을 보낼 때 당구에 미쳐보지 않은 사람들이 얼마나 있었을까? 하고 생각하니 그들이 은퇴 시기에 접어들고 여유로운 시간을 보내면서 다시 한 번 당구 붐을 일으키고 있다고 생각했다.

　학창시절의 아련한 기억들, 나 역시 공부한답시고 집에서 일찍 나와서 도서관 맡은 자리엔 펼쳐 놓은 책과 책가방만 덩그러니 자리를 지키고 있었고, 책가방 주인은 담배를 피워 물고 당구대를 이리저리 돌며 지임에 열중하고 있었다. 배고프면 짜장면이나 분식을 시켜 먹기도 하고. 뿌연 담배 연기 자욱한 곳에서 웃고 떠들며 시간 가는 줄 모르고 당구에 집중하고 있었고 그러다가, 게임이 마무리되지 않으면 대티 출석을 친구에게 부탁하고 수업을 빼먹은 적도 한두 번이 아니었다.

　당구가 재미있었던 이유는 흰색 공과 빨강색 공을 각각 2개씩 가지고 치는 4구와 흰색 공 2개(지금 하나는 노란색 공) 빨강색 공 1개를 가지고 치는 쓰리쿠션이 있는데 다양한 경기방식이 있었다. 룰을 정해 마지막에 쿠션을 치거나 가라꾸를 친다든지 했고, 편을 먹고 친다면 쓰리쿠션 2개와 가라꾸 1개를 치도록 사전에 룰을 정해 뭐라도 걸고 내기를 하니 지루하지 않고 시간 가는 줄 모르게 재미있을 수밖에 없었다.

　그리고 약간은 고난도의 나인볼은 검은색 공을 조그막 쇠막대 위에 올려 당구대 한가운데 세워놓고 공을 치다가 그것을 스치기만 해도 쓰러지는데 당구공의 길을 정확히 알고 계산하고 알아야 칠 수 있어서 가장 어려운 종목이었다. 화투장을 당구대 사이에 끼워두고 후

다라고 하는데 그 숫자만큼 빼고 다쳐야 한다. 치다가 후다보다 더 치거나 부족하여 칠 공이 없으면 죽는다. 만약 가운데 세워둔 공을 쓰러뜨리면 그때까지 친 것은 무효가 되고 다시 들어오려면 정해진 판돈을 더블로 내고 들어와 처음부터 다시 치거나 그 판이 끝날 때까지 들어오지 못하고 기다려야 한다.

　식스볼은 나인볼에서 변형된 경기인데 각 색깔의 공을 하나씩 빼면 6개만 남는데 검정색 공을 반드시 먼저 치고 다른 공을 맞혀야 한다. 검정색 공과 파란색 공을 치면 10점, 검정과 노랑은 5점 검정과 빨강은 3점 등 점수를 낼 수 있고, 나인볼처럼 후다라고 하는 화투장의 나머지만큼을 쳐야 한다.

　이 모든 경기는 합리적인데 경기하는 사람들이 모두 똑같이 놓고 치는 것이 아니라 각자 실력에 맞게 점수판에 자기 알 수를 놓고 치는 경기이다. 그것은 상호 인정을 하거나 실력이 늘어 승률이 높아지면 30에서 50으로, 100에서 150으로 알 수를 올려놓고 쳐야 한다. 그렇지 않으면 상대방이 인정을 안 하고 같이 칠 수가 없고 짠돌이라고 끼워주지 않는다.
　포켓볼은 사방과 중간 지점에 포켓이 있는데 그곳에 정해진 공을 모두 넣고 검정색 공을 마지막으로 넣으면 이기는 게임으로 그렇게 즐겨 치지는 않았다.

당구장에서 살다시피 한 친구 중에는 오백 이상을 치는 고수가 있고 갓 시작해서 삼십을 치는 친구들까지 다양했지만, 당구장은 늘 웃음과 해학으로 가득 넘쳐났었다. 당장의 승리를 위해서는 학점보다 당구수가 더 중요했다. 그렇게 놀다 보니 졸업할 때는 대부분 200점 이상 치는 중고수가 되었다.

당구장에 들어서기 전부터 당구수를 놓고 신경전이 대단했다. "지난번 너가 졌으니 너는 다마 수를 올려라." "그렇게 다마 수를 내리고 치면 좋냐? 담부터는 너랑 안 친다." 등등 온갖 상대방 기선 제압을 하기 위해 입씨름부터 한다. 그리고 합의된 당구수를 놓고 게임을 시작한다.

편을 먹고 치는 겜빼이는 돈을 걸기도 하고, 밥 내기나 술 내기 또는 미팅 한번 주선하기 등 다양한 내기를 걸고 게임을 한다. 길다마를 놓치면 같은 편이 쌍심지를 켜고 혼난다. 후루꾸라도 들어가면 세상을 다 얻은 것보다 기뻐서 하이파이브를 했고 쫑이라도 나서 안 들어가면 땅이 꺼지는 아쉬운 한숨을 내뱉었다.

거기에다가 당구 용어도 재미있었다. 지금은 당구 용어를 한국말로 바꾸어 쓰고 있지만 일본을 통해 들어온 관계로 대부분 용어들을 그대로 쓰곤 하였다. 지금도 당구장엘 가면 익숙해져 있는 일본식 용어를 사용한다. 가라꾸, 나미, 다마, 레지, 빠킹, 뻑사리, 오시, 짱꼴라, 쫑, 황오시, 후루꾸, 히까기, 히끼, 히네루, 히로 등 대부분 일본 용어이다. 그러한 용어들을 실생활에서도 써먹기도 하고 술 한잔 걸치고 음담패설을 나눌 때는 야한 성적 농담을 당구 용어를 사용하며 박장대소를 짓기도 하였다.

　당구는 0.1mm의 실수도 허락하지 않았으며 득점 확률을 높이는 3가지는 당점 두께, 힘이었다. 하지만, 게임을 하다 보면 예측 불허인 상황이 많이 발생한다. 게임이 막바지로 다다르고 두세 개 남은 알 수를 먼저 나기 위해 손에 땀을 쥐게 하는 극적인 게임은 긴장을 하여 쉬운 공도 실수를 하여 못 칠 때가 있다. 그러다 전혀 예상을 하지 못하는 어려운 공의 배치를 보고 이젠 졌구나 생각했다가 후루꾸나 쫑으로 득점을 하고 그런 행운으로 남은 알 수를 다치고 마무리로 쓰리쿠션까지 치고 승리를 거머쥐면 상대방은 넋이 나간다. 핏기 없이 창백해진 얼굴에 "아이엠 쏴리" 인사를 하면 축 처진 어깨를 하고 손을 씻고 계산을 위해 카운터로 간다. 억울하면 한 게임 더? 라고 말할 때면 세상을 다 얻은 것보다 기분이 좋았다.

　어떤 승패 경기든지 그냥 연습이라도 이겨야만 좋은 게 사실이고 내기를 해야 재미가 있다. 그래야만 부족한 용돈을 아끼기 위해 승부욕을 불태운다. 자욱한 담배 연기는 기본이고 게임비, 점심, 술 등 다양한 내기를 걸고 쳤고, 필사적으로 신중하게 혼신의 힘을 기울여야 했다. 다양한 경기로 집에 가는 시간이 늦은 적이 한두 번이 아니었고 희비가 엇갈리는 순간들마다 희열을 느끼는 밤을 늦게까지 맛보곤 하였다.

친구 중에는 얼마나 당구장을 제집 드나들듯이 다녔는지 당구장에서 알바하는 여학생과 눈이 맞아 결혼에 골인한 친구도 있었다. 나중에 당구장을 차린 친구도 있고 박장대소하며 당구장에서 보냈던 학창 시절의 추억들과 시간들이 한 번에 꺼내 보기 너무 많을 정도로 차곡차곡 쌓여 있다.

당구장에 들어가면 주인장이 센스가 넘쳐나서 별의별 전의를 불태우는 글들을 적어 놓은 액자 등이 많이 걸려 있었다.

당구의 5대 정신은 "공처럼 둥근 마음, 당구대처럼 넓은 마음, 큐대의 곧은 의지, 초크의 희생정신, 승부는 인정사정 볼 것 없다."라든지, "내일 지구의 종말이 와도 나는 한게임의 당구를 치겠다." 그리고 윤동주의 「서시」를 당구 서시로 "오백을 칠 때까지 하늘을 우러러 한 점 부끄럼이 없기를 큐대를 이는 초크 가루에도 나는 괴로워했다."를 걸어 놓은 곳도 있었고, 어떤 곳은 당구 병법을 적어 놓아 웃을 자아내게 한 곳도 있었다.

"가끔씩 후루꾸를 쳐서 상대방 기를 죽인다. 수시로 말 겐세이를 해서 상대방 정신을 흐트린다. 후루꾸를 치면 고개를 잠깐 숙이고 필히 장타로 연결한다.

장타치고 난후 상대방이 치기 어렵도록 완전히 겐세이를 한다. 이긴다고 생각하는 게임은 커피시킬까? 하고 다그친다. 큰 게임이 승리하고 난후 짜투리 계산은 보조한다. 어려운 공은 긴 인터벌로 상대방의 심기를 흩트린다.

상대방의 삑사리는 박장대소로 응수한다." 등등 다양한 글들을 읽으며 웃음을 자아내곤 했다.

세월이 흘러 선택한 직장 생활로 친구들과 만남은 줄어들었고, 새로운 인간관계가 만들어지고 있었다. 결혼하고 자식 낳고 눈코 뜰 새 없이 바쁘게 살다 보니 그렇게 즐겨 찾던 당구장도 발길이 뜸하게 되었지만 술 한잔한 후 옛 생각에 가끔씩 당구장엘 들러 쳐 보기도 했다.

세월이 흘러 머리가 희끗희끗해진 중년이 되고 친구들 모임에서 당구에 얽힌 옛추억을 소환하며 한마디 툭 던져 본다.

"다들 은퇴하고 심심해 하는데, 당구모임이나 만들어 볼까?"

"그거 괜찮은 생각인데…."

친구들과 술 한잔하면서 툭 내뱉은 말이 무섭게, 단톡방에 당구회를 만들어 주기적으로 만나보자고 올렸다.

카톡, 카톡…. 한참을 울려대더니 많은 친구들이 금방 참여 의사를 밝혔다.

다들 놀아 주는 친구가 없다고 하더니, 어라? 정말로 기다렸다는 듯이 모두 참여를 하겠다고 했다. 어떻게 당구 수를 맞출 수 있을까? 처본 지 오래됐다고 당구 수를 내리는 사람에서부터 학창시절을 기준으로 하자는 사람…. 남들은 올리고 자기는 내리는 승부욕에 멀어 비열함까지 드러내는 사람 등 다양했다. 어쨌든 모여서 삑사리도 자꾸 나고, 원하는 길로 가지도 않고, 배가 불룩 튀어나와 큐질을 잘못하고, 뒤로 돌려 치는 것은 안 되고, 멀리 있는 공을 얇게 치는 것은 눈이 나빠서 안 되고…. 장애인 당구시합 같았다.

그래도 웃고 떠들며 무엇인가에 집중할 수 있고 옛 추억담을 떠들 수 있으며, 함께 모여 같이 할 수 있는 당구가 좋았다. 세월은 많이 흘렀어도 당구와 연관된 추억거리도 많고, 지금도 당구장에 찾아 추억을 쌓아가고 있으니 당구는 인간관계에서 중요한 매개체가 된 것은 분명했다.

거기에다가 명절 때 심심하고 별일이 없을 때 형, 조카, 아들과 함께 당구를 치곤 한다.

"심심한데 한 게임 할까?"

TV에서 눈을 떼고 환한 표정을 지으며 일어나는 모습은 지루함을 벗어 던질 수 있다는 기쁨의 용솟음이다. 지금도 즐거운 마음으로 큐를 잡아보곤 한다.

아생연후 살타

한 수 물러서서 생각하라. 조급하면 이기기 어렵다.
　　　－ 자신이 먼저 안정이 되고 나서 상대방을 공격하라.

　　2016년에 전 세계를 떠들썩하게 했던 인간과 인공지능의 바둑 대결은 바둑을 잘 모르는 사람들도 대부분 기억하고 있을 것이다. 구글 딥마인드에서 개발한 바둑 인공지능 프로그램인 알파고와 이세돌의 세기의 대결은 인공지능이 인류에 어떤 파장을 미칠지 예고한 사건이었다. "설마, 사람이 만들어낸 인공지능에 사람이 어떻게 지겠어?" 당연히 알파고보다는 이세돌의 승리를 점쳤고 응원하였다. 하지만 결과는 이세돌이 1승 4패의 성적으로 인공지능에 역부족이라고 인정하며 막을 내렸다. 그나마 1승은 알파고에 처음이자 마지막으로 승리한 인간으로 기록될 것이다. 경악할 대형 이벤트에 미래의 인공지능이 어떻게 변화하여 인간의 생활 속으로 파고들어 올지 두려움을 느끼는 시간이 되었을 것 같다. 이세돌은 승리의

원인을 "예견이나 계획이 아니라 순전히 영감에서 비롯된 것"이라고 말했다. 그후 그는 2019년 인공지능의 지배력이 증가함에 따라 바둑 최고의 선수가 될 수 없다고 말하면서 은퇴를 하였다.

바둑은 상대의 수를 예측하고 자신의 전략을 조정하는 과정은 논리적 사고와 문제 해결 능력을 키우는 데 큰 도움을 준다. 또한 한 판이 몇 시간에 걸쳐 진행되기도 하는 고도의 집중력이 요구되는 게임이다. 한순간의 실수로 승패가 뒤바뀔 수 있기 때문에, 인내심과 끈기를 필요로 하는 성격 형성에도 긍정적인 영향을 미친다. 천천히 수를 두고 상대와 교감하는 과정은 마음을 차분하게 하고, 심리적 안정감을 준다. 이는 현대 사회에서 발생하는 다양한 스트레스를 완화시키는 데 유익한 취미 활동으로 평가받는 이유 중 하나다.

어린 시절 명절이나 제사 때 친척 어른들이 모이면 장기나 바둑을 두는 모습을 보곤 했다. 장기는 전략을 짜놓고 군사들을 이동시켜 죽이고 죽는 치열한 싸움 끝에 궁까지 쳐들어가서 장군, 멍군하면서 왕을 잡으면 빠른 시간 안에 승패가 결정이 된다. 그러나 바둑은 흰 돌과 검은 돌을 쭉 깔아가는 과정과 이해 못 할 포석들이 상당히 지루한 놀이라고 생각했었다. 어른 둘이 마주 앉아 바둑알을 만지작거리며 얼마나 진지하게 바둑판을 쳐다보는지 주위에서 무슨 말을 시켜도 알아듣지 못할 정도로 집중을 하였고, 잔고 끝에 악수가 나올 땐 옆에서 훈수 두는 분들까지 한숨을 푹푹 내쉬곤 하였다. 호구니 축이나 패이나 하면서 바둑판에 담뱃재가 떨어지는 줄도 모르고 집중하는 모습을 도면서도 그게 뭐가 그렇게 재미있는 건지 이해가 되질 않았다. 아무튼, 지루한 놀이라고 생각을 하다가 바둑을 이해하게 된 고등학생 시절이 되어서야 그렇게 심오한 머리싸움을 하는 게임이란 것을 알게 되었다.

바둑을 처음 배우면 30급이라고 한다. 처음에는 바둑판에 검은 돌을 새까맣게 깔고 두었는데도 두 집을 나지 못해 한 무더기씩 죽어 나갔다. 하나의 대마를 살려 보려고 아군인 이웃 검은 돌과 연결을 시도하려면 기가 막히게 흰 돌이 와서 절단을 하였다. 이리저리 도망가다 결국은 잡히고 계가를 해보면 검은 돌은 몇 개 남아있지 않고 흰 돌이 바둑판을 거의 채우는 형국이었다. 실력이 늘면서 점점 깔고 두는 알 수가 줄어들고 그후에도 취미 삼아 지속적으로 두다 보니 박빙 승부가 늘어나고 계가를 해봐도 몇 집 차이가 나지 않을 정도로 재밌는 대국들이 하나둘 영글어 가고 있었다.

군 복무 시절에도 주말이면 내무반이나 휴게실에서 바둑을 두는 경우도 많이 있었다. 주말에는 TV를 보거나 족구를 하거나 특별히 할 일도 많이 없었겠지만 리그전을 할 정도로 바둑을 두는 사병들이 많았고, 부대원들 중에서 승률이 제법 높은 편에 속하였다. 공식적인 급수는 모르겠지만 나보다 고수들이 대충 2~3급 정도의 실력은 되는 것 같다고 말해주어 그런가 보다 하였다. 고수와 몇 점을 깔고 접바둑을 두면 승부욕이 더욱 불타올랐다. 왜냐하면, 그렇게 두다가 몇 번을 이기면 상대방이 깔지 말고 두자고 할 것이고 실력이 늘고 있다는 인증으로 그 무엇보다 기분이 좋았기 때문이다. 한판을 두다 보면 판세를 읽어야 하기 때문에 집중력과 판단력이 대단히 필요하다는 것을 알 수 있었고 시간 가는 줄 몰랐다.

세월이 흘러 결혼을 하였고, 그때도 이런저런 일로 집안 어른들과 만나면 바둑 한판을 두었는데 옛날처럼 쉽게 지지 않는 고수가 되어 있었다. "야, 많이 늘었는데? 이젠 내가 못 당하겠어." 하시는 어른들 말씀에 겸손은 저쪽으로 밀어두고 어깨가 으쓱해지곤 했다. 그럴 때마다 특이한 것은 세 살 먹은 아들이 사촌들과 어울리지 않고 뭔가 아는 듯이 옆에 앉아 대국하는 모습을 지켜보고 있었다.

"승수야, 너 바둑 알아?"

"아니, 잘 몰라…. 가르쳐줘."

"…?"

모르면서 집중해서 바라보는 아들이 신기하기도 하고 혹시 바둑어 재능이 있나? 하고 생각되었던 어느 날 동네 기원을 데리고 갔었는데 숫자를 세지 못하고 글씨도 모르고 너무 어려서 이해를 하지 못하니 좀 더 큰 다음에 데려오라고 했다. 잊고 지내다가 한두 해가 흘러 다시 기원을 데리고 갔더니 몇 가지 테스트를 해본 후 이제는 배워도 되겠다고 하여 등록을 하였다.

아들은 자기가 관심이 있고 재미있어 하니까 실력이 하루가 다르게 금방금방 늘어갔다. 바둑을 어릴 때 가르치면 집중력과 창의력을 키워준다고 하여 그 당시 부모들은 너도나도 바둑을 가르치며 붐을 일으켰다. 몇 년을 열심히 배우더니 시도 대항 어린이 바둑대회에 여러 번 참가하여 상위권에 입상을 하였고 계속해서 실력이 늘어나는 만큼 급수가 올라가고 초등학교 3학년 때쯤 공인 1단증을 받아왔다. 어느덧 나와 맞두는 실력까지 되었다. 어라? 한창 뛰어놀 나이에 몇 년간을 기원에 다니면서 정적인 바둑을 지루해하질 않았다. 이 정도로 계속 실력이 늘어가고 아들이 싫어하지 않는다면 프로 바둑기사로 키워볼까? 하는 욕심도 생겼다.

그러다가 오랜만에 동창 모임에 나갔는데 이런저런 자랑, 자식 자랑하느라 술이 코로 넘어가는지 입으로 넘어가는 모르게 시끌벅적했다. 나도 질세라 아들이 바둑을 좋아하고 재능이 있어 보여 그쪽으로 키워볼까 한다고 하니까 그중 한 친구가 자기 아들이 프로 바둑기사라는 것이었다. 프로 바둑기사? 순간 눈이 휘둥그래지며 대단한 아들을 둔 친구가 부럽고 친하게 지내고 싶은 생각이 들었다. 이런저런 대화 끝에 다음에 시간 될 때 아들과 대국 한 번 하게 해달라고 부탁을 하였다. 집에 와서 아들에게 이야기를 전해줬더니 인터넷에서 프로필을 살펴보고 프로 바둑기사와 바둑을 둘 수 있다는 생각에 몇 날 며칠을 기분이 들뜬 모양이었다.

어느 한가한 약속된 주말에 아이를 데리고 친구 집으로 갔다. 인터넷으로 검색해서 얼굴을 알고 있었는지 아이는 싱글벙글거리고 쉽게 형에게 인사하고 다가갔다. 이런저런 살아가는 이야기와 다과를 마친 후 둘이 바둑을 두겠다고 방으로 들어갔다.

너무 기대는 하지 말아야지 하면서 "정말 재능있는 것 같아요" 하는 달을 듣기를 은근히 기대하고 있었다. 시간이 얼마나 흘렀을까? 친구 아들이 아들 머리를 쓰다듬어 주면서 나오고 아들은 머쓱한 표정으로 나왔다.

"아가 찬찬하고 똑똑하고 바둑을 잘 두네요."

"그래? 칭찬해 주니 고마워."

느낀 점 등 자세한 이야기를 애 앞에서 듣는 것은 옳지 않아서 아들은 잠깐 PC방에 가서 놀다 오라 하고 이야기를 들었다.

친구 아들이 프로 바둑기사가 되는 과정을 이야기하는데 하루에 3~4시간을 자면서 유명한 분 도장에서 몇 년간 코피 터지는 수련을 받았다고 한다. 각종 대회에 참가해 우승을 하였고 마침내 중학생 때 프로 바둑기사가 되었다. 자신의 성공을 위해 그때까지 피나는 노력을 해온 친구 아들의 말에 숙연해졌다. 마지막 말에는 프로 바둑기사가 되기 위해 노력한 과정을 보면, 공부해서 서울대를 가는 게 더 쉬웠을 것이라는 말을 했다. 그만큼 어렵고 힘든 길이며 자신이 생각할 때는 아들은 바둑을 좋아하고 잘 두고 욕심도 있어 대성할 수도 있어 보이지만, 취미로 두게 하는 게 좋겠다는 평가를 해주었다.

돌아오는 차 안에서 아들은 형이 뭐라고 말했는지 계속해서 물었다.

"우리 아들 대단한데? 너 칭찬 많이 했어."

"그 형, 정말 멋있어. 나도 그 형처럼 프로기사 되고 싶어."

"……"

시도 대항에 나가서 몇 번 상위권 들어간 것을 가지고 아들이 최고인 양 생각했었는데 전국에 시도가 몇 개이며 그중에 상위권에 입상한 애들이 얼마이고 전국적으로 다 모인 그런 아이들 중에 열 손가락 안에 들어야 한다니…. 그렇게 힘들고 어려운 과정을 해낼지도 의문이 들었다. 적당한 기회가 오면 여기서 멈추는 게 좋겠다고 설득하기로 마음먹었다.

"아빠는 네가 활동적인 것을 하면서 살기를 바라."
"……."
"바둑은 몇 시간을 쪼그리고 앉아서 머리를 써야 하는데, 그 형이 말하기를 너무 힘들고 재미 없대."
"……."

아들은 별다른 말이 없었다. 정신을 다른 데로 돌리기 위해 게임을 하는 것을 막지 않고, 어떤 놀이를 해도 참견하지 않고 지켜만 봤더니 시간이 지날수록 바둑과 조금씩 멀어지는 것 같아 다행이라는 생각이 들었다. 세월이 많이 흘렀고 그래도 혹시, 바둑 영재가 아닐까 하는 착각으로 계속 시켰다면 지금쯤 어떻게 되었을까?

지금도 가끔씩 아들과 내기 바둑을 둔다. 이런저런 이야기를 나누다 보면 바둑을 그만둔 것을 후회하지 않는 것 같아 다행이었다. 취미로 배운 바둑이 아무 때나 누구와도 상관없이 인터넷으로 연결하여 바둑을 두는 세상이 되었으니 인생을 즐겁게 사는데 한 수를 더 해주니 행복할 따름이다.

스트라이크냐 스프릿이냐, 그것이 문제로다

> 볼링이 왜 사람 잡는 줄 알아? 다음번에는 꼭 스트라이크를 칠 것 같거든.
> — 영화 스플릿

❧ 볼링을 처음 접했던 것은 대학교 때 한두 번 친구들과 어울려 볼링이 어떤 거다 하고 맛을 본 적이 있지만, 본격적으로 치기 시작한 것은 결혼한 뒤부터다.

대부분 대학을 졸업하고 1~2년 정도 지나면 대략 서른 살 전후가 된다. 사회 초년생으로 모아놓은 돈도 없는데 결혼 적령기라고 하여 시기를 놓치지 말라는 부모님과 집안 어른들의 성화에 못 이겨서라도 대부분 그때쯤 결혼을 했고 단칸방 셋방살이부터 시작하였다. 나 또한 예외는 아니었는데, 냉장고와 세탁기 등 결혼 혼수를 풀지도 못하고 1년간 부모님 집에 더부살이를 하다가 약간의 지원금과 모은 돈을 보태서 용강동에서 창고를 개조한 허름한 단칸방을 얻어 신접살림을 시작하였다. 화장실은 셋방살이하는 여러 집이 공동으로 사용을 하였고 연탄 보일러이기 때문에 조그만 한쪽 부엌에 연탄을 쌓아놓고 살아야 했다. 가끔씩 연탄불을 꺼뜨리면 번개탄을 이용해서 다시 불붙이는데 연기와 가스가 방에 가득 차 환기를 하면 방 안은 순식간에 냉골이 되었다.

 조금 형편이 좋았던 친구는 연립주택에 살았지만 오십 보 백 보이고 대부분 아이들도 비슷하게 낳다 보니 한번 모이면 유모차와 육아용품으로 가득했다. 아이를 안고, 젖병을 물리고, 여기저기 울음소리가 터졌어도 친구들과는 모임이 잦았고 이런저런 게임을 하면서 즐거운 시간을 보냈었다.
 그중에 집 가까이 볼링장이 있었는데, 학창시절에 몇 번 던져 본 볼링공을 기억 삼아 어쩌고저쩌고 고수처럼 떠드는 허풍 센 친구들과 그렇다면 확인을 해보자고 볼링장을 찾은 것이 도화선이 되어 볼링 삼매경에 빠지게 된 계기가 되었다.

 어느 정도 치다 보니 하우스 볼이 잘 맞지를 않아 개인 볼과 볼링화를 구입해야 겠다는 생각을 했고, 한 명이 장만을 하니 결국 모든 친구들이 개인 용품을 마련하였다. 부부 대항으로 게임비 내기를 한다든지 술내기를 하기 때문에, 승부욕을 이기지 못해 부부가 볼링용품 세트를 구입하지 않을 수가 없었다. 몸무게에 적당한 파운드 공에 지공을 뚫고 볼링화와 아대를 하면 제법 폼 나고 잘 치는 선수처럼 보였다.
 주말이면 집앞 볼링장보다는 63볼링장을 자주 찾았다. 넓어서 쾌적

하고 아이들이 어린 터라 유모차를 끌고 볼링장 안으로 들어가서 옆에 세워두고 게임을 즐길 수 있었다. 주로 새벽 시간에 할인이 되므로 그때를 이용하였고 점점 실력이 향상되어 라이프베스트를 계속해서 갈아치우고 있었다. 하이스코어를 목표로 집중적으로 쳐봤고 스트라이크를 몇 개까지 붙이는지 기록에 도전하는 재미에 푹 빠졌고 모이면 볼링 얘기로 시작하여 볼링 얘기로 마무리하는 시간이 늘어갔다.

볼링 용어 중에 칠면조를 영어로 터키라고 한다나? 또 인디언 중에서 한 번의 활로 세 마리의 칠면조를 쓰러트리는 명사수가 있었는데 그후 스트라이크를 세 번 연속 치면 터키라고 했다는 설이 있다. 그 어렵다는 터키도 심심치 않게 쳐봤고 기억에 포베거나 파이브베거까지 치면서 절정을 달렸을 때도 있었다.

스트라이크를 치면 두 주먹 불끈 쥐고 해냈어 하는 표정을 지으면 환호성을 질렀고 일행들과 하이파이브를 하는 그 순간이 너무 짜릿했다.
함께 볼링을 쳤던 네 부부가 있었다. 어느 정도 실력과 자신감이 붙어갈 때쯤 가끔씩 재미있는 내기를 하곤 했다. 보통은 볼링 비용과 저녁 식사 내기인데 개인전으로 쳐서 부부 점수를 합산하여 순위를 개기는 경우도 있었고, 복식인 스카치 게임을 쳐서 순위를 정하는 경우도 있었다. 게임을 시작하기 전에 전체 비용을 대략 산정하여 1등은 면제, 2등은 20%, 3등은 30%, 꼴등은 50%를 내는 피도 눈물도 없는 경기를 했었다.
개인전이야 부부가 각자 실력껏 잘 치면 되고 모든 경기가 그렇듯이 운도 따라줘야 했다. 실력이 비슷비슷하다 보니 마지막 프레임에서 승부가 결정나는 일이 많았고 늘 손에 땀을 쥐게 하였다. 몇 개의 핀을 쓰러뜨리느냐에 따라 순위가 결정될 때면 응원 소리와 함께 레인에 올라서면 긴장이 되지 않을 수가 없다. 그러다 보면 오히려 편안한 마음으로 칠 때보다 더 안 좋은 결과가 생기기도 했다.

보통 부부간 말다툼은 함께 치는 스카치 게임을 하는 경우에 발생하였다. 둘이 계속 번갈아 가면서 쳐야 하는 게임으로 시작 전에 전략을 잘 짜야 한다. 그날의 컨디션이 어떤지, 개인전을 먼저 치고 나면 대략 전략이 정해진다. 스트라이크는 못 쳤지만 스페어 처리를 잘하는 날에는 그 사람이 두 번째로 치는 게 유리하다는 등 부부끼리 작전을 짠다. 그러다가 예상치 못하게 스트라이크를 치면 순서가 바뀌게 된다. 여기서부터 다시 스트라이크를 쳐서 원래 작전대로 순서가 되지 않으면 계속 바뀐 순서로 치기 때문에 꼬이기 일쑤이다. 게다가 첫 번째 친 사람이 스트라이크 존이 아닌 곳으로 살짝 비켜서 들어가 스플릿이 날 수가 있다. 스플릿은 두 개 이상의 핀이 스페어 처리를 하기 어렵게 배치되는 경우인데, 이런 경우는 거의 멘붕이다. 상대방은 스페어를 잘 처리하고 위기를 넘기고 있는데 스플릿을 만들면 부부간에 분위기가 돌변해 웃음기가 싹 가시고 싸늘해진다. 그러면 더 긴장을 하게 되고 더 꼬이는 경우도 있다. 일부러 스플릿 상태를 남긴 것은 아니지만 죽을죄를 진 것처럼 미안해하고, 눈치를 살피게 된다. 10번 프레임까지 막상막하로 핀 몇 개로 승패가 나뉘는 경우에는 더욱 신경이 곤두서 극에 달한다. 그렇게 긴장고 웃음과 환호의 시간을 보내고 두 풀이를 할 때면 지난 게임을 복기하면서 명장면과 아까웠던 프레임을 얘기하면서 실컷 웃고 떠들어 댄다. 스프릿을 냈던 부부는 더 싸우고 화를 못 참고 분위기를 썰렁하게 만들 때도 있다. 친구들이 말리고 화해시키면 서로 성질 낸 것을 사과하견서 삐지 않도록 마음을 풀어 건배를 하면서 마무리하곤 했다.

한참 재미에 푹 빠져 있을 때니 집에서 볼링 투구 연습을 한다든가, 버스나 지하철을 기다리면서 가만히 서 있을 때, 볼링 폼을 잡고 팔을 귀를 스치게 쭉 벗어 올리는 상상으로 몸을 움직일 때도 있었다.

젊은 시절에 아이들 유모차에 태우고 새벽 시간에 볼링장을 드나들권 때를 생각하던 즐거운 미소가 절로 나온다. 나이가 들어서 일 년에 한두 번 접해보는 기회가 있는데 이제는 젊은 시절 들었던 볼링공 파운드가 무겁게 느껴지고, 폼도 어설프고, 가믐에 콩 나듯 스트라이크를 칠 때도 있지만 즐거움을 가져다주니 힐링할 수 있는 게임은 틀림이 없다.

설날이나 추석 때 연휴가 긴 경우, "애들아, 볼링 한 게임 하러 갈래?" "게임비와 술값 계산하기…." 애들은 일제히 "콜!"하고 도전을 받아준다.

젊었을 때 친구들과 즐겼던 볼링을 애들과 치다 보면 그 시절 유모차에서 젖병을 빨던 녀석들이 이렇게 컸구나 하는 생각과, 스트라이크를 치고 하이파이브를 했던 젊은 날의 내 모습을 떠올리며 입가에 미소를 지어보곤 한다.

비가 오나 눈이 오나 바람이 부나

나이스 샷은 우연일 뿐, 나쁜 샷이 좋은 연습이 된다는 것을 모른다면 골프를 마스터할 수 없다!

- 유진 R. 블랙

처음 골프를 접했을 때 실내에서 연습할 수 있는 곳은 천에 타겟을 그려 놓은 곳 앞에 서서 드라이버나 아이언을 치면 천에 맞는 "퍽 퍽" 소리로 잘 맞았는지 아닌지 거리는 얼마나 나가는지 상상으로 평가를 하였다. 그러다가 어느 정도 실력이 늘었는지 확인해 보고 싶으면 그물망을 쳐놓은 인도어연습장으로 가서 그동안 연습해온 드라이버나 아이언의 구질을 확인해 볼 수 있었다. 결국은 파3나 9홀 골프장을 포함하여 필드를 나가야 골프를 칠 수 있었고 라운딩이 잡히면 죽어라 연습을 하던 기억이 떠올랐다.

요즈음 동네 한 바퀴를 돌다 보면 웬만한 규모의 건물에는 스크린 골프장 간판이 눈에 뜨일 정도로 많이 생겨났다. 스크린에 실제와 비슷한 골프장 화면을 띄워서 마치 그곳에 가서 치고 있는 것 같은 가상 시뮬레이션으로 현실감 있게 골프를 즐길 수 있는 곳이다. 처음에는 부담 없이 저렴한 가격 수준이었는데 지금은 시간대에 따라 그리고 더욱 현실감 있는 새로운 버전이 자꾸 나오면서 가격이 제법 많이 올랐지만 그래도 한여름은 시원한 에어컨 아래서, 추운 겨울날에는 따듯한 난방이 되는 아래서 필드에 나가지 못하는 아쉬움을 달랠 수 있다.

처음 골프라운딩을 하는 것을 머리를 올린다고 하는데 예전에는 반드시 필드를 나가야만 했다. 하지만 지금은 필드를 나가지 않고도 머리를 올리고 필드를 나가보지 않고도 잘 치는 스크린 싱글들이 많아졌다.

수십 년을 쳤는데도 필드에서는 백돌이로 유명한 운동 신경이 떨어지는 친구가 있다. 항아리 체형에 걸음걸이는 뒤뚱거리고 하프 스윙 정도만 하는 걸로 봐서 몸의 유연성도 없는 것 같다. 하지만 얼마나 스크린 골프장에서 시간을 보냈는지 스크린 골프를 치면 싱글을 치는 친구다. 센서가 헤드가 지나가는 방향, 공이 맞고 날아가는 스피드 등을 분석해서 비거리를 화면에 나타나는 홀의 이미지에 표시해주는데 이런 것들을 기가 막히게 파악한다. 매번 칠 때마다 설정을 놀랍도록 잘 다루어 바람 세기, 그린스피드 홀 맵을 보면서 자기가 설정을 이리저리 바꾸고 화면을 돌려가면서 치는데 귀신도 혀를 찰 정도다. 그 친구에게 모든 설정을 못하도록 노터치로 쳐보자고 하니 역시나 백돌이로 돌아간다.

어떤 친구는 승부욕이 엄청 강하다. 타당 단돈 천 원이라도 걸려야 골프를 치지만 너무 심취해서 친다. 골프에만 너무 집중을 하여 보기를 해도 성질을 내는 친구가 있다. 그 정도면 잘 친 건데…. 너무 인간적이지 않아 함께하는데 재미가 없다.

"너무 집중해서 치니깐 떠들기도 그렇다…. 돈 내고 떠들고 즐기자고 하는 건데, 너무 스코어에 연연하는 게 아냐?"

"난 스타일이 원래 이래."

할 말이 없지만 싸울 수도 없는 일이다.

또 다른 친구는 계속 질문을 하는데 매번 칠 때마다 비슷한 질문을 반복한다. 화면에 표시되는 것을 보고 웬만하면 자기가 일고 판단해야 함에도 불구하고 이것저것을 묻고 또 묻는다. 러프에 공이 들어가면 어떻게 거리를 계산하고 벙커에서는 어떻게 쳐야 하는지 그린에 올라가면 높낮이가 어떠니 저쩌니 나오는 거리가 맞네 틀리네 하면서 정신을 쏙 빼놓는다.

코로나 펜데믹이 3년간 지속되었을 때도 스크린 골프장은 매출이 상승했다고 한다. 그 이유는 소수와 한 공간에 즐길 수 있어 인원 제한에 걸리지 않았고 전염의 위험성이 낮은 게 원인이었다.

필드는 말할 것도 없이 코로나 위험이 없다고 하여 영업을 허용해 주는 바람에 골프 이용객 수가 15% 이상 늘어났고 감염 위험이 높지 않은 실외 운동으로 각광을 받아 젊은 사람들이 골프를 시작하는 경우가 많이 생겨났다. 그러다 보니 코로나 이전보다 필드 비용이 엄청

나게 올라 한번 라운딩하는 비용이 부담스러워졌다.

　필드에 한 번 나가기 위해서 시간과 거리가 만만치 않고, 복장과 용품들을 폼나게 구비해야 한다. 그런 것에 비해 스크린 골프는 자유로운 복장으로 언제 어디서나 즐길 수 있다. 필드처럼 로스트볼이 발생하지 않는다. 필드에서 새 골프공으로 치다 OB나 헤저드에 들어가서 공을 찾지 못하면 통닭 한 마리 값 날아갔다고 한다. 희한한 것은 헌공으로 치다가 이제 잘 맞는구나 생각하고 새 공으로 바꿔치면 영락없이 오비나 헤저드에 빠져서 속상한 일이 한두 번이 아니었는데 스크린 골프장에서는 골프공이 분실될 염려가 없다.

　최근에는 실제 골프와 융합한 TGL이 나왔다고 하는데 기본 라운딩은 스크린에서 하지만 그린과 가까워지면 그린존으로 이동해서 마무리 짓는 방식이라고 하니, 앞으로는 비싼 그린피를 내면서 먼 거리를 이동하고 짝을 맞춰서 나가야 하는 번거로움이 줄어든 스크린 골프장이 더욱 대중화되지 않을까 생각한다.

　골프에 입문을 하려면 돈이 많이 들어 엄두를 못 냈던 주위 사람들에게도 부담 없이 스크린골프를 통해 입문해보라고 권했고, 관심 있는 사람들은 취미를 가져보는 것도 좋을 것 같다. 골프채도 완비되어 있는 스크린골프장에서 상쾌한 굿샷을 날리며 웃고 떠들고 스트레스를 풀어보면 지불하는 비용 대비 즐거움은 크다는 것을 알 수 있다.

　눈보라가 휘몰아치는 한겨울에 친구들과 약속이 되어 스크린 골프장으로 가고 있다. 오늘은 굿샷으로 술 한 잔 얻어먹어야 할 텐데….

한 번에 쏙 홀인원

"골프는 단순한 게임이 아니다. 이것은 인생 전반에 걸친 여행이다."

― 아놀드 파머

모든 운동이 그렇겠지만 특히 골프는 누구와 함께하냐에 따라 즐거움의 차이가 많이 난다. 영업상 필요해서 일찍 시작한 골프, 국내와 해외 골프를 많이 다녀봤지만 그래도 친구나 이해관계가 없는 편안한 사람과 함께 라운딩을 할 때 더할 나위도 없이 즐겁고 스트레스가 확 풀린다. 하지만, 직장 상사나 중요한 위치에 있는 사람이고 뭔가 부탁이나 정보를 얻기 위해 함께 라운딩을 한다면 즐거움보다는 부담이 훨씬 큰 건 사실이다. 그런 부담 중에 업무와 관련해서 사활이 걸린 일이라면 자기감정 따위는 버려야 한다. 함께 하는 게 너무나 즐겁다는 감정과 표정이 읽히도록 최선을 다해 연기해야 한다. 먹고 사는 문제가 쉬운 게 아니니까.

남자는 힘!

"거리가 얼마나 나가?"

"드라이버로 250 이상은 날려야 하지 않겠어?"

"이번에 채 하나 새로 장만했지, 쪼루 나도 200이고, 잘 맞으면 타이거 우즈야.'

남자 골퍼에게 특히 드라이버 거리는 기싸움이다. 게다가 멘탈 게임이기 때문에 몇 홀 동안 상대방이 너무 잘 치면 기죽어서 더 안 된다. 중요한 업무를 수행하기 위해 나왔다면 적당히 상대와 맞춰 줘야지 매 홀 장타와 안정적인 아이언 샷을 뽐낸다면 결과를 망칠 수도 있다. 또한 스코어도 압도적으로 좋다면 라운딩 중에 일그러진 상대방 얼굴을 보고 말을 붙이기도 어렵고 눈치가 보일 때가 있다.

여자는 정교함과 폼생폼사!

"그 옷 이쁘고 잘 어울리네"

"이거 신상인데 남편한테 졸라 무리 좀 했지"

어떤 여자들은 골프보다는 남들에게 자랑하고 싶은 게 많아서 라운딩을 나왔나 하는 생각이 들 때도 있다. 비싼 신상 옷을 샀다고 엉덩이를 흔들며 어때? 신상 골프채로 바꿨고 아직 비닐을 벗기지도 않았다고 하고, 새 차에 명품 가방을 하나 장만했다는 얘기로 시작해서 집안, 남편, 아이들 얘기까지 총망라하면 라운딩 시작할 때가 된다.

어떤 여자들은 골프에 진심이고 남자들 세 명과 라운딩하면서 기를 팍팍 죽이는 장타 골퍼도 있고, 잘 못치니 핸디 주고 내기를 하자고 내숭을 떨다가 걸려들면 우드와 아이언 샷의 정교함에 남자들을 완전히 무너뜨리는 사람도 있다.

어쨌든 한번 라운딩하는데 비용이 만만치 않게 들어가지만, 골프를 통해 친분을 쌓기도 좋고, 공기 좋은 데서 건강도 챙길 수 있고, 라운딩 시간이 길다 보니 중요한 이야기를 하기에는 안성맞춤인 운동이었다. 그래서, 일부 중요한 고객을 초대하는 행사로 골프를 포함하는 세미나 형태로 진행하는 경우가 많이 있었는데, 그중 언젠가 놀랄만한 일을 눈앞에서 처음 보게 되었다.

"바람이 많이 불어 으스스해. 카트 안에서 기다립시다."
제주도는 가을 날씨인데도 바람이 세차게 부니 체감 기온은 한겨울 영하의 날씨라고 해도 틀린 말이 아닐 정도였다.
앞 팀이 그린에서 퍼팅을 하고 있기 때문에 홀아웃 하기를 카트 안에서 오돌오돌 떨면서 기다리고 있었다.
"아까 세 분이 말씀하는 거 귀동냥해보니, 그림 좀 그리시는 것 같던데 여기에 이쁘게 그림 좀 그려줄래요?"
밝게 웃으며 나에게 건네주는 주황색 새 공에 그림을 그려달라고 했다.
"잘 그리지 못하는데…."
무엇을 그려줄까? 생각하다가 예쁜 나비 그림과 하트를 그리고 굿럭! 하며 건네주었다.
"잘 그리시네요."

"내 그림이 행운이 있기를 바랍니다."

파3홀, 박상무는 무료한지 그림을 부탁했고 나는 기쁜 마음으로 그림을 그려주었다.

"예쁘네요."

유리천장을 뚫고 임원이 된 박상무는 업계에서 알아주는 마당발이고 여걸이다. 그녀를 모르면 간첩이오, 그녀를 설득하지 못하면 아구리 좋은 제품도 쉽사리 납품을 할 수가 없었다. 그녀를 초대해서 라운딩을 같이한다는 것은 행운이고 현재 진행되고 있는 사업이 잘 되고 있다고 생각하면 되니 9부 능선을 넘은 상태에서의 라운딩인 것이다.

"워낙 잘 치시니 홀인원 한 번 해보시죠."라고 했더니
"홀인원은 벌써 몇 번 해봤어요."
"네? 정말이세요? 부럽네요."
"오래 되었어요. 홀인원 보험도 들어 났으니 다시 한 번 홀인원 해서 한턱 쐈으면 좋겠네요."

골프 경력이 30년이 넘었고 몇 번의 홀인원을 해봤다고 하며, 80대 초반의 실력을 갖추고 있고 나이답지 않게 미모와 젊음을 유지하고 있으니 자기관리를 얼마나 철저히 하는 사람인지 알 수 있었다. 남자들과 하도 많이 쳐봐서 상대를 어떻게 요리를 해야 하는지 잘 알고 있다고 너스레를 떨었다. 잠시 후, 세 명의 남자는 샷을 이미 했고 그

녀는 티박스에서 내가 그려준 볼로 티샷을 날렸다. 가볍게 맞는 느낌이 좋았는지 자세를 풀지 않은 상태로 공을 끝까지 바라보고 있었다.

"와우, 굿샷!"

홀컵이 숲에 가려 보이지 않았기에 하늘 높이 솟아오르고 핀을 향해 날아가는 공을 바라보며 핀빨이라며 일행은 소리 높여 외쳤다. 내리막길이라 조심스럽게 카트를 몰고 그린 쪽으로 갔다. 찬바람이 어깨를 파고들어 와 더욱 쌀쌀함을 느꼈다.

"웬 가을 날씨가 이 모양이야, 춥다 추워."

그린에 도착하니 사방으로 여기저기 흩어져있는 공이 주인을 기다리고 있었다.

"근데 공 하나가 안 보이는데?"

일행은 그린 위에 있는 3개의 공을 보면서 누가 친 볼이 없어졌냐고 물으니 박상무 공이 없어졌다고 해서 함께 그린 주위와 뒤쪽을 돌아보면서 공을 찾고 있었다.

"이상하네…. 모두 그린 오른쪽 방향으로 날아가서, 경사가 있으니 온그린 된 것 같은데…."

"짧아서 숲 속으로 들어갔나? 아니면 길었나?"

"아뇨, 그린에 떨어지는 건 봤거든요."

"그린 맞고 굴러서 오버 되었을 수도 있어."

각자 흩어져서 여기저기 뒤지고 있었지만 찾지를 못했다.

"이상하네."

그녀는 아쉬운 표정으로 더 이상 찾기를 포기하고 그린 옆 헤즈드 티 박스로 걸어가고 있었다. 각자 자기 공 위치로 가다가 홀컵을 들여다봤는지 일행 중 한 명이 큰소리로 외쳤다.

"와! 여기 있다. 홀컵에 공이 있어. 홀인원이야! 홀인원!"

일행은 일제히 자기 볼은 팽개치고 빠른 걸음으로 다가가서 홀컵 속을 들여다보았다. 조금 전에 그려준 나비와 하트가 홀컵 속에서 방긋 웃고 있었다.

"홀인원이다."

"우와!"

동반자들은 그린 위에서 악수를 청하며 축하를 해주었다.

"이럴 수가…. 믿기지 않아…. Dreams come true!"

이구동성으로 마치 자기가 홀인원을 한 것처럼 기쁨을 감추지 못하고 들떠서 홀인원에 대한 이야기를 나누고 있었다. 그녀는 내가 그림을 그려준 것이 행운이었다고 나에게 홀인원의 영광을 돌렸다. 나도 마치 내가 홀인원한 것처럼 기쁘고 흥분되었다. 그녀가 캐디에게 팁을 듬뿍 주고 기념촬영과 저녁에 홀인원 기념 이벤트를 어떻게 할 것인지 이야기를 하면서 어쩔 줄 모르는 기쁨을 함께 나누고 있었다.

"와! 난 처음이야, 동반 플레이어가 홀인원 하는 것을 보는 게."

모두 그동안의 골프 인생을 이야기하면서 오늘 같은 기쁨을 함께하는 것이 처음이라고 했다. 기쁨을 차근차근 진정시키고 마지막 홀까-

지 감동의 순간을 계속 이야기하며 마무리 지었다. 물론, 그렇게 정교한 샷을 날리던 그녀는 홀인원 한 후로 샷은 망가지고 스코어는 더블보기 수준을 이어가고 있었지만 흥분된 마음을 끝까지 감추지 못하고 모든 상황에도 기분이 상하지 않았다.

홀컵 속의 볼을 보는 순간 가슴이 철렁했던 기억을 이야기하고 축하의 건배를 얼마나 했는지 그녀는 만취가 되었는지 약간씩 비틀거리고 있었다. 그래도 정신줄 놓지 않고 끝까지 노래방까지 함께 가서 목청이 터져라 축하의 노래를 불렀고, 다시 호텔로 돌아와 잔디광장의 정자에 둘러앉아 홀인원과 골프를 이야기하고 인생을 이야기하며 3차를 하면서 제주의 밤을 즐기고 있었다.

술잔을 기울인지 한참이 흘렀다. 그녀는 술에 취해 머리가 땅바닥에 닿을 것 같았다.
"그런데, 솔직히… 너무 좋긴 한데…."
"……."
일행은 침묵으로 그녀의 뒷말을 기다리고 있었다.
"홀인원한 거 아무한테도 말할 수가 없네"
"왜요?"
모두가 깜짝 놀라서 되물었다.
"사실은, 오늘 골프 치는 거 속이고 왔거든…. 말하면 안 되는 사람들이 있어. 남편과 회사…."

"아니, 왜 속이고 오셨데요?"

"……."

무슨 깊은 사연이 있는지는 계속 추궁식으로 물어볼 수도 없었고 고개를 땅바닥에 묻고 한숨을 푹푹 내쉬는 게 우리에게도 말을 할 수가 없는 상황인 것 같았다. 우리도 그녀가 기분을 상하지 않게 하기 위해 더 이상 묻지 않았다.

아무튼 그날 밤, 달빛과 별빛은 그녀에게로만 쏟아져 내리며 홀인원을 축하해주고 있었고, 멋진 그녀가 부럽다고 한껏 치켜세웠다. 옛 날이야기와 업무 이야기가 범벅되고 이번 사업은 걱정 말라는 그녀의 큰소리와 마트에서 사 온 술이 바닥을 보여갈 때 슬그머니 일어나 바닷가를 거닐었다.

내가 일어나면 그녀가 많이 취해 있어서, 일행들이 적당히 눈치를 채고 자리를 그만 정리할 줄 알았는데 엉덩이의 찬 기운이 가슴까지 올라올 때까지 이야기는 끝나지 않고 있었다. 바닷가를 거닐며 점점 멀어지는 일행의 대화 소리가 파도 소리로 바뀌어 갔고, 바닷가로만 조성된 산책길은 아련한 조명과 싱그러움을 한껏 내뿜는 나무들의 밤 인사에 운치가 넘쳐났다.

한참을 거닐고 홀인원의 행운과 이번 사업은 걱정 말라는 그녀의 말을 떠올리며 안도의 숨을 내쉬었다. 현관 앞 쪽에 다다라서 멀리 보이는 정자 쪽을 바라보니 아직도 일행들은 어떤 이야기 속에 파묻혀 있는지 조금의 미동도 없이 멈춰있어 조각작품 같아 보였다.

달빛 사이로 내려오는 별빛에 반사되어 부서지는 파도가 아름답고, 그 사이로 손짓하는 야자수들이 정겨웠고, 홀인원의 기쁨을 온몸으로 받아주고 함께 들어준 정자가 따뜻한 품 속 같았고 아름다운 꽃들도 기쁨의 인사를 나누고 있었다. 이제는 마음을 진정시켜 보려고 방으로 돌아왔다. 시간이 지나도 흥분된 마음이 좀처럼 진정되지 않았고, 벌러덩 누운 침대 위로 쏟아져 내리는 별빛의 축하 속삭임이 몽환적인 기분을 만들어 주었다.

홀인원…. 티샷을 날려 한 번에 홀컵에 쏙 넣는 행운. 골프를 칠 만큼 쳤으니 이젠 나도 한번 해보고 싶다!

제6장 그리움, 천붕지괴

나무는 가만있으려 하나 바람이 그치지 않고,
자식은 봉양하려 하나 부모는 기다려 주지 않는다

설렁탕 한 그릇 하세요

"자기 부모를 섬길 줄 모르는 사람과는 벗하지 말라. 왜냐하면 그는 인간의 첫걸음을 벗어났기 때문이다."

— 소크라테스

🪔 자식한테 쏟는 정성의 반의 반만 부모에게 관심을 가져도 효자 소리 듣는다는 말이 있다. 요즘은 한술 더 떠서 애완동물 돌보느라 부모를 찾아뵙지 못한다는 사연이나, 동물들에게는 지극정성인 사람들이 늙은 자기 부모는 홀대한다거나 돈 때문에 부모를 살해했다는 끔찍한 뉴스를 접할 때마다 세상이 어떻게 이렇게까지 변할 수가 있을까? 하고 혀를 내두르며 "에이, 설마 그렇게까지…." 선정적이고 자극적인 가짜 뉴스가 판을 치고 있으니 잘못된 뉴스겠지 하고 부정을 해보지만 사실이라는 것을 알게 되었을 때 소름이 돋으며 놀라움을 금치 못했다. 효도는 점점 과거의 관습이라고 생각하는 사람들이 늘어나고 있다고 하지만 그래도 해외여행이나 관광 또는

외식을 하는 자리에 부모님을 모시고 나오는 사람들이 많이 있고 그들을 흐뭇하게 바라다본 적이 여러 번 있었다.

어느 집이든지 부모는 자식들 얼굴을 바라보고 함께 하는 시간들이 더 좋으신 모양이다. 부모님 두 분만 해외여행을 보내드렸을 때 돌아와 하시던 말씀은 "좋았어"라고 말씀하시며 같이 갔으면 더 좋았을 텐데 하고 그후론 별다른 말씀을 안 하셨다. 하지만 부모님을 모시고 여름휴가를 함께 간 적이 있었는데 차 안은 좁고 숙소도 불편했는데 세월이 한참 지난 후까지 두고두고 말씀을 하시고 그때를 떠올리며 좋아하시는 모습을 지울 수가 없었다. 저렇게 좋아하시는데 자주 도시고 가야지 했는데 그후론 별다른 기회를 마련하지 못했다.

돌아가신지 꽤 오랜 세월이 흘렀는데도 잘해 드린 것보다 못 해드린 게 가끔씩 생각이 나고 후회하며 자책할 때도 많이 있었다. 부모님이 우회적으로 말씀하시는 것의 진의를 잘 파악했어야 했는데….

나 또한 전화로는 안부를 자주 물었지만 이런저런 일로 바쁘다는 핑계로 부모 집과 멀지 않은 곳에 살면서도 자주 찾아뵙지는 못했다. 멀다면 멀어서라고 하지만 운동 삼아 걸어서도 갈 수 있는 거리에 있었는데 자주 찾아뵙지 못했던 것은 내가 만나고 싶은 사람들이나 하고 싶은 어떤 일보다 부모님을 찾아뵙고 인사드리는 것이 순위에서 밀려 있었던 것 같았다. 그렇다 보니 한 달에 몇 번 정도 찾아뵐 때는 눈치를 보면서 송구스러운 마음이 가시질 않았었다.

  한가한 어느 날 휴일, 뒹굴거리고 있는데 와이프가 어머니, 아버지가 요즘 기력도 없어 보이시는데 설렁탕을 잘 드시니 외식시켜드리러 가자고 했다. 귀차니스트의 전형적이 자세로 누워 있다가 찾아뵌 지도 조금 된 것 같아서 외출 준비를 하면서 맛집을 검색했고 좀 멀지만 리뷰 후기가 좋고 고기가 부드럽다는 맛있는 설렁탕 집으로 갔다. 차를 타고 가시면서도 룸미러로 얼굴을 살펴보니 싱글벙글 오랜만의 외출에 기분이 좋으신 모양이다. 스쳐 지나가는 차창 풍경에 주름진 얼굴에 웃음꽃이 활짝 피셨다. 저렇게 좋아하시는데 자주 좀 모시고 외출할걸…. 반성하는 마음과 죄송함이 밀려 들어오고 앞으로 돌아가실 때까지 얼마나 더 찾아뵐 수 있을까? 생각을 하니 코끝이 찡했다.

  아버지께서는 고기가 정말로 부드러운지 맛있다고 잘 드셨다. 어머니는 고기를 슬쩍슬쩍 아버지 그릇으로 거의 옮기시고 국물만 드시는 것 같아서 한마디 했다. "참나, 엄마는 오로지 아버지만 챙겨? 그렇게 좋아? 아버지는 그만 챙기시고 엄마도 많이 드세요."

  어머니는 웃음을 보이시더니 "알았어. 많이 먹고 있다."

  그러게 말씀하시며 자식 표정을 읽고 눈치를 보시는 것 같기도 했다. 주름진 어머니 얼굴을 가까이서 보니 그동안 더 많이 늙으신 것 같았다. 격동의 일제시대와 한국전쟁을 살아오시면서 자식들 키우시느라 얼마나 고생을 하셨을까? 그리고, 넉넉지 못한 살림살이에 장손 며느리로서 얼마나 힘들게 마음고생 하시면서 살아오셨을까? 깊이 패인 주름 한 골 한 골에는 어머니의 한 맺힌 인생의 사연이 맺혀 있는 것 같았다.

  이런저런 이야기 속에 고기 한 점 입속에 넣고 잡숴 보시려고 우물거리다 여의치 않으신지 몰래 뱉어내시는 모습을 보게 되었다.
  바라보는 내 눈과 마주치자 웃으시며 "우리 아들이 사주어서 그런지 그기 정말 부드럽네…. 맛있다." 하셨다.
  어머니가 속이 불편하신가? 아님 이가 안 좋으신가? 언젠가 이가 안 좋다고 하셨던 말씀이 생각났다. 이가 나빠 못 먹겠다고 하면 자식들 앞에서 신경 쓰이게 이 타령 한다고 아버지가 핀잔을 주셨다. 그때마다 어머니는 잠시 치통이니 약 먹으면 괜찮으니 신경 쓰지 말라고 하셨다.

  어머니는 언제부턴가 자식들에게 신세를 지고 있다고 생각하고 계시는 것 같았다. 늙어서 왠지 당신이 자식들한테 짐스럽지 않으시려고…. 특히 돈에 관련된 일에는 자식 눈치를 보고 있었다. 늙으신 주름 사이로 웃음을 짓는 모습, 그 사이로 듬성듬성 썩어가는 것처럼 보이는 이를 보니 안쓰럽고 죄송한 생각이 들어 코끝이 찡하고 눈둘이 핑 돌았다. 어머니에게 속마음을 들킬까 봐 그릇 속에 머리를 묻고 그냥 숟가락질을 해댔다. 예전에 지나가는 말로 이에 대해 말씀하셨던 대화가 떠오르면서 성한 이로 고기를 씹고 있는 내 자신이 어머니 앞에서 죄송스럽고 얼굴이 후끈거렸다.

"틀니가 얼마나 불편한데, 틀니를 해? 니들 절대루 신경 쓰지 마라…. 앞으로 살면 얼마나 산다고 무슨 돈으로 이를 해? 한두 푼도 아니고 들어보니 8백은 든다던데…. 그 돈 내빌면서 비싸게? 아서라…. 신경 쓰지들 말어. 그냥 있는 이로 대충 씹을 수 있으니 그렇게 먹고 살다가 죽으면 되지…."

어머니의 이 말씀을 "니들한테 미안한데 틀니 하고 싶다…. 내가 살면 얼마나 더 살겠다고…. 쑤시고 아픈데…. 다 빼고… 틀니를 해서 맛있는 음식이라도 먹다가 죽어야 하지 않겠니?"로 새겨듣지 못했을까?

돌아오는 차 안에서 "경로당 할멈들이 그러는데 근처에 야매로 이빨하는 사람이 있는데 3백이면 한다는데…." 하고 말끝을 흐리는 어머니의 속마음을 듣고 나서 내 마음을 들킨 불효자가 된 느낌이었다. 차에서 내려 절뚝거리며 들어 가시는 어머니의 뒷모습에 만감이 교차하고 있었다.

주름진 얼굴에 이를 우물거리시는 어머니의 모습이 자꾸만 어른거렸고, 돈을 왜 그런데 쓰냐고 여러 번 거부를 하셨던 어머니를 겨우 설득해서 치과로 모시고 갔다. 그 후로는 고기도 잘 잡수시고, 외식도 시켜드리면 어린아이처럼 너무 좋아하셨다. 그렇게 좋아하시는데 잘 살피지 못하고 그때까지 음식을 제대로 드시지 못했다고 생각하니 돌아가신 후에도 그때의 일이 계속 마음속을 헤집고 다녔다.

돌아가시기 전, 침침한 방에 앉아 자식들 눈치 보고, 자식들에게 짐이 되지나 않을까 하고 하셨던 여러 가지 말씀들을 생각해보니 마음속으로 얼마나 서러운 눈물을 흘리고 계셨을까? 그런 마음을 헤아리지 못했다고 생각하니 안타깝고 측은하고 죄스러운 마음에 눈시울이 뜨거워졌다.

우리 애들이 이가 아팠다면 내가 이렇게 했을까? 빚을 내서라도 해줬겠지. 내가 무엇 때문에 돈을 벌고, 한두 푼 모아 어디에 쓰려고 이렇게 살아가고 있을까? 어머니에게 맛있는 음식을 잡숫도록 해드리지도 못하면서 돈을 아껴 그보다 더 잘 쓸 곳은 어디인가? 정말 불효하는 것 같았다. 이렇게 살아가면 안 되는데…. 그러던 어느 날 갑자기, 어머니께서 이를 하지 못하고 맛있는 음식도 드시지 못하시다가 돌아가시면 나는 얼마나 죄스러운 마음을 안고 살아가야 했을까?

누구도 어머니처럼 늙어가는 게 당연한데, 영원히 이 순간으로 머무를 수 없는데…. 세월이 흘러 노인이 됐을 때 이가 안 좋아 자식에게 "그냥 살다 죽지 뭐 비싼 돈 들여서 이를 하냐? 신경 쓰지들 말아…." 했을 때 자식이 모른 체한다면 어떻게 키웠는데 죽일 놈들…. 하면서 얼마나 서운한 마음이 들까?

잠들어 있는 아이들…. 나는 어머님의 자식이면서 아이들의 부모인데 그 당시 어머니 마음을 헤아려 기쁘게 해드리지도 못하고, 설렁탕한 그릇 맛있게 드실 수 있도록 신경 쓰지 못한 나 자신의 젊은 시절 그때의 내가 부끄러웠다.

인생은 소풍 길

어버이 살아신제
섬 기릴 다하여라
지나간 후면 애 닲다 어이하리
평생에 고쳐 못할 일
이뿐인가 하노라

1. 아버지의 영면

부모님을 여읜다는 건 세상에서 자기를 가장 믿어주는 사람과 영원한 이별을 하는 것이다. 아버지란 존재는 늘 엄하고, 말씀이 없으니 분위기가 무겁고 가까이 다가가면 뭔가 불편한 그런 분이셨다. 어머니는 편한 만큼 시시콜콜 모든 것을 털어놓으며 아버지에게는 비밀이라고 말하곤 했다. 하지만 두 분이 그 비밀을 지킬 것이라는 생각보다는 내가 아버지에게 말하기가 껄끄러우니 엄마가 대신해달라는 당부랑 마찬가지였다. 지금까지 살아오면서 나도 이젠 그런 아버지가 되었고 내 아이들도 그렇게 생각할 것이라는 내 삶에 투영하여 결론을 짓는다. 아버지는 그 자체만으로 내 인생에 다른 듯 같은 모습으로 존재해 계셨다.

아버지 삶의 마지막 날인 이 세상과 작별을 하는 시간이 다가오고 있었다. 내 삶이 다하는 날까지 아버지가 그리워서 아무리 목놓아 불러봐도 다시는 대답이 없고 다시는 볼 수 없는 하늘나라로 영원히 떠나실 채비를 하고 계셨다.

돌아가시기 전 여름, 아버지께서 음식을 드시면 자꾸 구토를 하셨다. 익히 건강하게 80 평생을 살아오셨기에 시간이 지나면 낫겠지 하고 생각했었고 가족 모두는 아버지 위에 염증이 생겼나? 하고 대수롭게 생각하지는 않았다. 계속 반복되기에 정밀 진찰을 받아본 결과 위암 3기라는 청천벽력 같은 선고를 받았다. 이 사실을 과연 어떻게 할까? 형제들과 의논하여 당분간 부모님께는 비밀로 하기로 했다. 의사와 상의한 끝에 위에서 십이지장으로 내려가는 통로가 협착해졌으니 임시방편이라도 스텐트를 넣어 확장하자는 결론을 내렸다. 아버지께는 위내시경을 해야 한다고 말씀드렸다. 또한 곧 좋아질 거라고 위로하면서 선의의 거짓말을 했다. 간단한 시술 후 아버지는 죽과 음식을 조금씩 드시기 시작했고 곧 나아질 것이라는 희망을 가지고 편안한 마음으로 더욱 약도 잘 드셨다. 아버지를 지켜보는 마음은 찢어질

듯 아팠으나 말씀을 드리는 것보다는 모르고 조금이라도 더 편히 사시길 기대했다.

　최근 몇 해 동안은 아버지 생신에 가족들이 모여 외식을 했었는데, 금년 생신이 마지막일 것 같아 의논한 끝에 집에서 손수 차려드리기로 했다. 차려놓은 생신상 앞에서 젓가락을 들었으나 입맛이 없으신지 드시지도 못하는 모습을 보면서 마음이 많이 아팠다. 그런 후 며칠 간은 호전을 보이시는 듯하더니 추석쯤 급격히 안 좋아지셨다. 금년 추석은 아버지가 편찮으시니 차례를 지내지 말고 부모님 집에 가족들 모두가 모여 아버지의 쾌차를 빌어 드리자고 했다. 추석 때는 멀리 사시는 작은아버지들도 찾아와서 인사를 드리니 기분이 좋으셨는지 금방이라도 일어날 것 같다고 하셨다. 하지만 그것도 잠깐, 시간이 지날수록 병세는 악화 되어가고 있었다. 입, 퇴원을 여러 차례 반복하면서 왜 좋아지지 않느냐고 말씀하시기에 치료해도 더 이상 나을 수 없는 상태라고 어렵게 말씀을 드렸다. 간으로 전이 된 것을 확인하였고 얼마 남지 않았다는 의사의 진단을 마지막으로 받은 다음에 어렵게 말씀드렸다. 아버지는 놀라는 기색 없고 아무 말씀도 없이 그저 받아들이시고 떠날 준비를 하시는 것처럼 보였다. 가족들이 돌아가면서 병상을 지켰고 더 이상 가망이 없으신 상태이기 때문에 10여 년간 다니던 병원에서 10여 일간 마지막 병상에 계시다가 퇴원을 하여 집에 머무르고 계셨다. 집으로 모신 후 3일 정도 상태를 보아가면서 가능한 집에서 아버지께서 모든 것을 정리하기를 희망하였다. 심한 가래와 호흡을 매우 불편해하셨고 더 이상 견디기가 힘드셨는지 병원으로 데려가 달라고 하셨다. 응급차를 불러 아버지를 집에서 가장 가까운 요양병원으로 모시고 가기로 했다. 아버지는 병원으로 가시면서도 다시 돌아오실 것처럼 지갑과 집 열쇠를 챙기셨고 그것을 바라보고 있던 나는 눈물을 글썽이며 부축해 드리고 있었다.

요양병원에는 거의 가망이 없으신 환자들이 마지막으로 가족들과 이별 준비를 하고 있었다. 아버지를 모시고 침상에 누우시니 제일 먼저 산소호흡기를 물리고 가래를 빼냈다. 고통스러웠는지 더욱 몸부림까지 치셨고 그렁그렁하던 가래는 다소 수그러진 것처럼 보였다. 저녁 늦게 보호자가 있을 곳이 없어 아버지께 인사를 올리고 나오는 발걸음은 무겁기만 하다. 거의 뜬눈으로 밤을 지새우고 다음 날 아침 일찍 병원을 찾았다. 어제보다 기력이 더 없어 보이고 눈을 계속 감고 계신다. 아버지께 여러 가지 말도 시키고 눈을 떠보라고 하시면 의식은 있으셔서 눈을 뜨려는지 눈까풀이 파르르 떨리는 듯했다.

오전 의사와 면담시간에 의사가 요청했던 환자동의서를 아버지의 평소 유언대로 3가지 모두를 거부했다. 첫째, 가래를 빼내기 위해 기관지를 절개하지 않는다. 둘째, 코로 영양분을 공급하지 않는다. 셋째, 혈압상승약을 주사로 투입하지 않는다. 동의서에 사인을 하고 나오는데 눈물이 핑 돌았다. 아버지께 할 수 있는 마지막 일은 편안히 임종하시기를 기다리는 수밖에 없었다. 시간이 흐를수록 상황이 급속히 안 좋아지고 있다는 것을 알 수 있었다. 점심 후, 우선 장례식장을 알아봐야 할 것 같았다. 인근에 있는 대학병원 장례식장을 돌아보고 구두 계약을 하고 돌아오는데 아버지가 점점 안 좋아진다는 연락이 왔다. 오전까지만 해도 맥박이 90을 유지하고 계셨었는데 자식들이 모두 도착한 2시를 넘기자 서서히 낮아지고 있었다. 의식이 없으신지 자꾸 말을 시켜도 대답이 없으시다. 90, 80…. 떨어지는 시간이 계속 빨라지고 있었고 아버지는 긴 숨을 내쉬면서 가끔씩 눈가에는 눈물이 흘러내렸다. 떠나야 할 시간이 점점 가까이 다가오는 것을 알 수 있었다. 오후 5시쯤 맥박수가 70대로 떨어지니 간호사가 마지막으로 뵐 분들께 모두 연락하라고 했다. 상황이 급박하게 돌아가고 있었다. 하지만 가족들이 도착하기도 전에 맥박수가 급격히 떨어지고 아버지는 긴 숨을 여러 차례 내쉬고 계셨다. 상황을 파악한 간호사가 다른 침대와 칸막이를 쳤다. 시간이 다 됐으니 준비하라는 신호다. 그때부터는 아버지를 흔들고 불러봐도 아버지는 아무 대답이 없으시다. 아버지께 한 번만 눈을 떠보시라고 애절하게 불러봐도 조용히 긴 숨만 내쉰다. 5시 30분경 아버지께서는 마지막으로 긴 숨을 몰아쉬고 편안한 얼굴로 조용히 호흡을 멈추셨다…. 그후 호흡은 없으시고 맥박은 30을 2분 정도 유지하시더니 다시는 돌아오지 못할 하늘나라로 영원히 떠나셨다.

 모인 형제들은 병원이 떠나가도록 아버지를 부르며 통곡을 하고 울어보았지만 아버지는 편안한 얼굴로 영원히 잠이 드셨다.

아버지는 가난한 농민의 집에서 장남으로 태어났고 4명의 동생을 두고 계셨다. 불행히도 둘째 동생과 셋째 동생을 먼저 보냈으며, 가난한 죄로 교육다운 교육도 제대로 받아보지 못하시고 일제시대, 한국전쟁의 아픈 한국사와 함께 세상을 살아가셨다. 일제시대에는 징용을 끌려가실 뻔하셨는데 일찍 결혼을 해서 피할 수 있었고, 아들을 둘이나 낳은 후에야 미군부대에서 헌병으로 병역을 마치셨다.

가난을 떨치려 논 몇 마지기 파신 돈으로 서울로 올라오셔서 브돌 공장을 하셨다. 많은 돈도 벌어보았고, 앵두나무 과수원 땅을 사서 그럴듯한 집도 짓고 사셨다. 그러다가 이런저런 안 좋은 일들이 생기고, 사업이 점점 힘들어지면서 끝내는 빚쟁이에게 집을 내주고 셋방살이로 쫓겨나 중년을 보내셨다.

그 험한 막노동일도 서슴지 않고 하셨고, 친하게 지내던 이웃집 형님이 자신이 소유하고 있는 홍성 과수원에서 3년간 관리를 해주면 지금 지고 있는 빚을 청산해준다는 조건으로 시골로 내려가셨다가 약속을 마무리하고 올라와 돌아가시기 전까지 아파트 생활을 하셨다.

저녁 늦게 장례식장이 마련 되어서 준비가 되기도 전부터 손님들이 많이 찾아왔다. 아버지께서는 찾아올 손님들이나 자식들에게 부담을 주지 않으시려고 금요일, 그것도 퇴근 시간 무렵에 돌아가셨나 보다. 시간이 지날수록 늘어나는 조화가 계속해서 영전에 놓였고 사진 속 아버지는 국화 향과 만수 향 그리고 찬불가가 조용히 울려 퍼지는 곳에서 조용히 우리들을 지켜보고 계셨다. 상조회 도우미 말이 일반적으로 늦게 돌아가셨기 때문에 당일에는 많은 손님이 오시지 않을 것이므로 음식 등 준비를 조금 하겠다고 했는데 예상외로 조문객이 많이 왔다고 정신없이 했다. 계속해서 조문을 받다가 새벽 2시쯤이 되니 왁자지껄했던 자리가 대부분 비워지고 조용해졌다. 조문객들은 85세까지 장수하신 아버지의 영면을 큰 애통함보다는, 위암으로 큰 고생 하시지 않고 고통 없이 돌아가신 아버지의 명복을 빌어 드리고 있었다. 다음날 오후에 입관식이 거행되었다. 당신이 손수 마련해 놓았던 수의를 입히셨고, 왕족에게 거행했다던 가장 높은 수준의 염으로 아버지를 모셨다. 아버지는 어느 누구보다 얼굴이 평온했으며 일반 환자들이 겪는 고통을 크게 겪지 않아서 모든 상태가 좋다고 하셨다. 1시간 30분가량 진행된 입관식에서 아버지의 마지막 모습을 뵈면서 인사를 나누었으며 편히 잠드신 얼굴을 어루만져 드렸다. 마지막으로 관을 덮기 전에 국화꽃을 함께 가득 넣어드렸고 아버지 당신이 살아생전 이렇게 편안한 잠자리를 모시지 못했으니 이제라도 마지막 떠나시는 길 꽃향기 그윽한 곳에서 편히 잠드시라고 빌어드렸다.

가장 넓은 곳인 특실로 자리를 마련했는데도 식장 안이 조문객으로 꽉 찼으며 다행히 밖에도 넓은 공간이 마련되어있어 기다리거나 자리가 없어서 불편해하는 상태가 아님을 무척 다행스럽게 생각했다. 발인 날 새벽 5시. 잠깐 눈을 붙이고 일어나 상조회에서 마련한 대로 온 가족이 모두 모여 마지막으로 발인제를 올렸다. 이제는 떠날 시간이다. 아버지를 영구차로 친구들이 운구했고 아버지와 영정을 모신 리무진과 가족 친척 친구들을 태운 버스는 서서히 선영으로 떠났다. 달리는 버스 속에서 아버지의 일생을 그려보았고 도착한 곳에는 비가 제법 내리고 있었다. 하관 시간을 맞추기 위해 적당한 속력으로 달렸고 두어 번의 휴식을 가졌다. 리무진이 갈 수 있는 곳까지 들어간 흐운구 절차에 따라 아버지를 생전에 당신 손으로 가묘 해놓았던 곳으로 모셨고 마지막 인사, 간단한 제례를 치렀다. 야속하게도 비가 계속해서 너무 많이 내린다. 빗속에서 치러지는 장례식…. 비통한 마음을 길게 전할 길도 없이 모든 가족이 취트와 극락왕생을 빌어 드리며 아버지의 하관을 보면서 자손들의 마지막 통곡 소리가 온산에 울려 퍼졌다. 잠시 후 마음을 추스르고 나니 포크레인 소리와 함께 한참 후 봉분이 올려졌고 내리는 빗속에서 마지막으로 제를 올렸다. 아버지 당신은 마지막 순간까지 자식들에게 검소하지만 누추하지 않은 절제와 미덕 그리고 배려심을 일깨워 주시고 떠나셨습니다. "아버지께서 살아생전 마련해 놓으신 집에서 편히 쉬세요." 모든 걸 마치고 돌아오려는데 개구리가 봉분 주위에서 뛰어다니며 아버지를 반기는 개구리처럼 보였다. 멀어져가는 아버지 산소를 보면서 버스로 돌아오는데 만감이 교차한다. 아버지의 그늘과 사랑은 세월이 흐르면서 더욱 선명하게 나타나겠지….

　아버지 편히 잠드소서….

2. 어머니의 영면

"엄마, 아버지가 아시면 역정을 내실 테니 절대 말하면 안 돼?"

자식들마다 엄마에게 이런 당부를 하면서 별소리를 다 털어놓는다. 엄마는 상처를 받아도 금방 삭히실 것 같고 이해심이 바다와 같이 넓어서 우리는 그렇게 말을 했던 것일까?

이 세상에서 가장 슬픈 일은 부모님과 영원히 작별을 하는 것이지만 그중에서도 어머니와 작별은 더욱 슬프다. 마음의 준비는 늘 하고 있었다지만 막상 위독하다는 전화를 받고 나니 하늘이 무너지는 것 같았다. 옆에서 임종을 지키고 있을 때도 아니고 본사에서 손님이 방한하여 바쁜 일정을 보내고 저녁을 먹고 있을 때 전화를 받았다. 울먹이는 와이프의 목소리 "어머니 상태가 위독하신 거 같아, 빨리 와봐요." 정신이 아득했다. 상태가 좋지 않다는 요양원 측의 설명을 들은 지 오래되지 않았지만 막상 위독하시다는 연락을 받고 나니 눈물이 핑 돌았다.

식사 중에 술을 한잔해서 대리 운전을 하고 가면서 어머니가 평소에 말씀하신 한 많다던 인생이 이렇게 마무리 되는구나 하는 생각이 들었다.

은진송씨, 일제강점기 때 위안부에 끌려가는 것을 피하기 위해 16살 때 아버지와 결혼을 하셨다. 제법 살만했던 가정에서 태어났으나 빈농의 큰아들과 결혼하시면서 손에 물이 마르지 않고, 허리를 펴보지 못하는 농촌의 가난하고 고된 시집생활을 하셨다. 저녁때만 되면 유성장터 친정집 쪽을 바라보면서 어린 나이에 얼마나 부모가 보고 싶었는지 그리움에 한없이 눈물을 흘리셨다. 혹독했던 일제강점기와 불행한 한국전쟁을 겪으신 후 서울로 이사를 해서 한때는 제법 살만한 듯했으나 가세가 기울면서 살던 집을 쫓겨나 삼각산 기도원과 과수원집, 하천 부지 옆집, 낡고 허술한 슬레이트 집 등 평창동과 구기동 일대에서 셋방살이를 전전하셨다. 앵두밭 땅을 사서 짓고 살던 집에서 쫓겨나와 기도원으로 셋방살이를 가실 때의 눈물, 끼니가 없어서 자식들 도시락조차 못 싸주시면서 흘리던 눈물, 큰 물난리를 만나 살림살이를 다 버리고 망연자실하며 흘리시던 눈물, 고명딸의 고통사고로 흘리시던 눈물, 아버지와 싸우면서 욕 듣고 어두운 부엌에 쪼그리고 앉아 흘리시던 눈물, 과수원집에 셋방 살며 닥치는 대로 남의 집 허드렛일로 힘에 겨워 허리를 두드리며 흘리시던 눈물, 가난을 벗고자 남의 집 머슴살이와 같은 수준의 길을 택해 시골로 내려가시면서 흘리시던 눈물, 부모의 마음을 모르는 자식들이 속 썩일 때마다 속상해서 흘리시던 눈물, 60년 이상을 함께 사시다가 아버지를 먼저 떠나보내시면서 회한의 인생을 생각하며 흘리셨던 눈물, 요양원에 들어가시는 것이 죽기보다 싫어하셨지만 어쩔 수 없이 들어가실 때의 눈물…. 별세하시기 전까지 흘리셨던 어머니의 눈물 방울방울에는 한 많고 서러운 인생이 하나하나 배어 빗물이 되어 흘러내렸을 것이다.

요양원에 도착하기도 전에 다시 연락을 받았다. "어머니 조금 전에 운명하셨어요." 요양원에서 어머니의 시신을 부둥켜안고 한동안 통곡을 하였다. 불쌍하게 사시다가 자식들 효도 한 번 제대로 받지 못하고 아무도 지켜보지 못하는 상태에서 저녁 미음까지 드시고 조용히 세상을 떠나가신 어머니.

　장례식장을 잡다 보니 6년 전 돌아가신 아버지의 장례식장과 동일한 장소에 동일한 호수였다. 이것도 마지막 부부의 인연일까? 하고 우연치고도 너무나 희한하다는 생각을 하였다. 어머니의 마지막 모습은 가난하고 힘들고 고달픈 인생을 살아오셨지만 너무 편안하게 잠드신 모습을 보면서 아직도 따듯할 것만 같은 어머니 얼굴을 부비며 영원한 작별의 눈물을 한없이 흘렸다. 어머니 이젠 걱정없는 저 세상에서 편히 쉬세요….

　비가 내린다. 아버지 때도 그랬다. 장례식장에 가득 채워지는 조화와 어머니 영정을 휘돌아가는 그윽한 국화 향기는 제법 내리는 비에도 많은 문상객들이 어머니의 명복을 빌어주었고, 밤을 새우며 다음 날 아침까지 친구는 함께 있었다.

　발인제를 마치고 선영으로 영구차가 움직인다. 고속도로를 달려가는 동안에도 비가 계속해서 내리고 있었다. 어머니의 슬픈 마음을 표현해주는 눈물 같은 비 같았다. 다행히 장지에 도착해서는 비가 멎었고 운구와 하관식, 그리고 어머니 유택을 마련하는데는 지장이 없었다. 산소가 완성되고 어머니께 제를 올린다. 영원히 잠드신 마지막 모습, 해외여행을 다녀오시며 기뻐하시던 모습, 자식들과 손자들의 이런저런 기쁜 소식에 흐뭇하게 웃으시던 모습, 한 자식이 속 썩여 아파트를 떠나시면서 한없이 우시던 모습, 생전에 한 번이라도 더 찾아뵙고 조금더 잘해드리지 못한 후회, 어머니와 함께했던 희로애락의 세월이 스쳐 지나가면서 울컥하는 마음에 한없이 안타까운 눈물을 흘렸다.

어머니를 모시는데 빗방울이 다시 떨어진다. 아버지를 모실 때와 비슷한 풍경으로 산 사람들은 비와 찬기를 피해 포장친 곳으로 들어가 따뜻한 국물에 식사를 하면서 고인을 추모하고 일상의 대화를 나누고 있었다. 어머니만 산소에 모셨고 다른 것은 변한 게 없다. 누구나 인생의 무대에 잠시 연기를 펼치다가 떠나는 것이 삶인 것을, 짧지만 어머니가 행복해하는 모습을 많이 만들어 드리지 못했던 게 아쉽고 불효를 저지른 것 같은 마음이 아팠다. 돌아오는 길 차창 밖. 피곤에 지쳐 잠속에 빠져들 것 같은데도 멀쩡하다. 스쳐 지나가는 마지막 단풍잎들과 수많은 차량 행렬 그리고 그 속에서 웃고, 울고, 싸우고, 감동하고, 증오하다가도 사랑하며 살아가는 사람들. 중년에 접어든 나이기에 어머니를 여의고 슬픈 마음을 조금이나마 빨리 가눌 수 있는 것은 내 나이도 벌써 삶을 알고 죽음도 받아들일 수 있는 자연스러운 나이가 된 걸까? 어머니의 영정 속에 오버랩되어 함께했던 짧은 인생의 파노라마가 펼쳐 지나간다.

어머니, 부르다가 지쳐 쓰러져도 다시 불러 보고 싶은 이름 어머니…. 극락왕생하소서.

마음이 머물던 순간들

제7장 남을 도울 수 있는 행복

당신이 오늘 베푼 선행은 내일이면 사람들에게 잊힐 것이다.
그래도 선행을 베풀어라.

아름다운 메아리

"가난한 사람들에 대한 사랑으로 자신을 발견하십시오."

– 마더 테레사

아름다운 메아리는 조그만 봉사 모임이다. 80년대 코미디프로 중 "골뱅이 하나 추가요!"로 유행어를 만들었던 개그맨 정명재가 회장을 맡고 있고, 다양한 인연으로 함께하는 회원들이 하나둘씩 모여 어려운 이웃을 위해 봉사를 해보자고 결성한 모임이다.

17년 전인가? 오래전 어느 날, 아마도 공휴일이었을 것이다. 집앞에 조그만 라이브 호프집이 있었는데, 저녁의 무료함을 달래기 위해 그곳으로 갔다. 복층 구조로 되어있는 아담한 호프집이었는데, 2층으로 올라가면 아래층 무대에서 라이브로 연주하는 것이 잘 내려다보이고, 그곳에 앉아서 담소를 즐기면 생맥주 한잔을 하고 있었다.

한참을 이야기하고 있다가 무대 쪽을 내려다보니, 4~5명이 악기를 들고 우르르 들어오더니 무대 앞쪽에서 주인과 뭔가를 이야기하고 있었다. 한참 후, 그중에 한 명이 우리 자리 쪽으로 올라왔다. "죄송한데, 조금 전에 근처 군부대 위문 공연을 마치고 돌아와서 이곳에서 맥주나 한잔할까 들렸습니다. 그런데, 주인께서 손님들을 위해 연주 좀 해주시면 모두 좋아할 것 같다고 하시는데, 불편하지 않을지 해서요?" 총무라고 하는 사람이 격식을 차리고 물어보는데, 싫어할 이유도 없었고, 사실은 라이브로 바로 눈앞에서 연주를 공짜로 들을 수 있다는데 좋은 기회가 아닐까? 싶어 "괜찮습니다. 오히려 기대가 되는데요."

총무는 감사의 인사를 하고 무대 쪽으로 내려갔다.

마이크 테스트와 음향을 점검하는 준비가 끝났는지, 누군가 무대 마이크를 잡고 연주를 하게 된 동기를 이야기하였다. 그날, 인근 신병교육대 위문 공연을 다녀왔다고 말하면서 수고한 사람들과 술 한잔 하러 왔는데, 사장님께서 어려운 걸음 해주셨으니 손님들께 연주를 해달라고 간곡한 부탁으로 이 자리에 섰다고 말했다. 괜찮겠지요? 술집에 자리하고 있던 손님들은 박수를 치면서 환영을 하였다.

그런데…. 말하는 목소리와 얼굴을 자세히 보니, 젊은 시절 TV에서 많이 봤던 낯익은 얼굴과 목소리였다. 누구더라? 한참을 생각하고 있는데 주위에서 최양락, 엄용수 이름이 나오고 '네로 25시' 어쩌고저쩌고 떠드는 소리를 귀동냥해서 듣고 나니 "아! 그분" 술 취한 연기했던 사람이구나 하고 생각이 났다. 그 시절 정치 풍자를 통해 잘못 돌아가는 정치판을 신랄하게 비판해 온 국민들을 속 시원하게 대리 만족을 느끼게 했던 코미디 프로 중 하나였다. 다들 간신과 아부들만 있는 신하들 사이에서 네로 황제에게 바른말 잘하는 충신이었으나 인정받지 못해 끌려나갔다가 한참 후 술이 잔뜩 취해 다시 등장하여 촌철살인을 내뱉었던 개그맨이고 취객 연기의 일인자 그분이었다. 그리고 '인생스케치'라는 코너에서 혼자 그림을 그리며 생각이 잠기면 그림 속 사람이나 물건이 튀어나와 웃음을 주었던 획기적인 일인 개그코너를 하기도 했었다. 간단히 몇 마디 하는 것 같은데, 손님들을 박장대소하게 만드는 재주꾼, 말주변이 역시 장난이 아니었다. 반갑기도 하고 호기심에 신기하기도 했다.

통기타 가수의 7080 익숙한 노랫소리를 따라 부르면서 시간 가는 줄 모르게 흥을 돋우었고, 마지막에는 인간문화재라고 소개받으신 분이 난생 처음 들어보는 대금 연주를 하는데 심금을 울리고 영혼이 빨려 들어가는 듯했다. 뭔가 가슴속 깊은 곳에서 민족의 한과 울분을 솟아오르게 하는 마력이 있는 대금소리였다. 한참 동안 생맥주를 기울이면서 흥겨운 시간을 보냈고 작은 음악회를 마무리를 한 후 여운을 즐기고 있는데, 개그맨이신 그분이 우리 자리로 올라왔다.

"부르셨어요?" 그분이 묻는데 우리는 당황해서,
"아니요, 안 불렀는데요."
"아까부터 눈빛으로 불렀잖아요. 안녕하세요? 개그맨 정명재입니다."
인사를 하기에

"어! 네, 제가, 그 시절 가슴 후련하게 만들어 주셨던 분이라 기억하고 있고 열혈 팬이었습니다"

"연세가 있으시네요. 그 프로 기억하시는 걸 보니…. 감사합니다…. 그런데, 세 분은 어떤 사이세요? 삼각관계?"

"아니요, 와이프와 처형입니다."

"그럼 잠시 합석해도 될까요?"

"괜찮습니다." 자연스럽게 합석을 했고,

"처형은 이혼했는지, 바람 맞았는지, 왜 혼자세요?"

"돌싱이면 혹시 저는 어떠신지…. 처형이 처제 같이 젊어 보이세요. 누가 70대로 보겠어요?"

"와이프가 참 착하게 생기셔서 어리숙한 게 남편분이 고생깨나 하시겠네요?" "주인장. 여기 발렌타인 30년산 올려보내주세요, 제가 쏘겠습니다."

"아시겠지만 이곳에서는 발렌타인을 시키면 발렌타인 빈 병에 소주를 채워 가지고 올라올 겁니다."

"그리고, 향기나는 생맥주 네 잔 추가요."

남의 생맥주를 벌컥벌컥 들이켜며 혼자 묻고 혼자 답하거나 즉흥적으로 이런저런 내뱉는 말에 정말로 재치가 있었고 배꼽 빠지도록 웃었다.

이야기 중 눈물이 나도록 재미 있었던 방송 시절 에피소드를 쏟아냈고, 한참을 이야기한 후, 보기엔 남을 배려하고 봉사에 관심이 많은 사람들로 보이니, 자기들 모임에 가입하라고 했다.

"재주가 없어서요…. 회원님들처럼 악기도 못 다루고 봉사할 것이 없습니다." "아닙니다, 생맥주 잘 마시는 걸 보니 봉사 모임에 참여하면 주전급 봉사자가 될 수 있습니다. 길거리 캐스팅을 안 하는 모임이지만 세 분 모습이 이뻐 보여서요…."

"……."

"주전자로 물을 나르고, 빨래, 설거지, 화장실 청소 등 다양하게 할 일이 많으니 참여해 보세요. 주인을 못 만나서 울고 싶어라 하고 있는 주전자가 당신들을 기다리실 겁니다."

"가입 서류도 간단합니다. 안기부 신원조회, 최종학교 졸업증명서, 성적증명서, 가족관계증명서, 신체검사서와 회비를 밀리면 안 되니까 최근 3년간 소득증명서 등 매우 간단하죠?"

한바탕 웃고 나서, "네, 불러주시면 기회를 봐서 참여해 보겠습니다."

그렇게 우연한 만남이 인연이 되어 엄격한(?) 면접을 통과하여 모임을 가입하게 되었고, 다양한 분야에 종사하는 사람들과 함께 모임의 주전자 급으로서 봉사 활동을 하게 되었다. 나와는 전혀 다른 분야에서 살아왔고, 앞으로도 각자 인생을 다른 무늬로 살아갈 것이기 때문에 이런 모임이 아니면 만나볼 수 없었던 사람들이 대부분이다.

회원들 중에 몇 분을 소개하면, 국가무형문화재 대금정악 이수자 분이 계시는데, 생맥줏집에서 대금소리를 처음 들었을 때 대금이 뭔지 몰라 호기심에 찾아보기까지 하였다. 삼국사기나 삼국유사에 나오는 만파식적을 대금이었을 것이라고 하고 중금, 소금과 함께 '신라삼죽'으로 소개된 대금은 대한민국 전통 관악기라는 정도로 얕은 지식만 있고 일반인이 쉽게 접하기 어려운 악기인 것 같다. 그렇게 어렵다는 대금소리를 이런저런 기회 때 라이브로 생동감 있게 듣다가 어느 순간 맘속으로 파고드는 선율에 매료되어 어딜 가든지 자랑하고 다녔다. 특히, 불우이웃돕기 행사에서는 특별히 그런 분들이 알아들을 수 있는 흘러간 가요를 연주해 주시고 흥에 겨워 박수 치는 장애인들이나 노인 시설에 계신 분들을 보면서 가슴이 뭉클해지는 순간이 감동스러웠다.

설레발을 잘 푼다고 호를 설파로 지었다는 회원은 공기업 본부장을 지냈다. 워낙 다재다능한 데다가 노래나 역사에 얽힌 뒷담화를 풀어낼 때는 회원들이 이야기 속에 빠져들어 정숙해지고 침을 꼴깍, 귀를 쫑긋하며 몰입을 하게 된다.

누군가 지루하고 재미없는 얘기를 하면 한마디 툭 던진다.
"시발노마 족가지마."
순간 조용해지고 욕설은 들은 사람이 기분 좋을 리 없다.
"욕이 아니구 시발노마, 경주마처럼 열심히 일하는 근면성과 남들에게 베풀 줄 아는 인품을 가졌다는 뜻이여" 그리고 "족가지마, 만족을 더 하여 깨달음이 보인다는 뜻으로 작은 것에도 만족할 줄 아는 미덕을 의미하는 것이여." 지루함이 가시고 한바탕 웃고 떠드는 분위기로 순식간에 변하게 만드는 재주를 가지고 있다.

가수도 있는데, 예전 SUV차량에는 CD플레이어가 장착되어 있어 다양한 노래를 듣곤 했었다. 그중에 김종환의 「백 년의 약속」이라는 노래를 실금을 울리도록 잘 부른 이름 모를 가수 CD가 있어서 종종 듣곤 했었다. "누군지 노래 진짜 잘하네" 했었는데 그 주인공이 회장님과 친분이 있어 우리 모임에 나오게 되었다. 다양한 방송 활동을 하고 있었고 가장 인상 깊었던 방송은 MBN 보이스퀸 경연대회에 참가하여 김경호의 「나를 슬프게 하는 사람들」을 불러 당시 심사를 했던 락의 신 김경호를 울리고 자신의 노래를 완벽하게 부른 것에 대한 존경의 심사평을 받았다. 방송을 보면서 찡한 마음이 아직도 생생하고 가끔 유튜브를 통해 들으며 그때의 가슴 벅찬 감동을 느껴보곤 한다. 한번은 강화도로 야유회를 가서 회원들끼리 노래 자랑을 하면서 신나게 놀고 있었다. 회원들이 꼭 불러 달라고 신청한 「나를 슬프게 하는 사람들」을 부르는데 노래를 듣기 위해 놀러 온 사람들이 빼곡히 모였고 앵콜을 연발하는 진풍경이 연출되었다.

　나보다 나이도 어린데 한동안 형님 행세를 해서 깍듯이 모셨고 재치와 유머가 넘쳐나는 민속주점대표, 회사 임원, 화가, 서예가, 가수, 자영업 사장, 색소폰 연주가, 클래식 기타리스트, 인테리어 대표 등 다양한 직업과 재능을 가진 분들과 봉사하는 시간은 삶에 진정한 보람을 주는 시간이다.

　장애인시설, 노인복지시설, 요양원을 방문하여 봉사 활동도 다양하게 해왔었지만, 그중에서 혈액암을 앓고 계시는 할머니와 그 할머니를 펴지도 못하는 꼬부라진 허리로 돌보는 할아버지 두 분이 살고 계시는 비닐하우스에 연탄 500장을 기부하는 연탄 나르기 봉사활동을 했었고 아들을 데리고 함께 했던 시간이 오랫동안 기억에 남는다.

말로 설명하기보다는 행동으로 보여 주고자 봉사 활동이 정해져 있던 며칠 전 아들을 감언이설로 열심히 꼬드겼더니 따라나섰다. 눈발이 날리고 차가운 날씨지만, 봉사를 하겠다고 나선 회원들과 함께 어렵고 힘든 이웃에게 따듯한 사랑의 마음을 전달해주는 가슴 뿌듯한 시간이 될 것 같았다.

　차량이 진입할 수 있는 곳까지 연탄이 실려 왔다. 거기서부턴 100m 이상을 손수 날라야 한다. 어릴 적에 새끼줄로 연탄을 끼워 양손에 한 장씩 들고 날랐던 기억이 떠오른다. 회원들은 땀을 흘리며 여러 차례 눈길에 미끄러져 다칠 뻔도 했지만 서너 장씩을 들어 조심조심 여러 차례 날랐다. 아들도 땀을 흘리며 연탄을 나르는데, 가끔 "힘들지?" 하고 물어보면 괜찮다고 웃었다.

　쉬는 시간에 누군가 이렇게 각자 나르는 것이 비효율적이라고 다른 방법을 제안을 했다.

　"각자 나르지 말고 일렬로 서서 릴레이로 나르는 게 어때?"

　회원들은 좋은 생각이라 생각하고, 연탄이 쌓여 있는 곳에서 비닐하우스집 연탄 창고까지 일렬로 늘어섰다. 옆 사람에 연탄을 받아 다음 옆 사람에게 전달하는 게 훨씬 더 효율적이었다. 그러다 장난기가 발동되면서 옆 사람 얼굴에 뭔가 묻었다고 하면서 손으로 문질러 주었다. 까맣게 연탄 묻은 얼굴을 서로 바라보면서 낄낄 웃고 여자들이 힘들다고 일렬에서 빠져나가면 옆 사람과 거리가 있어 던지기로 전달하다가 연탄을 깨 먹기도 하였다. 눈발이 얼굴을 때리고 가면, 콧물이 나오고 연탄 묻은 장갑을 낀 상태로 쓱 문질렀으니, 그야말로 얼굴이 온통 연탄으로 칠해지고 엉망이 되었다. 그래도 즐거운 마음으로 한참 만에 마무리를 하고 나니 눈발도 그치고, 따스한 쪽빛 햇살이 내리쬔다.

모두 끝내고 잘 마무리했다고 인사를 드리려 하우스 안으로 들어갔다. 한겨울 동안 비닐하우스에서 온기도 없이 살아가시는 할머니, 할아버지께 사연을 들어보니 마음이 아팠다. 몇십 년 동안 자식들과 연락이 두절됐는데 자식이 있다는 이유로 보조금도 받지 못하시고 어떤 단체로부터 도움의 손길도 닿지 않는 그렇게 사회에서 버려진 듯한 생활로 삶을 마무리하고 계신 두 분이었다. 건강하시라고 손을 잡아드리고 돌아 나오는 발길은 가볍지만은 않았다. 고맙다고 인사를 하면서 손을 흔들고 연신 눈물을 흘리시며 모습에 일행들도 눈물이 글썽이고 코끝이 찡했다.

어떻게 인생을 살아가야 할지 다시 한 번 되새겨 보게 되었다. 아이 손을 잡고 돌아오는 길은 이 다음에 아들이 사회인이 되었을 때 선의의 경쟁은 필요하지만, 자신만 생각하는 이기적인 존재가 아닌 함께 나누고 베풀며 사랑할 수 있는 마음을 가질 수 있다는 것이 어떤 건지 생각해 볼 수 있게 해준 것이 만족스러웠다. 자신의 시간과 돈과 사랑과 배려하는 마음, 어느 하나라도 남에게 베풀어 줄 수 있는 따듯한 마음…어떤 삶보다 가치 있고 행복한 삶이 아닐까?

봉사 활동 이외에도 불우이웃돕기 송년행사를 열고 기금을 마련한다든지, 회원들의 단합을 위해 체육대회, 둘레길 걷기, 야유회 등 다양한 모임을 하였다. 회장님이 개그맨이다 보니 이런저런 에피소드도 많이 생겨나는데 어느 날 회장님이 운영하는 식당에서 방송 촬영이 있었다. 이른 오후 시간이라 실제 손님들이 없으니 시간 되는 회원들은 와서 고기를 먹으라는 연락을 받았다. 손님으로 엑스트라 출연을 하라는 얘기인데, 고기를 공짜로 마음껏 먹으라는 유혹을 뿌리칠 이유가 없었다. 일부 손님도 자리를 메우고 있었고 회원들과 고기를 먹으면서 식당이 꽉 찬 분위기를 띄워주었다. 카메라는 회장님을 계속 쫓아다니면서 촬영을 하고 있었고 한참 촬영으로 분주하더니 손님들과 인터뷰를 하는 내용도 방송해야 한다면서 우리 자리로 왔다. 그래서 인터뷰를 갑자기 하게 됐는데 카메라가 바로 앞에서 나를 노려보고 있구나 생각하니 TV에서 길거리 인터뷰를 하면 말을 더듬던 사람들이 이해가 됐고 인터뷰를 갑자기 하자고 마이크를 들이대면 당황스러울 수밖에 없을 것 같았다. 나름 기자들과 업무 관련 이런저런 인터뷰를 여러 번 해봤었고 카메라에 대한 공포감은 없었지만, 이런 인터뷰는 처음이라 쉽지 않았다.

방송이 되던 날, TV로 보이는 그날의 식당 풍경과 회장님의 분주하게 서빙하는 모습과 엑스트라들인 회원들의 모습과 인터뷰도 나왔다. 사전에 준비된 것이 없이 즉흥적으로 말을 해야 했기 때문에 어떤 말을 주저리주저리 했는지 잘 기억나지 않았지만 자막까지 나오면서 인터뷰한 내용을 보니 그럴싸했고 긴장은 했지만 당황하거나 멋쩍고 쑥스러운 표정은 아닌 것 같았다. 놀라운 일은 그렇게 짧게 나간 방송을 보고 이런저런 친구들한테 "너 TV에 나오더라." 하고 연락을 받았다는 사실이 신기했다. 아무튼 지금까지 겪어보지 못한 경험을 하는 계기가 되었다.

한번은 회장님은 옛날에 '인생스케치'라는 TV프로에서도 그림을 그리는 실력이 상당했던 것 같은데 꾸준히 그림을 그려왔는지 인정받아 개인 초대전도 열었다. 거기에서 급작스럽게 땜빵 사회를 봐야 하는 황당한 돌발 상황 에피소드도 있었다.

"큰일 났네. 사회 보기로 한 아나운서가 지방에서 올라오고 있는데 차가 많이 막혀서 30분 이상 늦는다고 연락이 왔네. 오프닝을 기다리는 사람도 많고, 끝나고 다른 약속들이 있다고 해서 시작을 하긴 해야겠는데…" 회장님이 안절부절 못하고 시계를 바라보며 초조해하고 있었다. 그때가 정명재 작가 개인 초대전 '어디쯤 왔을까?'를 인사동에서 연다고 하여, 오프닝 행사에 맞춰 축하를 해주기 위한 손님으로 참석을 하였을 때였다. 초대전은 미술관이나 화랑에서 작가를 초대하여 그의 작품을 모아 전시를 하기 때문에 작가에게는 둘도 없을 큰 행사이고 이를 통하여 다양한 사람에게 평가를 받고 한 단계 발돋움을 할 수 있는 좋은 기회라고 알고 있었다.

당황한 얼굴로 나한테 다가오더니,
"일단 네가 사회를 보고 시작하는 게 좋겠다."
사회를 보기로 한 사람이 늦는다고 계속 시계를 보다가 더 이상 안 되겠는지 나에게 사회를 부탁하는 것이었다.
"네? 아니 아무런 준비도 없이 무슨 사회를 봐요?"

"그래도 땜빵을 해야지 어떻게 해…. 복장을 갖춰 입고 말도 잘하니 네가 해봐. 여기 식순이 있으니 그대로만 하면 돼."

상황이 상황인지라 콕 찍어 부탁을 해오는데 초대전에 오신 손님들이 시작을 기다리고 있는 것 같아 요리조리 빼고 거절할 수 있는 분위기도 아니었다. 그만큼 시간적 여유도 없었고, 또한 행사에 참석하신 분들이 화를 안 내고 이해해줄 시간 내에 도착할지도 장담할 수 없기 때문에 이렇게 결정을 한 것 같았다.

지인분들이 워낙 많으신 분이라 초대 손님들이 가득했고, 모임 사람들과 축사와 축가를 위해 유명하신 분들도 많이 참석을 하였다.

"아, 아" 마이크를 잡고 음량 테스트를 해보았다. 오프닝을 기다리면서 작품을 감상하며 이런저런 이야기를 나누고 있는 사람들의 시선이 집중됐다.

"안녕하십니까? 정명재 작가 초대전의 사회를 맡은 김영찬이라고 합니다."

일순간 조용해지고 시선을 한몸에 받게 되자, 지금 어떤 상황인지 간단히 설명을 드리지 않을 수 없었다.

"오늘 사회로 보기로 한 분은 미모의 유명한 아나운서인데 지방으로 행사를 갔다가 올라오고 계신다고 합니다. 그런데, 차가 너무너무 막혀서 언제 도착할지 예측이 되지 않다고 연락이 왔다고 합니다. 그래서 궁여지책으로 작가님에게 방금 전에 땜빵 사회자로 지명된 제가 사회를 보게 되었으니 남자의 목소리가 거칠고 다소 투박하더라도 너그러이 이해해 주시길 바랍니다."

제7장 남을 도울 수 있는 행복

일단 손님들에게 지금 상황을 설명하면서 분위기를 편안한 상태로 이끌었다. 유명하신 작가분들과 초대 연주가 그리고 연예인 앞에서 사회를 본 적도 난생 처음이지만, 아무리 땜빵 사회자라 할지라도 실수를 해서 초대전을 엉망진창으로 망쳐 놓으면 안 되겠지? 하고 생각했다.

"제가 작가님과 오랫동안 친분을 가지고 생활하다 보니 나름 개그맨을 웃기는 남자, 그래서 유머 감각도 제법 있다는 소리를 자주 들었습니다. 작가님을 잠깐 소개하면 정식적인 화가로 등단하셨는지도 모르겠고, 틈틈이 그림을 그리셨다는데 잘 모르겠습니다. 다만, TV에서 인생스케치라는 그림 그리는 코너도 진행하셨던 유명한 개그맨이신 거는 모두 알고 계시죠? 본인 말로는 최근 본격적으로 작품 활동하고 계시다고 합니다. 그전에도 다수의 상을 받았다는데 글쎄요, 처음 들어보는 말이고 상장을 본 적도 없고 검증을 하지 않아서 맞는지 정확히 말씀드리기 난감합니다만, 이렇게 전시회도 여는 걸 보면 워낙 뻥을 잘 치시니까 그럴지라도 믿어야 할 것 같습니다." 좌중이 크게 한번 웃고 나니 마음에 조금은 여유가 생겨났다.

식순에 따라, 축하공연 순서가 이어지며 하모니카 연주, 대금 연주, 색소폰 연주를 감상하였다. 화가의 작품 초대전인데 이렇게 다양한 공연을 할 수 있을까? 생각하면서 회장님의 대단한 인맥에 놀랐다. 게다가 축사를 해준다고 개그맨 엄용수 씨가 와서 한 말씀하시는데, 전직 대통령을 흉내 내면서 작가님의 초대전을 축하해 주는 메시지를 보낸 것처럼 성대모사로 한바탕 손님들을 웃음에 빠뜨리더니, 초대전에 협찬을 하준 광고사 이름을 수십 개 이상 끝도 없이 줄줄대고 그런 회사와 아무 관계 없다는 마무리 멘트로 한참 동안 웃음을 선사하였다. 역시 개그맨은 머리가 좋고 남을 웃기는 재주가 있고 애드립은 남다르다는 생각을 했다.

갑자기 손님에서 사회자로 둔갑하여 임기응변으로 사회를 보면서 놀랍게도 큰 실수를 하지 않은 것 같았고 거의 끝나갈 무렵 사회를 보기로 했던 아나운서가 도착을 하였지만 마지막까지 땜빵 사회자로서 마무리 멘트까지 하였다.

세상을 살아가다 보면, 뜻하지 않게 갑작스러운 상황이 생기곤 한다. 어떻게 대처해야 하는지는 자리에 따라 그때그때 달라지겠지만, 주어진 순서가 아니라 즉흥적인 대응이 필요하다. 임기응변으로 땜빵 사회를 보게 된 오프닝이 망치지 않은 것이 추억거리로 남게 되었다.

"수고 많이 했어. 근데, 내가 여러 번 수상 했다는데 왜 검증을 못 해서 잘 모르겠다고 했어?"

"그걸 내가 어찌 알아? 본적도 없는데…."

뒤풀이에서 사회자는 말이야 하면서 훈수를 해주었다. 관중들이 많고 다양한 상황에서 어떻게 대처해야지 되는지 일장 연설을 들으면서, 이꽃은 슬병만 실려 나가고 있었다.

몇몇 분들과는 함께 여행도 다녔고 다양한 사람들과 어울려 친목도 도모하고 어려운 이웃을 위해 다양한 봉사 활동을 하면서 아름다운 메아리가 계속 울려 퍼져 나가기를 기대해 본다.

제7장 남을 도울 수 있는 행복

떡볶이 장학금

다른 사람을 돕는 것은 결국 자기 자신을 돕는 것이다.

🌿 기억을 떠올리기조차 부끄럽고 얼굴이 화끈거리는 10대의 가난했던 그 시절이 지금까지 살아가면서 자존감을 높이는 밑거름이 되었다는 건 사실이었다. 그것은 지금 살아가고 있는 형편이 남에게 손 내밀 정도는 아니니까. 초등학교 다닐 때는 집안이 최악으로 기울어져 평창동 북한산 아래 삼각산 기도원인 난민촌과 같은 달동네로 이사를 했다. 어린 마음에도 번듯한 우리집에서 살다가 허접하기 그지없는 동네에 여러 식구들이 복작거리는 비좁은 셋방 집으로 이사를 했으니 기분이 날 리가 없었다. 게다가 식구들이 먹고 살아갈 쌀이 떨어져 없을 정도로 찢어지게 가난했었다. 얼마나 가난했으면 생활비에 보태려고 초등학교 4학년 때부터 나는 새벽에 일어나 신문을 돌렸다. 내가 돌리는 구역은 70~80집에 되었는데, 어린 나이에 옆구리에 그 많은 신문을 무거워 한 번에 끼지 못하고 어

느 집 대문 앞에 반은 놔두고 반씩 나누어 돌릴 정도였다.

　겨울철에 눈이라도 내리면 신문이 젖을까 대문 밑으로 던져 넣지도 못하고, 대문에 걸어둔 우유 넣는 주머니에 넣거나 대문 창살에 끼워두느라 시간도 많이 걸렸다. 한겨울 어느 날, 땀에 흠뻑 젖어 학교를 갔었는데, 담임 선생님이 지각한 몇 명 아이들을 앞에 세워놓고 기합을 주었다. 늦은 이유를 말하라고 할 때 머뭇거리고 있는데 누군가 "쟤, 새벽 신문 돌려요, 아침에 봤어요." 그렇게 말할 때 기합을 주면서 웃고 있는 선생님이 얄미웠고, 반 아이들의 조롱 같은 웃음이나 수군거리는 모습에 쥐구멍이라도 찾아 들어가고 싶었다.

　가난이 죄는 아니라는데 죄지은 사람처럼 숨고 싶어지는 심정이 일 때마다 나는 왜? 이렇게 가난한 집안에 태어났는지 출생과 변변치 않은 환경을 원망하기도 하였다. 중고등학교 때에도 집안 형편이 나아지질 않아 그 동네 셋방은 모두 돌아다니며 살았던 것 같다. 얼마나 이사를 많이 다녔는지 동사무소에서 떼어놓은 주민등록등본을 보니 5페이지가 된 것 같았다. 그렇게 가난 속에 파묻혀 왜 이런 환경 속에서 살아가야 하는지 돈은 어떻게 해야 많이 벌 수 있는지 이런저런 판단도 하지 못하는 나이에 많이 서글펐던 것 같다. 그렇게 살아가면서 중학교 3학년이 되었을 때 담임선생님이 가정방문을 하셨다. 사는 환경을 보고 기가 막혔는지 학비를 내지 않아도 된다는 실업계 고등학교를 지원하라고 추천해 주셨다. 그때는 공업 한국의 육성으로 공업고등학교가 인기가 있었고 진학을 하기 위해서는 제법 공부를 했어야 했는데 성적은 된 모양이었다. 그때 담임 선생님의 도움을 받아 진로가 결정되고 진학을 한 것이 내 인생을 바꾸는 계기가 되었다. 대학을 졸업하고 남들보다 뒤지지 않는 성공한 직장인으로 살아가면서 그 시절이 생각나 누구에든 이러한 인생의 전환점이 되는 계기를 만들어 주는 사람이 되고 싶다는 생각을 하면서 살아가고 있었다.

중학교 교장으로 정년을 마친 친구가 있었는데 친구들끼리 만나는 모임에서 자기 중학교에 불우한 학생들 이야기를 가끔씩 듣곤 했었기에 친구에게 연락해서 장학생을 선발해 달라고 하였다. 성모의 집에 봉사 겸 크지 않은 액수의 기부금을 전달해주었거나 매달 아동구호단체에 기부금을 내고 있지만, 더 의미 있게 나의 어려웠던 시절 나와 비슷한 환경에서 공부하고 있는 지금의 학생을 찾아 지원해 주고 싶은 생각이 들었다. 가난은 장래 포부를 가로막는 걸림돌이 될 수도 있고, 생활이 불편하고 남들에게 창피하다고 생각할 수 있지만 그것 때문에 좌절하지 않았으면 좋겠다는 마음으로 학생들에게 많지는 않지만 용기를 내라고 개인적인 돈으로 장학금을 주고 싶었다. 그러다가 그들의 인생을 바꿀 수 있는 멘토가 될 수도 있겠다는 생각을 하였다.

그것이 계기가 되어 수년 동안 장학금을 전달해주었고 매년 선발된 장학생들에게는 개인적으로 증서를 나누어 주었고, 친구에게 적당한 날짜를 잡아 식사하는 자리를 마련했었다. 피자나 파스타 등 아이들이 좋아하는 음식을 시켜놓고 기다리다 보면 서먹한 자리에서도 장난도 하고 천진한 모습이 보기 좋았다. 가난하지만 열심히 공부하고자 하는 학생들과 마주 앉아 있으면 가난이 어깨를 짓누르고 기를 못 펼 줄 알았는데, 의외로 씩씩하고 눈빛이 초롱초롱한 게 맘을 편안하게 만들어 주었다. 장래 희망을 물어보면 프로게이머, 유튜버, 연예인, 운동선수, 선생님 등 다양한 대답을 하면서 그렇게 되기 위해 무엇을 어떻게 준비하면서 살아갈 것인지 제법 구체적으로 말하는 학생들이 있어서 놀랐다. 아이들이 생각보다 자신의 장래를 구체적으로 설계하면서 생활하고 있구나 하는 생각이 들자 나는 그때 이런 생각을 하지 않았던 것 같았는데 하고 괜스레 얼굴이 후끈거렸다.

그중에서 가장 기억나는 여학생이 있었다. 자신은 대학에 진학을 하지 않겠다고 했다. 고등학교를 마치면 여기저기 분식집에서 일을 하면서 떡볶이 등 분식을 만드는 것을 배우고 어떻게 양념을 해야 맛이 나는지 계속해서 연습을 하고, 이 정도면 됐다 싶을 때 창업을 하겠다는 것이다. 다양한 종류의 메뉴를 개발하여 떡볶이와 분식에 관한 한국에서 장인이 되겠다고 했다. 그런 후 본인의 이름을 걸고 누구나 한번 맛을 보면 헤어나지 못할 깜짝 놀랄만한 정도의 맛으로 전 세계로 수출하여 글로벌한 음식으로 성장시키겠다는 포부를 밝혔다. 그 학생은 말을 하면서도 마주친 눈빛에서 진심과 열정적인 생각을 읽어낼 수 있었다. 꼭 그렇게 되리라 응원해 주겠다고 하면서, 만약에 기회가 된다면 시식할 수 있게 불러 달라고 부탁도 하였다. 너무 진심이 느껴져 잔잔한 감동을 받았다.

어려운 사람들을 도와주는 따듯한 마음은 삶을 풍요롭게 만들고 이웃에게 행복을 전파하는 바이러스와도 같은 것이다. 아이들도 배워서 그런지 월급을 타면 남을 돕는 일에 기부를 하고 있어서 대견스러워 보인다.

혼자 내려놓지 못하고 욕심부리고 움켜쥐고 있는 것들이 세상을 움직이는 것이 아니라 베품과 서로 돕고 하는 마음들이 퍼져 나가 살기 좋은 세상이 되지 않을까 생각한다.

제8장 특별한 경험

새로운 환경이 주는 삶의 즐거움

제주 한달살기

새로운 시작은 새로운 운명을 만든다.

— 아리스토텔레스

🌿 [준비과정] 제주 한달살기 날짜를 결정한 후 가장 먼저 실행에 옮긴 것이 숙소 예약이었다. 숙소가 정해지는 위치에 따라 무엇을 어떻게 하고 살 것인지 준비를 할 수 있다. 그곳에서부터 이동 동선을 결정하여 하고자 하는 일 들을 준비해 가야 하기 때문이다. 앱과 지인 찬스, 경험자의 조언 등을 다양하게 들어보고 가격과 장소가 적당한 곳으로 고르는 데 시간이 오래 걸렸다. 가격과 타협을 하다 보면 위치나 집의 구조가 마음에 들지 않았고, 위치나 구조가 마음에 들면 가격이 예산을 너무 초과하여 입맛만 다시다가 다른 곳을 또 찾는 일을 수도 없이 반복을 하였다. 결국 찾은 곳은 시내와는 조금 떨어진 곳이지만, 한적한 위치에 조용할 것 같고 주위에 높은 건물도 없어 전망이 좋아 보이는 펜션으로 결정했다. 가격? 고

생한 만큼 좋은 조건의 집을 구할 수 있었고, 다행히 예상하는 가격 범위에 있는 펜션을 구했다고 만족했다.

 그다음 준비는 머무를 날짜가 예년에는 어떠했는지 일기 예보 정보를 찾아보고 기후와 바람에 따라 입을 수 있는 계절별 옷가지를 즌비해야 했다. 봄 날씨로 포근할 줄 알았는데, 예상외로 아침, 저녁 기온차가 크니 결국은 거의 4계절 옷을 준비해야 할 것 같았다. 식사는 계속 외식만 할 수는 없고 해먹어야 할 식사도 분명히 많을 테고 그러다 보니 펜션에 준비된 주방용품으로는 부족할 것 같아 적당한 살림을 챙겨야 했다. 또한 골프, 기타, 하모니카, 그림 그릴 도구 등 다양한 취미를 즐기기 위한 골프채나 용품과 도구 등을 챙겨가야 한다. 이런저런 준비물을 하나둘 끄집어내니 방을 한가득 메웠다.
 "화물차로 실어도 한가득이겠네…."
 와이프가 걱정스러운 표정으로 묻는다.
 "이 많은 것들을 승용차에 싣고 우리가 타고 갈 수나 있을까?"
 "실어 봐야지…."
 처음에는 차에 짐을 실어 탁송을 하고 항공편으로 쉽게 가려고 했다. 비용이 만만치 않아 완도에서 차를 배에 싣고 가기로 결정했는데 짐을 실어보니 운전석과 조수석을 제외하고 빼꼼한 틈도 없이 가득 찼다. 그래도 아침 일찍부터 완도로 달려가는데 피곤함도 모르고 즐거운 마음으로 5시간 정도를 운전하고 완도에서 바다 바람을 맞아 했다. 차를 싣고 완도에서 출발한 배 안에서 푸른 파도가 넘실대는 어-

름다운 풍경을 바라보고 제주에서 생활할 때 필요한 다양한 정보를 검색하여 저장하다 보니 2시간 40분이 훌쩍 지나갔고 제주에 도착했다. 살아오면서 제주도로 이런저런 짧은 여행을 통해 여기저기 좋은 곳을 잘 알 것이라고 자신했었는데 숨은 명소를 찾아보니 의외로 많았다. 새로운 경험을 위해 서귀포 쪽 정해진 숙소로 달려가는 창문으로 들어오는 바람이 신선했고, 맑은 하늘에 둥실 떠 있는 뭉게구름이 손짓을 하며 우리를 반겨 주는 것 같았다. 지금까지 경험해 보지 못한 즐거운 새로운 삶이 우리를 기다리고 있었다. 늦은 저녁, 짐을 다 부려놓고 한라산 소주를 사가지고 와서 무사히 도착한 자축과 아름다운 일정을 위하여. 브라보! 건배를 한다.

드디어 새로운 삶의 시작이다.

우리는 특별한 계획 없이 살기로 했다. 시계를 보지 않고, 스마트폰에 덜 매달리며, 걷고 싶을 때 걷고, 머물고 싶을 때 멈추는 삶 그 속에서 발걸음은 자연을 향했다.

귤꽃, 나를 안아준 향기

🌸 4, 5월의 제주는 귤꽃이 피는 계절이었다. 꽃이 피는 줄도 몰랐던 귤나무가 이토록 향긋한 내음을 품고 있다니, 살아오며 생각해 본 적도 없고 미처 몰랐던 처음 마주한 귤꽃의 아름다움이 낯설고도 반가웠다. 머무는 기간 동안 귤나무가 하얗게 변해가는 모습을 처음부터 끝까지 관찰하게 되었다. 아침, 저녁으로 집 근처 귤밭 길을 산책하며 꽃이 언제 피고 언제 향기를 전달해줄지 가슴 두근거리면서 매일 매일 꽃망울이 터지기를 체크하였다. 서서히 꽃망울이 맺혀 갈 때는 향기가 없더니 날이 지날수록 하나둘씩 꽃망울을 터뜨리고 귤밭이 하얗게 변해가고 귤꽃이 서서히 피어가기 시작하니 귤꽃 향기가 청량하게 피어올라 머리를 맑게 해주고 피로감을 잊게 해 주었다. 시간이 있을 때마다 귤밭 근처를 산책하며, 처음으로 마주치는 귤꽃과 눈을 마주치고 향기를 하염없이 맡았다. 이 나이까지 살면서 처음으로 귤꽃을 보았다. 귤꽃의 계절에 나를 안아준 향기. 작은 바람에도 흔들리는 새하얀 꽃잎들이 봄볕 햇살 아래 눈부시게 피어나기 시작했다. 누가 이렇게 정갈하고 고요한 아름다움을 땅 우

에 심어두었을까? 살아오며 생각해본 적도 없고 미처 몰랐던 처음 마주한 귤꽃의 아름다움이 낯설고도 반가웠다.

　가지마다 수줍게 피어난 귤꽃은 눈으로 보기에도 고왔지만, 진짜 감동은 그 향기에서 왔다. 귤꽃의 향기는 말로 표현하기 어려운 청결하고 고요한 위로였다. 은은하면서도 단단했고, 부드러우면서도 깊었다. 처음엔 그저 "좋은 냄새다" 하고 흘려보내려 했지만, 향이 코끝을 넘어 마음속까지 스며드는 순간, 나는 발걸음을 멈추고 깊이 숨을 들이쉬었다. 흙냄새와 섞인 귤꽃 향은 마치 고향의 품처럼 따뜻했고 그리운 냄새 같았다. 사람도 없고, 소음도 없는 그 귤밭에서 우리는 몸은 햇살에 데워지고 마음은 향기에 감싸였다.

　한참을 앉아 있다 보면 머릿속이 조용해지고 맑아졌다. 지난날의 피로, 고민, 두려움이 하나씩 벗겨지는 느낌이었다. 사는 게 때로는 너무 거칠고 바빠서, 이런 향기 하나에도 감동이었고 귤꽃은 말이 없었지만, 나를 어루만지고 있었다. 귤꽃은 금세 지고 사라질 테지만, 그날 맡은 향기는 내 안에 오래도록 남아 있을 것이다. 내가 다시 지치고 길을 잃을 때, 이 향기를 떠올리면, 다시 숨을 고르고 나를 돌아볼 수 있을 것이다. 향기로 나를 안아준 그 날의 귤꽃처럼, 나도 누군가에게 그런 존재가 될 수 있었으면 좋겠다고 생각했다.

봄과 겨울 사이

🐾 힘들고 숨이 차고 때로는 지루하기까지 한 산행 길, 둘레길이나 올레길, 오름을 묵묵히 걷는 이유는 무엇일까? 기본적으로 아는 상식은 간단하면서도 건강상에 많은 이점이 있기 때문이다. 마음이 심란할 때마다 뇌에서 엔드로핀을 분비시켜 스트레스 해소 및 우울감이나 불안을 완화시켜 정신 건강에 좋다고 하여 무작정 걷기 운동을 한 적이 있었다. 그래서, 이번 한달살기 중에는 산행, 올레길, 둘레길 그리고 오름 등 안 가본 곳을 중심으로 여러 번 계획을 준비하였다. 그러면서 시간적으로 쫓기지 않기 때문에 천천히 걸으면서 나를 바라보고 웃고 있는 들꽃도 무심히 스쳐 지나갔던 바람과 구름과 대화도 나누면서 좀더 느끼거나 보지 아름다운 풍경들을 더 깊이 들어가서 즐겨보기로 하였다.

영실 탐방로 입구에서 북한산을 함께 오르는 일행들과 합류했다. 그들과 매주 한 번씩 산행을 하다 보니 이제는 삶의 한 조각이 된 사람들이고 제주살기를 한다고 하니 몇 명이 시간을 맞춰 한라산 산행을 하고자 일부러 내려왔다. 서로의 안부를 나누고, 우리는 그렇게 또 한 번, 같은 방향을 향해 걷기 시작했다. 바위 틈 사이로 솟아난 나무들, 그 아래 진달래가 분홍빛을 피워내고 있었다. 하지만 그 아름다움이 마냥 봄의 것이라기엔, 눈가에 닿는 바람은 여전히 겨울의 결을 품고 있었다. 햇살은 따뜻했지만 그늘진 계곡에서는 아직도 얼음이 남아 있었다.

"여긴 봄과 겨울이 같이 사는구나."

따뜻한 햇살 위로 차가운 바람이 분다. 자연은 언제나 상반된 것들이 어울려 만들어낸 조화였다. 그 길을 걷는 우리도 어쩌면, 각자의 겨울과 봄을 안고 있었는지 모른다. 한참을 오르자 하늘을 찌를 듯 솟은 기암과 절벽 그 아래 펼쳐진 오름과 자연 풍경이 장관이었다. 말없이 바라보는 시간과 함께 바라보는 풍경 속에서 자연 속은 늘 말보다 침묵이 더 가까워지는 공간이었다.

간식과 식사, 휴식을 통해 체력을 보충하고 윗세오름을 향하는 발걸음은 좀더 가벼웠다. 계속 걷고 또 걸으며 목적지를 향해가는 산행길에 나누는 담소가 별것 아니었어도 웃고 떠들며, 이 시간들이 얼마나 소중한지 우리는 공감을 하고 있었다.

남벽 분기점으로 향하는 윗세오름에는 겨울을 끝내 보내지 못하고 곳곳에 얼음을 품고 있었고 그 주위로 새순이 올라오고 있었다. 살아 있는 것들의 끈질김 앞에서 단순한 계절의 변화를 인지하기보다는 기다림과 인내, 그리고 결국 피어나는 생명력에 대한 위대함을 느꼈다. 돈네코로 하산하는 코스는 진달래와 철쭉의 향연을 펼칠 준비를 하며 붉게 물들어 가고 있는 것이 한라산의 위용과 더불어 영실 쪽으로 오를 때와 전혀 다른 풍경을 안겨주었다. 일행들은 오랫동안 간직하고픈 풍경을 열심히 사진에 담았다. 대부분 돌길로 조성된 길이 조금도 한눈을 팔지 못하게 한 걸음 한 걸음을 어렵게 단련었지간 숲길 나무 사이로 스며드는 햇살과 땅 위로 피어나는 야생화들이 발걸음을 편안하게 인도해 주려고 애쓰고 있었다.

중간중간 멈춰서 서로의 사진을 찍어주었고, 사진 속의 우리는 늘 웃고 있었다. 함께 걷는다는 것, 함께 땀 흘린다는 것, 그것은 우정보다도 더 깊은 신뢰일 수 있다.

한라산에서 만난 두 계절이 공존하는 풍경, 아직 완전히 녹지 않은 얼음도 있지만 그래도 어김없이 피어나는 생명의 기운들, 그런 희망이 있는 풍경을 바라보고 느낄 수 있게 해줘서 나는 봄 속에 겨울을 간직하고 있는 지금의 한라산도 너무 좋다.

한달살기 동안 가족을 포함한 이런저런 방문자가 많았고 그들과 시간을 보내고 한가한 어느날, 어리목코스로 향했다. 탐방로는 입구에 도착하자 벌써부터 많은 사람들이 산을 오르기 위해 준비 중이었다. 나도 배낭을 메고 준비 운동을 한 뒤 천천히 첫발을 내디뎠다. 초입부터 잘 정비된 나무데크 길이 이어졌고, 초록빛 조릿대가 길 양옆을 빼곡히 메우고 있었다. 봄기운 가득한 숲은 생명력으로 충만했고, 나무 사이로 스며드는 햇살이 그 모습을 더욱 아름답게 만들었다. 한 걸음, 한 걸음 오를수록 도시에서 잊고 지냈던 자연의 소리가 귀를 간질였다. 조용한

산속에선 새소리, 바람소리, 그리고 내 발걸음 소리조차 크게 느껴졌다. 등산 초반에는 비교적 급한 경사의 숲길로 이어졌기에 주변 경치를 여유롭게 감상하며 걸을 수 없었다. 그렇지만 조릿대 사이를 가르며 불어오는 산들바람은 기분까지 맑게 씻어주었고, 간간이 보이는 야생화들이 피곤한 다리를 달래주는 듯했다. 숨을 헐떡거리며 여러 번 쉬고 사제비동산에 이르니, 시야가 탁 트이는 풍경이 반겨주었다. 돌길과 나무 계단이 반복되었지만, 보이는 절경은 피로를 잊게 만들 만큼 감탄을 자아냈다. 특히 예쁜 구름들이 점점이 수놓은 맑은 하늘 아래 펼쳐진 제주 시내와 멀리 보이는 푸른 바다는 마치 한 폭의 그림 같았다. 만세동산을 거쳐 윗세오름에 이르는 길은 데크와 돌길, 양옆으로는 조릿대가 너무 많이 자라고 있었지만 탁 트인 시야에 아름다운 풍경을 연출하고 있었고 잠시 그 자리에서 눈을 감고 바람 소리를 들으며, 내가 살아있음을 온몸으로 느껴보았다. 바람은 차가웠지만, 봄 기운을 실어 전달해주고 있었고, 햇살은 따가웠지만 피하지 않고 충분히 받아들이기 좋은 날씨였다. 대피소에서 식사와 여유롭게 커피 향을 맡으며 한라산이 빚어낸 아름다운 풍경을 한참 동안 감상했다. 하산길은 오르막보다 쉬웠지만, 무릎에 무리가 가지 않도록 천천히 내려왔다. 올라갈 땐 미처 보지 못했던 작은 꽃들과 곤충들, 나무의 결까지도 눈에 들어왔다. 그렇게 몇 시간을 걸어 다시 어리목 입구에 도착하니, 목표를 달성했다는 기쁨과 안전한 완주에 몸은 피곤했지만 마음만은 무척이나 가벼웠다. 오늘 하루의 산행은 단순히 한라산을 오른 것이 아니라, 나 자신과 마주하고 자연 속에서 쉼을 얻는 소중한 시간이었다. 바쁜 일상 속에서 놓치고 있던 작은 행복들을 다시금 떠올리게 해준 감사한 하루였다. 다음에는 다른 계절에 다시 한 번 한라산을 찾고 싶다는 생각을 하며, 아쉬움을 뒤로하고 숙소로 돌아왔다.

제주의 진정한 멋을 느낄 수 있는 올레길. 하루에 올레길 한 코스를 선택하여 천천히 걸으며 갈 수 있는 곳까지 가면서 제주의 숨결을 온전히 느낄 수 있었다. 저마다 다른 표정의 숲, 계곡, 능선들이 마치 제주가 준비한 이야기책의 다음 장 같았다. 낯선 곳을 걷는다는 것에는 묘한 힘이 있다. 무언가를 향해 천천히 나아간다는 것. 여러 코스들은 해안선은 파도와 바람이 만든 예술작품 같았고, 바다와 숲, 마을이 한데 어우러진 따스한 정취가 느껴졌다. 어떤 코스에서는 빛과 그림자가 교차하는 숲길을 걸으며 사색의 시간을 갖기도 했다.

또 발걸음이 향했던 곳은 오름. 제주에는 수많은 오름이 있다는 것을 알게 되었고, 오름 하나하나가 저마다의 얼굴과 이야기를 품고 있다는 것도 알게 되었다. 백약이오름은 이름부터 마음에 들었다. '백 가지 약초가 나는 오름', 어쩐지 지친 마음을 치유해줄 것 같았다. 고요한 숲길을 걷다 보니 어느새 잡생각이 사라졌다. 숨을 고르며 능선을 따라 오르던 중 문득 생각했다. 은퇴 후의 삶도 이런 것이 아닐까? 처음엔 낯설고 불안하지만, 조금씩 걸음을 옮기다 보면 익숙해지고, 새로운 경치가 펼쳐지는 것. 정상에 올라 바라본 풍경은 넓고도 깊었다. 제주가 한눈에 들어오고, 멀리 바다도 보였다. 그 자리에서 나는 오랜만에 나 자신에게 물었다. "인생 2막, 어떻게 살고 싶은가?"

붉은 오름은 나무 사이로 들어오는 햇살이 붉은 대지에 그림자를 만들었고, 그 속을 걷는 동안 나는 마치 과거의 나를 마주하는 듯한 기분에 빠졌다. 그동안 살아오며 쌓아온 습관, 사고방식, 나를 규정하던 사회적 역할들. 이제 그것들을 하나씩 내려놓을 시간이 아닌가 생각했다. 오름 중턱쯤에서 나는 작은 돌 하나를 주웠다. 손바닥만 한 화산석. 그 돌을 가만히 들여다보며 나는 속으로 다짐했다. "앞으로의 삶은 천천히, 더 나답게 살자." 남들과 비교하지 않고, 조급하지 않고, 매일 조금씩 나를 돌보며 살아가겠다고. 제주의 오름들은 마치 은퇴 후 삶에 대한 길잡이처럼 느껴졌다. 어떤 오름은 완만했고, 어떤 오름은 숨이 찰 만큼 가팔랐다. 하지만 어느 오름이든 정상에 오르면 시원한 바람이 기다리고 있었고, 내려오는 길은 늘 가벼웠다. 그것은 인생도 마찬가지였다. 오르고, 숨 가쁘게 살고, 때로는 넘어지기도 하지만 결국은 자연의 순리처럼 다시 흘러가고, 다시 일어선다는 것.

한 달 동안 많은 오름을 올랐다. 때론 비를 맞고, 때론 해를 쬐며 걷고 또 걸었다. 걷는 동안, 나는 내가 걸어온 인생을 찬찬히 되짚었고, 앞으로의 시간을 어떻게 채워갈지를 깊이 고민했다. '무엇을 성취할 것인가'보다는 '어떤 마음으로 살아갈 것인가'를 묻는 시간이고, 그 질문은 나를 더 단단하게 만들었다.

내 맘속의 수채화

🌸 은퇴 후 나는 내 삶에 작은 색을 더해보고 싶었다. 늘 마음 한편에 품고 있던 어반스케치를 배우기 시작한 것도 그 때문이었다. 1년 정도 선 하나, 색 하나에 집중하고 마음을 담으며 그림 연습을 했었는데 서툴지만 정성껏 그려낸 그림들은 어느덧 거실 이곳저곳 액자 속에 끼워져 있었고 그림들을 완성하기 위해 집중했던 그 순간을 떠올리는 기쁨이 되었다. 제주 한달살기를 실행에 옮기면서 오랜 시간 마음속에 품어온 바람, 아름다운 오름과 꽃들, 푸른 바다와 흩날리는 구름들, 이런 풍경을 눈과 마음에 담고, 가능하면 손끝으로도 옮겨두고 싶어서 그림 그릴 도구들을 챙겨왔다. 그림도 삶처럼, 모든 것을 한순간에 완성할 순 없었다. 걷다가 멈춰 서서 멋진 풍경을 사진으로 담아 숙소로 돌아와 그때의 바람결과 빛을 떠올리며 그림을 그리고 수채화로 채색을 하였다. 비가 오는 날이면 아는 한 카페 한편에 앉아 창밖을 바라보며 스케치를 하였다. 제주에서 그린 스케치들은 나의 소중한 기록이 될 것이다. 그 속엔 제주라는 섬의 아름다움뿐 아니라, 그날의 바람과 햇살을 따라 풍경을 그려내던

했다. 마음이 앞섰고 어설퍼도 그림을 그리며 비로소 풍경을 더 깊이 이해하게 되어 좋았다. 왜냐하면 멋진 제주살이를 고스란히 담아 둘 수 있기 때문이다. 그림을 그리며 나는 조용히 내 삶을 되돌아보았고, 하나의 작품이 완성될 때 뿌듯함은 이루 말할 수 없이 기뻤다. 언젠가 이 그림들을 다시 펼쳐보며, 제주에서의 그날들을 오래도록 추억할 수 있기를 바란다. 그림은 그렇게, 나의 기억을 지켜주는 또 하나의 방식이 되어주었다.

필연 같은 우연

    🏌 한달살기로 결정한 펜션 사장님께서 골프 회원권을 가지고 계셔서 저렴한 가격으로 조인을 통해 다양한 사람들과 라운딩을 즐길 수 있었다. 어느 골프장엘 가던지 제주의 아침은 유난히도 맑았다. 한라산이 말없이 그 위엄을 뽐내고, 파란 하늘 아래 푸른 잔디가 끝없이 펼쳐진다. 골프장에 들어서자마자 들이마신 공기에서 느껴지는 청량함. 이곳은 자연과 사람이 조화를 이룬, 말 그대로 '힐링'이라는 단어가 딱 어울리는 풍경 속이었다.

    조인은 그 자체로 다양한 삶과 마주하게 만든다. 서울에서 사업을 하는 사람, 은퇴 후 제주에 내려와 제2의 삶을 시작한 사람. 여행 삼아 내려왔다가 반해버려 눌러앉은 사람들까지 다양했다. 그들의 삶은 저마다의 색깔을 가지고 있었고, 티샷을 날리며, 퍼팅을 하며 나누는 짧은 대화 속에서 그 색이 은근히 묻어났다.

그중에서 특이한 조인은 고등학교 친구와 친하다는 부부이다. 그들은 내 친구와 한동네에 살고 있으면서 친구에 대해 나만큼이나 잘 알고 있었고 그러다 보니 우리도 서로 친구처럼 다양한 이야기에 나누면서 골프를 치게 되었다. 골프 조인이라는 작은 접점이 먼 곳에서 이렇게 이어졌으니 인연은 참 묘하다. 경쟁이 아닌 교류의 장, 점수가 아닌 이야기가 중심이 되는 시간이었다. 골프채를 잡고 있지만, 사실은 서로의 삶을 조용히 들여다보는 여행 같았다. 자연 속에서, 사람들 속에서, 그리고 인연 속에서 잠시 멈춰서 나를 돌아보는 중이었다. 제주라는 섬은 이렇게 또 하나의 특별한 기억을 선물했다. 그리고 나는 그 기억을 마음속 작은 서랍에 조용히 넣어두었다.

제주 친구와 시간 여행

     🌿 제주에서 살고 있는 초등학교 동창 부부와 여러 번 만나면서 인생의 깊은 이야기를 나눌 수 있었다. 지금부턴 자신을 위해 살겠다며 다니던 좋은 직장을 그만두고 15년 전쯤에 제주로 내려왔다. 그 나이에 그런 결정을 할 수 있는 용기와 결단이 부러웠었고 그때는 남들의 기대에 맞춰 달려가고 있는 나의 삶에 문득 숨이 차올랐었다. 친구와 대화는 제주 바람처럼 담백했고, 오름의 경사처럼 진솔했다. 와이프가 암을 치유하고 있는 과정에 변한 그의 마음가짐을 이야기할 때는 숙연해졌다. 고통 속에서도 삶은 계속되고 더 단단해지지만 한편으로 부드러워진다고 생각하며 우린 며칠을 함께 보냈다. 관광객들로 북적이는 곳이 아닌 제주에 살면서 인상 깊었던 한적한 오름이나 올레길을 추천해 주어 함께 걸었고, 맛집을 찾아 제주를 즐겼고 조용한 카페에 앉아 삶에 대해 이야기했다. 성공이 무엇인지, 가족이란 무엇인지, 그리고 우리에게 남은 시간이 어떻게 흘러가야 하는지에 대해 대화를 나눴다.

    제주라는 섬이 친구의 마음을 변화시켰고 그 속에서 자기만의 속도로 살아가고 있었다. 바쁘게 살아온 우리에게 정말 필요한 건, 누군가의 기준이 아닌 나의 기준으로 살아가는 친구와 같은 결단 있는 용기가 아닐까? 삶의 방향을 바꾸는 데 너무 늦은 나이는 없다는 것을, 친구는 제주에서 해보고 싶었던 다양한 삶을 경험했고 지금은 국전에 출품할 그림을 그리며 멋지고 유유자적인 인생을 살아가고 있는 것처럼 보였다.

모든 계획된 일정이 마무리되고 집으로 돌아가기 전날, 아쉬운 마음을 달래보기 위해, 해 질 무렵 테라스에 앉아 귤나무를 바라다보았다. 이미 많은 귤꽃들이 졌지만, 가지 끝에 남은 하얀 꽃송이 몇 개가 아직 바람에 흔들리고 있었다. 언젠가 저 꽃들이 열매로 익을 즈음, 나는 다시 이곳에 올 수 있을까? 그런 생각을 하며, 귤꽃 향기를 다시 한 번 마음 속 깊이 담았다. 제주에서의 한 달은 단지 휴식이 아니었다. 그것은 은퇴 후 인생을 어떻게 살아갈 건지 설계하는 워크숍이었고, 내면의 나를 돌아보는 깊은 명상이었으며, 삶의 다음 장을 써내려가기 위한 연습장이었다. 그리고 무엇보다도, 그 시간은 내게 두려움 대신 기대를 안겨주었다.

앞으로 무엇을 하며 살아갈지 완벽히 정해진 것은 아니지만, 분명한 한 가지는 있었다. 이제 나는 나의 삶을 내 손으로 써나갈 준비가 되어 있다는 것. 내 삶의 쉼표이자, 새로운 문장의 시작이었다.

돌아가는 배 안에서 나는 혼잣말로 다짐했다. "또 오자, 꼭 다시 오자." 그리고 내 마음은 벌써 다시 제주를 향해 걷기 시작하고 있었다.

제9장 세상 속의 나

절대 후회하지 마라
좋았다면 추억이고 나빴다면 경험이다.

강사? 교수? 대표?

> 지식을 갖고 있어도 다른 사람에게 나누어 주지 않는다면 아무도 즐기는 이 없는 사막에 피어난 꽃과 같다.
>
> — 탈무드

🌱 "아버지가 다니시는 회사는 어떤 일을 하는 회사에요?" 아이들이 IT 회사에 다니는 아빠가 외국으로 출장도 자주 다니고 도대체 무슨 일을 하고 있는지 궁금해 물은 적이 있었다.

"미국에 본사를 두고 있고 보안 솔루션 중에 디도스 관련 제품을 고객들에게 공급하고 있지."

"디도스? 그게 뭔데요?"

"네트워크에 불량 트래픽이 어느 특정 서비스에 몰려 정상적인 트래픽 흐름을 방해하는 건데…. 예를 들면, 은행 홈페이지에 불량 트래픽을 과도하게 보내서 정상적으로 은행 업무를 보려는 사람들을 마비시키는 행위를 말하는데…."

어렵지 않게 설명을 했으나 이해가 되지 않는지 침묵이 흐른다.

디도스 공격으로 사회 문제가 되고 신문 방송에 오르내리면서 아이들은 자연스럽게 디도스가 아! 그런 것이었구나 알게 되어 더 이상 질문이 없었고, 그런 좋은 일을 하고 있다는 것에 뿌듯해했다.

사고가 빈번하게 터지다 보니 더 큰 사고가 나기 전에 대비를 하기 위해 고객들이 문의 전화가 많이 늘어났고 강의 요청도 많이 받았다. 이곳저곳에서 특강 요청이 있었는데 부탁을 계속 거절할 수 없었고 그중에서 서울과 부산에서 교수를 하고 있는 친구의 요청을 수락하여 대학교 강단에 서서 특강을 하게 되었다. 학생들에게 경험을 이야기해주거나 전 세계에서 일어났던 관련 사고, 드라마나 실제 해킹 시연이나 디도스 관련 영상을 보여주며 강의를 하다 보니 지루하지 않았는지 집중도가 매우 높아 보였다. 그렇게 특강을 마치고 시험 문제까지 출제하여 친구에게 보내주었다. 직업이 교수가 아니기에 잘했는지 잘 못했는지는 알 길도 없었고 누구에게 물어볼 수도 없어 궁금하던 차에 친구가 학생들로부터 받은 평가를 보내주었다. 읽어 보니 시간을 내서 진솔하게 써준 많은 학생들의 마음이 고마웠고 나중에 회사 그만두면 나도 강의를 해볼 수 있지 않을까? 생각하면서 보람이 있었던 강의였음을 알 게 해준 학생들과 친구에게 고마움을 전했다.

학생1: 디도스 관련 강의는 매우 흥미로웠다. 직접적으로 내가 전공하는 분야가 아닌 보안 부분이었지만, 같은 IT분야이며, 요새 비중이 많이 커지고 있는 보안 부분이라 많은 관심을 가지고 강의를 들었다. 큰 기업이라면 보안 팀을 따로 둘 만큼 보안은 매우 중요해지고 있다. 뉴스에서 자주 접할 수 있는 디도스 공격은 특히 앞으로 점점 그 영향이 커질 것으로 예상되므로 관심을 갖고 지켜봐야 할 것 같다. 그리고 지사장인 교수님께서는 외국계 기업에 다니는 것에 많은 프라이드를 가지고 계신 것 같았다. 나도 예전부터 대기업보다는 중소기업, 외국계 기업에 관심을 두고 있었다. 외국계 기업은 실력으로 인정하고 대기업보다는 안정적이다. 강의 마지막에 외국계 기업에 대해 설명도 해주시고 어떤 식으로 접근하면 좋을지에 대해 알려주시고 몇 가지 팁을 주셔서 유익하였다. 곧 있으면 취업을 본격적으로 준비해야 하는 나에게는 좋은 정보가 되었다. 앞으로 인터넷에 외국계 기업 검색도 많이 해보고 알아봐서 꼭 외국계 기업에 취업을 하고 싶다!

학생2: 교수님이 강의 중간중간에 퀴즈를 내셨는데 그 퀴즈를 맞혔더니 문화상품권을 상품으로 주셔서 기분이 너무 좋았다. 첫 이미지와는 다르게 강의도 무척 재미있었다. 그리고 강의 후반부에는 외국계 기업에 대해서 장점이나 특징을 설명해주셨는데 외국계 기업도 가보고 싶다는 생각이 들었다.

학생3: 강사님께서 익숙한 드라마를 인용하고 적절한 동영상 예시를 제공하여 수업이 지루함을 느낄 새 없었습니다. 중간중간 퀴즈를 통해 학생들이 더욱더 강의에 참여할 수 있도록 만들어 주셔서 소프트웨어 직군에서 가장 큰 문제로 대두되고 있는 보안 문제에 능등적으로 대처할 수 있는 기반 지식을 얻을 수 있었습니다.

학생4: 강사님의 강의자료가 눈에 쏙쏙 들어왔던 점이 마음에 든다. 강의 내에서도 여러 사례를 들어 설명을 해주셔서 쉽게 이해가 되었다. 또한 후반부 진로 선택 길잡이에서 외국계 회사에 대한 환상을 많이 심어주셔서 외국계 회사에 대한 관심도 많이 높아졌다.

학생5: 디도스 공격에 대해서 많이 들어 봤었지만 자세히 알지 못했었는데, 어떠한 공격이며 어떤 피해를 입히는지 또 어떻게 방어를 할 수 있는지까지 자세히 알게 돼서 유익한 시간이었다. 또한 내 PC, 스마트폰이 언제든 좀비 상태가 될 수 있다는 것을 알고 그동안 백신 프로그램이나 PC 보안에 별로 관심이 없었는데 경각심이 생기는 좋은 기회였다. 여러 자료를 함께 보여주시며 강의해 주셔서 지루하지 않았고, 퀴즈와 상품도 나눠주셔서 수업 분위기도 좋았었던 것 같다. 내가 퀴즈를 맞혀 지사장님이 쓰신 책과 상품권을 선물로 받았다.

학생6: 수업시간 컴퓨터가 제대로 되어 있지 않아 강사님께서 원래 하시려던 강의 방식으로 이루어지지 않아 아쉬웠습니다. 강사님께서 드라마 『유령』과 함께 동영상으로 강의를 하시려고 했는데, 소리가 들리지 않아 피피티로만 진행되어서 아쉬웠고, 중간중간에 우리가 알지 못한 우리의 정보들이 어떻게 빠져나가서 어떻게 사용되고 있는지 계를 보여주셔서 더 이해가 쉽게 되었고, 강의 내용도 요즘 많이 발생하고 있는 문제여서 더욱더 관심 있게 볼 수 있었습니다. 좋은 강의였습니다. 감사합니다.

학생7: 영상도 보여주시고 퀴즈도 내시면서 다양한 방법으로 학생들의 참여를 유도하셔서 좋았다. 또한 보안전문가의 진로에 대해서도 구체적인 언급을 많이 해주셔서 도움이 많이 된 것 같다.

학생8: 재미있고 유익한 강의였습니다. 외국계 기업에서 종사하고 있는 분이셔서 외국계 기업에 대한 관심도 커진 것 같습니다. 여태까지 들으면서 제일 만족스러웠던 강의였다. 디도스에 대해 그렇게 관심 있는 것은 아니었는데, 직업을 이쪽으로 알아보고 싶은 마음이 생겨서 강의가 끝나고 이것저것 찾아보았다.
나도 해커처럼 마음대로 조종하고 싶기도 하고 내가 보안해서 피해 보는 일 없도록 하고 싶기도 하고 이 수업을 계기로 보안, 디도스에 대한 관심이 많아져서 정말 좋다. 국내 기업뿐만 아니라 외국계 기업까지 설명해주셔서 내가 보는 시야가 넓어지게 되었다. 강의는 물론 재밌었고 시험에 대한 이야기도 잘해주셔서 제일 좋았던 강의였다.

학생9: 평소에 관심 있어 하던 분야의 특강이어서 특강 전부터 기대가 되었다. 인터넷이나 뉴스를 통해 자주 접해보던 디도스에 대한 내용이라 그리 어렵지 않았고 알기 쉽게 설명해주셔서 편하게 들을 수 있었다. 또 특강뿐 아니라 4학년 수업에 맞게 진로에 대한 이야기도 해주셔서 좋았다.

학생10: 이번 시간은 디도스에 관해 수업을 진행하였습니다. 평소 정보보호학과이다 보니 디도스에 관해 많이 공부하기도 했고 많은 정보를 접하고 있었음에도 불구하고 수업을 통해 새로운 정보를 많이 들을 수 있었습니다. 또한 디도스뿐만이 아니라 취업준비를 하는 도중에 외국계 기업에 대한 많은 정보를 알려주시고, 실제 입사 방법에 대해서도 많이 알려주셔서 큰 도움이 되었습니다. 실제로 외국계 기업에 굉장히 큰 관심이 생겨서 진로 결정에 많은 도움을 주셔서 감사한 생각입니다. 그리고 개인적으로 제가 네트워크 보안 분야에 평소 관심이 많고 그쪽으로 진로를 생각 중이었는데 대표님을 벤치마킹 하고 싶습니다. 이런 수업은 앞으로도 다른 학우들에게도 많은 도움이 될 것 같고 또한 저처럼 정보를 얻는 것을 떠나 진로 결정에도 큰 도움을 줄 수 있을 것이라고 확신합니다. 아주 유익한 수업이었습니다.

학생11: DDoS 공격에 대해 자세히 알 수 있었고, 보다 보안의 강화와 중요성 그리고 정치에서 어떻게 연관되어 이러한 사건들이 은폐되고 있었는지를 알게 되었다.
참 씁쓸하기도 하지만 좀 더 보안이 활성화 되어 남북 간의 인터넷 피해가 없었으면 하는 생각이 들었고, 외국계 기업에 대해 자세한 정보를 알 수 있어 좋은 수업이 되었던 것 같다.

학생12: 강사님의 특강을 통해 뉴스에서만 보던 디도스 공격에 관해서 자세히 알게 되었다. 디도스 공격을 단순히 바이러스, 해킹으로만 알고 있었는데 그 종류와 방법도 다양하며 디도스 공격으로 인해 개인, 사회를 넘어서 국가의 보안까지 위협할 수 있다. 사례로 들어주신 드라마 『유령』을 실제로 재밌게 봤었는데, 그때는 그냥 단순히 신기하다, 과연 실제로 가능할까? 라는 느낌만 들었는데 그런 드라마 같은 일이 현실에서도 정말로 일어날 수 있는, 발생한 일이라고 하니까 더 와닿았다.

학생13: 오늘의 특강 주제는 '디도스'였다. 잊을만하면 뉴스에 나오고 화젯거리가 되는 디도스의 전문가분께서 직접 얘기해주시는 디도스의 실체를 알 수 있었던 유익한 시간이었다. 디도스는 IT기술을 이용한 신종 사기수법 혹은 방해수법이라고 한다. 예컨대 가끔씩 문자로 날아오는 '링크연결' 메시지는 디도스에 포함되는 공격이라고 한다. 받아본 적은 없지만 스미싱이나 파밍 등의 디도스 공격은 주변 또는 뉴스에서 많이 접해봤었다.
  특강을 들으며 더욱 놀라웠던 것은 우리나라에서 발생했던 디도스 공격 사례에서였다.

학생14: 지난 서울시장 선거에서 발생했던 선거관리위원회 디도스 공격 사례는 주도자가 초등학생이었다는 점이었는데, IT기술의 발달 정도가 놀라웠고 한편으로는 그 초등학생이 굉장히 영리해 보여서 놀랐다.

  디도스의 공격을 미연에 방지할 방법도 상세히 소개해주셨다. 이런 방법은 집에서도 손쉽게 할 수 있기에 미리 방지해두면 좋을 것 같다는 생각이 들었다.

  학생15: 대표님의 회사는 미국에 본사를 두고 있는 규모가 큰 외국계 회사였다. 대표님께서는 쭉 외국계 회사만 다니셨기 때문에 우리에게도 귀감이 되고 유익한 충고를 해주셨다. 대기업만 목 놓아 바라볼 것이 아닌, 외국계 회사도 잘 살펴보면 대기업만큼의 복지와 혜택이 있는 곳이 충분히 많다고 하셨다. 사실 대표님 말씀을 듣기 전에 외국계 회사에 대해 자세히 알지는 못하였다. 취업정보를 얻을 수 있는 곳도 미미했고, 자세한 정보를 얻을 수 있는 곳도 미미해서 별 관심을 두지 않았었다. 하지만 대표님이 외국계 기업에 대한 정보를 자세히 알려주시고 또한 정보를 얻을 수 있는 곳까지 자세히 알려주셔서 취업을 준비하는 지금 시점에서 아주 큰 도움이 되었다.

  막연히 남의 일이라고만 생각했던 디도스였지만, 이번 특강을 들으며 나에게도 발생할 수 있겠다는 생각과 함께 충분한 대비와 예방을 해야겠다는 다짐도 들었던 시간이었다.

  학생16: DDoS 공격과 더불어 스미싱, 피싱, 파밍과 같은 악성 범죄들을 잘 알게 된 시간이었고 정보 보안에 대해 경각심을 가질 수 있었다. 정보 보안 쪽도 공부해보면 굉장히 의미 있는 공부가 될 것 같다는 생각이 들었고 IT쪽으로 진로를 희망하는 사람들이 알아야 할 분야 중 하나라는 생각이 들었다. 강의는 너무 좋았고, 덤으로 외국계 기업의 풍토나 분위기 등의 이야기를 들을 수 있어서 더욱 좋았다.

학생17: 일단 평소에 관심을 가지고 있던 내용이라서 정말 재미있었고 중간중간 흥미로운 영상이나 드라마 얘기들을 많이 해주셔서 하나도 지루하지 않았다. 이번 강의도 알아가는 게 많은 것 같아서 좋고 조금 어려운 내용이었지만 쉽게 설명해주셔서 집중하기도 수월했다. 정말 좋았다!

학생18: 우리 주변에서 비교적 자주 접하는 디도스 공격. 막연히만 알고 있었지 자세히 공부해볼 기회가 없었는데 재미있게 특강을 들으며 유익한 내용으로 많이 배울 수 있었던 시간이었다. 또한, IT분야에서 정보보안전문가란 어떠한 일을 하는지 어떻게 준비해야 할지, 그리고 외국계 기업으로의 진로설정에 관하여서도 많은 정보를 주셔서 미래 직업, 진로 선택에 있어 도움받을 수가 있어 좋았다.

창간 기념축사

🎊 귀사의 창간 26주년을 진심으로 축하합니다.
많은 글로벌 대형 IT 기업이 기술의 빠른 변화에 살아남지 못하고 인수 당하거나 역사의 뒤안길로 사라지며, 또다시 신기술로 무장한 벤처기업이 등장해 전 세계에 돌풍을 일으키면서 짧은 시간에 시장의 강자로 부상하고 있습니다. 급변하는 IT 시장에서 오랫동안 살아남는 것은 매우 어려운 일입니다.

이처럼 빠르게 변하는 환경 속에서도 한결같이 자신의 일을 해내고 있는 것에 대해 감사의 말씀을 드립니다. 자신이 하고 있는 일에 최선을 다하여 그 일에 정통하려고 하는 철저한 직업 정신을 장인 정신이라고 하는데, 본 매체 구성원들은 오랜 세월 동안 깊이 있고 선명성 있는 정보를 전달하는 장인 정신을 갖추고 있다고 생각합니다.

본 대체가 분석한 마켓 트랜드를 통해 급변하는 변화를 읽었고 혜성같이 나타났다 오래되지 않아 사라지는 기업과 지사장들을 취재하고 인터뷰한 기사를 보면서 IT 업계의 빠르고 변화무쌍한 세월을 실감할 수 있었습니다.

  최근 블록체인과 클라우드와 보안 관련 디테일한 특집 기사를 보면서 다시 한 번 노고를 알았습니다. 궁금했던 갈증을 해소했고 업무에 많은 도움이 되었는데 이 매체가 왜 오래도록 사랑을 받을 수밖에 없는지 실감하게 되었고 그들의 깊이 있는 지식과 분석으로 나타난 결과물이라고 생각하고 있습니다.
  계속 화두가 되고 있는 인공지능과 소프트웨어의 지능과 빅데이터, 클라우드, 사물인터넷 등의 정보가 중심이 되는 4차 산업혁명의 물결 속에서 우리는 급변하는 IT 기술을 익히고 따라가야 합니다. 계속해서 이러한 역할을 충실히 해줄 거라고 믿고 있습니다. IT 업무 종사자에게는 네비게이션과 같은 매체가 아닌가 생각합니다.

  맞춤형 정보시대에 많은 매체들이 태어났다 사라지고 다시 생겨나는 일이 다반사이지만, 30년을 향하여 꾸준히 발전하여 가장 빛나는 금자탑을 세우시길 바랍니다. 다시 한 번 창간을 축하드리며, 모든 필요한 정보는 본 매체를 통해서 얻을 수 있기에 직원들에게 무한한 격려의 박수를 보냅니다.

  세상에 비친 나의 모습이 머물고 싶었던 그 순간에서는 빛나고 있었지만 세월이 지나면서 조금씩 조금씩 퇴색되어 아련한 추억으로만 남겨져 갈 것이다.

인터넷 대란, 디도스 공격

지식의 가장 큰 적은 무지가 아니라 허황된 지식이다.

– 스티븐 호킹

🌿 디도스 공격이 뭔지도 잘 몰랐던 시절에 미국 솔루션업체의 한국지사장을 맡고 있었다. 그러다가 2009년 7월 7일을 기점으로 한국과 미국의 주요 정부기관, 포털사이트, 은행 사이트 등이 디도스 공격을 당하여 서비스가 일시적으로 마비된 대형 사건이 발생하였다. 그 사건 후부터 회사 이름이 알려지기 시작했고 그러다 보니 이곳저곳 인터뷰 요청을 받거나 회사 제품과 관련 기사들이 언론에 자주 등장하는 계기가 되었다. 인생을 살아가면서 가장 좋았고 바빴던 시절이었다.

그 당시 어느 매체에 기고를 했던 내용을 보니 감회가 새롭다.

국가주요시스템을 분산서비스거부(DDoS) 공격으로부터 효과적으로 보호하기 위해서는 단계적인 분산서비스(DDoS) 대응 프레임워크 구축 계획이 있어야 한다는 것은 아무리 강조해도 지나침이 없다.

작년 7.7 DDoS 공격은 온 나라가 떠들썩할 정도로 국가적인 핫이슈였다. 정부, 기업 등 각 분야에서 보안이 중요하다는 점과 함께 DDoS 공격으로 인한 피해가 얼마나 클지 다시 한 번 일깨워준 계기가 됐다.
7.7 공격이 발생하기 전부터 이미 일부 정부기관, 대기업과 금융권, ISP 및 IDC 등 주요 기업에서는 DDoS 공격에 대한 대비를 어느 정도 하고 있었다.

공격이 발생한 후, 정부 주요기관과 기업들은 다시 있을지 모를 DDoS 공격이나 사이버테러에 대비해 철저하게 준비해야 한다는 전문가 의견을 토대로 보안담당자나 관련 부서를 통해 예방, 탐지, 방어 시스템을 체계적으로 구축하는 마스터플랜을 수립했다.

하지만 지난 1년간 도입 과정에 직·간접 참여하고 보니, 특히 공공 분야에서 과연 체계적이고 효율적인 DDoS 대응체계를 구축하고 있는 것인지 의구심이 들었다.
예산을 수립하고 기획하는 사람과 DDoS 관련 업체를 평가하고 선정하는 사람, 실제 운영하는 사람 간의 입장이 다르고 요구 조건과 기술 수준에도 차이가 있어, 망 구성에 맞지도 않은 장비가 선정되는가 하면, 테스트 과정도 없이 제안서 발표(PT)만으로 장비를 선정하는 경우도 있었다.

상용망 테스트는 대부분 거치지 않고 선정하다 보니, 구축을 해놓고도 BMT에서는 검증된 장비가 제대로 동작하지 않아 여기저기에서 문제점이 발생하고 그로 인해 모든 DDoS 장비가 효과가 없는 것처럼 무용론까지 대두되고 있는 실정이다.

이제는 지난 1년간 체계적인 DDoS 방어시스템 구축에서 문제점은 무엇이 있는지, 총체적인 재점검이 필요하다는 생각이다.

1. 단계별 진행과정의 재점검 필요

■ ISP 인터넷망 연동구간 DDoS 대응시스템 구축 재점검

1단계로 ISP의 인바운드, 아웃바운드 트래픽을 가능한 광범의하게 탐지·차단을 해야 한다. 정부나 ISP에서 국내로 유입되는 트래픽의 전방위적인 모니터링을 통해 효과적인 DDoS 대응시스템을 구축해야 한다.

공즌에 대한 탐지 없이는 차단이나 그 다음 대책은 있을 수 없다. 해외에서 국내 ISP로 들어오거나 나가는 해외 트래픽의 관문에 대부분 ISP에서 모니터링 시스템을 갖추고 있는 것으로 알고 있지만 상황에 대응할 수 있는 DDoS 대응시스템이 구축된다면 더욱 효과적이다.

또한 국내 ISP 인터넷망 연동구간(IX)을 경유하는 트래픽에는 정상적인 것과 유해성 공격 트래픽이 상존한다. 이곳에서부터 체계적인 DDoS 대응시스템이 구축돼야 한다. 지금은 어떤 상태인지 점검해 볼 필요도 있다.

가장 먼저 이 구간에서 공격 징후를 포착하는 것은 무엇보다 중요하며, 이를 통한 경보 발령이나 긴급 차단을 위한 단계적 대응이 이뤄져야 한다.

국내 ISP 내부 혹은 외부에 존재하는 봇(Bot)으로부터 유입되는 DDoS 공격, 이를 전달하는 통로인 기간통신사업자에서 가장 먼저 완전한 탐지시스템을 구축해야 한다.

이렇게 전체 네트워크 수준에서 DDoS 탐지시스템을 구축하고 난 후 유사시 네트워크 장비 설정을 이용해 긴급 차단을 하거나 DDoS 전용 차단시스템을 구축해 네트워크 장비에서 일괄 처리함으로써 발생할 수 있는 정상적인 서비스 차단을 방지할 대책을 마련해 나가야 하는 것이다.

작년 7.7 DDoS 공격이 있기 전부터 ISP에서는 해외망과 연결되는 부분, 내부로 유입되는 트래픽에 관련하여 전체 네트워크를 모니터링해 DDoS를 사전에 탐지하고 차단할 수 있는 시스템을 계속해서 구축해나가고 있다.

하지만 ISP에서 다른 ISP의 상호 연동구간은 ISP 각자의 영역과 책임이 불명확하므로 ISP에서 자체 예산을 들여 탐지 및 차단 시스템을 구축하기는 쉽지 않은 상태였다. 그래서 한국인터넷진흥원에서 정부예산으로 DDoS 공격의 탐지와 차단에 가장 효과적인 ISP 사업자의 아웃바운드 DDoS 공격을 탐지·차단하기 위해 2008년부터 3차에 걸친 IX구간 시범사업을 추진해 대부분의 ISP 사업자에게 DDoS 대응시스템을 제공하고 있다.

ISP의 인바운드 대응시스템은 어느 정도 철저한 검증과 다양한 평가방법이 이뤄지므로 도입 시 나타나는 문제가 없어 보인다. 하지만 정부예산으로 진행했던 프로젝트는 많은 예산을 투자하고도 효과를 거의 보지도 못하고 있는 실정이다.

일례로 ISP 간 IX 연동구간은 최소 200G 이상인데, 3차 사업까지 진행했어도 극히 일부 회선에만 적용하고 있어 실효성을 거의 얻지 못하고 있다.

정부 조달방식에 근간을 두어야 하고, 업체마다 다양한 이해관계와 형평성을 감안해 가능한 많은 업체가 참여할 수 있도록 함으로서 BMT와 규격에만 철저히 충족한 장비가 선정되는 것도 효용성을 떨어뜨리는 결과를 낳고 있다.

만약 ISP가 자체적으로 도입하는 방법 중 하나로 상용망 테스트까지 거쳤거나, 실제 구축 되어 운영할 담당자들이 주축이 돼 선정할 수 있는 많은 권한을 주었다면, 3차 사업까지 진행되는 동안 어느 정도 만족할 만한 수준까지 구축을 진행할 수도 있었을 것이다.

이제라도 정부 예산을 투자해서 가장 효과를 많이 볼 수 있는 구간이므로 3차 사업까지 투자된 사업을 점검해보고 잘못된 부분이 있으면 바로잡아야 한다. 추가적인 사업이 필요하다고 판단되면, 어떤 종류의 장비가 가장 효과적인지 ISP운영자의 의견을 받아보고 가장 적합한 장비를 선정해주고 그에 따른 실제 효과 점검 및 감독을 하는 것이 가장 바람직한 방법이다.

■ ISP 연결 관문에 DDoS 탐지·차단 시스템 구축

2단계로 ISP와 연결되는 관문에 전체 네트워크를 탐지·차단할 수 있는 시스템을 구축하자.

정부나 ISP, ISP와 연결되는 관문을 가지고 있는 거의 모든 기관과 기업들이 자신들의 네트워크를 충분히 이해한 후 효율성이 가장 뛰어난 DDoS 대응시스템 구축을 해야 하는 단계이다.

ISP와 수십기가비트(G), 수백G로 연결된 IDC센터의 DDoS 방어시스템 구축과 입주고객 유료서비스를 통한 대응, 기업들의 ISP관문, DDoS 대피소, 중요 금융, 공공 국가망 등 ISP와 연결되는 관문의 인바운드 트래픽에 대한 계속적인 DDoS방어시스템이 구축되고 있다.

1단계에서 DDoS 대응시스템이 실효성이 검증된 장비가 효과적으로 운영되고 있다면 ISP와 연결된 관문을 통해 유입되는 인바운드 트래픽 중 공격성 트래픽은 상당히 줄일 수 있을 것이다.

공격의 형태는 대역폭 공격, 중요노드 공격 등과 같은 형태이나, CC 공격, VoIP/SQL/RPC 공격, HTTP GET Flooding 등과 같은

응용 공격, SYN Attack, UDP Flooding 등과 같은 L4 공격이나 IP Flooding, ICMP Flooding와 같은 L3 공격 등 아주 다양하다.

1단계 사업을 통해 놓친 변형된 공격 형태들을 탐지 및 차단할 수 있도록 통합전산센터처럼 중요한 곳에는 추가적으로 ISP와 연동되는 관문에 DDoS 대응시스템을 갖춰 유입될 수 있는 DDoS 공격을 신속히 탐지 및 차단할 수 있어야 한다.

현재 대부분 IDC에도 관련 시스템들이 설치되어 있으며, 차단은 유료 서비스로 운영하고 있다.

정부통합전산센터에서는 2008년 대용량 유해트래픽 탐지시스템 구축 사업을 발주해 ISP로부터 트래픽이 유입되는 관문에 전체 네트워크를 모니터링하여 DDoS 공격을 탐지하고 차단하는 시스템을 구축했다.

작년에 발생한 7.7 DDoS 공격 때도 이곳에서 탐지를 해냈고, 차단에 필요한 조치를 해서 피해를 최소화하는데 결정적인 역할을 했다. ISP와 연결되는 모든 중요한 망에는 반드시 전체 네트워크를 감시하는 시스템이 구축돼야 한다.

IDC, 금융, 기업들은 계속해서 이중화와 보완을 하고 있다. 영세한 사업자의 피해를 줄이기 위해 DDoS 대피소를 구축하거나 각계에서 전반적으로 DDoS 대응시스템을 구축해 나가고 있다.

관련 부서와 담당자들은 이 구간에서 효율적인 장비가 설치되고 운영이 잘되고 있는지 전체적인 점검이 필요하다. 추가로 필요한 부분이 있다면 우선순위로 먼저 투자가 이뤄져야 한다.

아울러 장비 도입을 위한 실질적인 평가 방법 개선이 무엇보다 중요하다. 자사 네트워크 구조에 적합한 방식이 인라인 방식인지 아웃오브패스 방식인지를 먼저 결정을 해야 한다.

태생과 역할이 다른데 대부분 함께 경쟁을 시킨다. 이는 "우리는 우리 네트워크가 어떻게 구성되어 있는지 잘 모르고 있다"고 말하는 것과 같다. 정말 모른다면 관련 업체를 한 번만 불러 구성협의를 해보면 알 수 있을 것이다.

현재의 평가방법은 기존에 있었던 공격 형태의 기계적인 테스트와 채점이 전부이다.

무엇보다 필요한 신종 변형 공격 형태에 어떻게 능동적으로 대처하는지, 운영에 얼마나 효율적인지, 평상시 트래픽의 다양한 정보를 제공해 줄 수 있는지, 세계적인 정보를 얻을 수 있는지 등과 같은 중요 사항은 간과한다.

실제 사용 시 효과도 없는 장비들이 규격에 충족해 선정될 수 있으므로 전문가들의 조언과 운영자들의 실제 의견이 반영돼 가장 효과적인 시스템이 구축될 수 있도록 선정 방법의 개선이 반드시 이뤄져야 한다.

■ 사용자 PC 보안점검 중요

3단계로 내부 사용자 PC 점검으로 DDoS 공격에 이용되지 않도록 해야 한다.

모든 국민에게 보안의 중요성을 인식시키고, 관련 정보 제공으로 자기도 모르게 공격에 이용되는 것을 방지하도록 DDoS대응시스템을 구축해야 하는 마무리 단계이다.

2단계까지의 구축으로 80% 이상의 DDoS 예방, 탐지 및 차단시스템이 구축된다. 이곳을 통과해 흐르는 트래픽은 어느 정도 정상적인 트래픽으로 보이지만, 사용자도 모르는 사이에 좀비PC가 될 수 있으므로 좀비PC 발생 여부를 신속히 탐지하고 조치할 수 있는 시스템을 구축하면 방어망 구축체계는 거의 완료된다고 생각한다.

정부나 기업 모두 좀비PC를 찾아내는 시스템을 구축해야 하고, 이를 통해 외부에서 공격이 아닌 내부에서 내부로 공격하는 대비책을 마련해야 한다.

최근 한국인터넷진흥원은 이용자 PC의 상태를 진단하고 주기적인 보안 업데이트 및 백신 설치를 할 수 있도록 치료체계를 구축하려고 준비하고 있다. 인터넷 접속 시점에서 또 이용자가 방문하는 홈페이지의 보안상태를 확인해 이용자에게 인지시켜줌으로써 정보보호 인식 제고에도 노력하고 있다.

악성프로그램에 감염된 PC의 인터넷 접속제한 및 해제를 위한 방법이나 다양한 형태로 PC 사용자들의 주의를 홍보하고, 만약 문제가 발생했을 때 점검하거나 치료할 수 있는 방법을 제공할 계획을 갖고 있다.

DDoS공격을 원천 차단하기 위해선 미리 좀비PC를 파악, 치료를 통해 공격을 막는 게 중요하지만 여전히 국내 좀비PC를 파악하기가 어렵다. 발견된 좀비PC가 제대로 치료됐는지 점검할 체계도 마련해야 한다.

2. 선정 방법의 재점검

일반 기업들은 운영, 보안, 기획 등 관련 부서들이 함께 고민해 자기 망에 가장 적합한 장비를 선정하는 방법을 찾아낸다.

BMT를 통과해도 실제 망에 적용할 때는 많은 문제점이 있을 수 있다는 것을 알고 있기 때문에 실망에 붙여 한 달 또는 그 이상 테스트 기간을 거 친 후 적합한 장비를 선정한다. 이는 가장 효율적이다. 운영자 입장에서 도입 후 운영이 편리하고, 기능이 충족되는 장비를 선정하는데 가장 좋은 현실적인 방법이 된다.

가격보다는 절대 필요한 장비를 선정하는 것이 예산을 낭비하지 않는 방법이라고 알고 있다. 하지만 공공 입찰의 평가위원은 운영자들보다는 만 대부분 평가위원 풀에 있는 사람들 중에서 선정하기 때문에 교수나 변호사 등 사업의 목적과 전혀 관계없는 위원들이 PT를 듣고 업체를 선정한다.

그래서 제안하는 하는 회사의 인지도와 회사 규모가 절대적으로 중요한 요인이 된다. 가격이나 기타요인에 의해 실제로 현장에서 검증된 우수성 제품, 효율성 있는 제품들이 진입할 수 없는 가장 비현실적인 선정 방법이다.

조달 입찰은 긍정한 방법으로 좋은 장비를 구매한다고 하지만, 효율성을 검증할 수 있는 방안이 배제된 경우가 많으므로 이와 같은 특별한 목적을 가진 사업의 경우는 선정 방법을 완전히 바꿔야 한다.

일반 기업체에서 선정하는 방법을 참고해 DDoS 전문가들로 구성된 평가위원들이 참여하고, 필요에 따라 실제 운영하는 사람들이 많이 참여해 의견을 개진하고 토론을 거친 후 가장 적합한 장비를 선정해야 한다.

선정 후에는 장비가 어떻게 운영되든 책임지는 사람이 없는 경우가 많은데 평가위원들에게는 선정에 따른 결과에 따른 책임을 부여하는 것도 일부 필요하다.

사업에 꼭 필요한 사람들이 평가를 하고, 선정을 하고, 사용을 할 수 있는 책임 있는 도입방법이 된다. 예를 들면, 공공사업의 경우 평가위원을 이와 가장 유사한 네트워크를 운영하고 있거나 준비했던 민간기업의 운영자·보안담당자를 실제 평가위원으로 위촉한다면, 현실성 있는 의견이 반영돼 가장 효과적인 솔루션이 선정될 수 있다.

3. BMT 방법의 재점검

BMT를 통해 DDoS 대응시스템의 기능과 성능에 대한 검증을 좋은 성적으로 마친 고가의 제품이 현장에서 제대로 동작하지 못한다는 불만은 어제오늘의 문제가 아니다.

상용 네트워크의 환경을 충분히 고려하지 않은 시나리오에 의거한 BMT가 기계적으로 이뤄졌을 뿐 아니라, 상용 네트워크에서 충분히 검증하지 않은 채로 현장에 설치됨으로써 발생한 문제라고 할 수 있다.

뿐만 아니라 랩(LAB)에서 이뤄지는 BMT 과정에도 문제가 많다. 현장에서 BMT를 수행하는 쪽에서는 계측기에서 나타나는 공격의 차단 여부만을 확인할 뿐, BMT를 실시 중인 DDoS 대응시스템이 어떤 기술로 탐지하며, 차단하는 있는지 세밀히 확인하지 않을 뿐만 아니라 합리적인 운영을 위해 필수적인 사항들도 대부분 간과된 채로 진행되고 있다.

결국 BMT 참가한 업체에게 불리하게 작용할만한 항목은 BMT를 통과하기 위해 조작한다면 이를 확인하고 검증할 수 있는 방법이 없다. 그래서 부적절한 제품이 인증까지 받는 문제까지 초래하게 되었다고 할 수 있다.

BMT 통과만을 위해 특별한 소프트웨어 버전을 갖고 있는 곳들이 있다는 이야기가 공공연하게 나돌고 있는 이유다.

이 같은 문제를 개선하기 위해서는 DDoS전문가의 의견을 반영해 평가방법을 전면 수정해야 한다.

상용 네트워크에서 BMT가 반영된다면 충분히 문제점이 밝혀졌을 것이다. 실제로 해외에서 이뤄지고 있는 장비 도입 과정을 살펴보면, 먼저 고객은 제조사로부터 DDoS 대응시스템에 관한 기술설명을 충분히 듣고 이에 대한 기술적 검토를 자체적으로 충분히 실시해 그 합리성을 따져본다.

성능에 대한 자료는 제조사가 제출하는 자료로 갈음하는 것이 일반적이나 필요하다면 성능에 국한된 항목만을 가지고 테스트도 실시한다. 그 후 반드시 상용 네트워크에서 그 기능과 성능을 다시 검증하게 되는데, 이를 통해 도입될 장비가 제조사의 설명대로 동작하는지 충분히 검증하고, 운영자나 기획자는 운영의 적합성을 포함한 종합적인 평가를 동시에 실시한다.

이런 과정을 거친 후에 테스트 장비의 효용성이 검증되면, 그 장비를 그대로 구매해 사용함으로써 제조사와 고객은 서로에게 도움이 되는 결과를 도출하게 된다.

합리적이고 글로벌한 경쟁체계에 맞는 BMT, 적용될 상용망과 가장 유사한 BMT를 진행하기 위해 노력하는 것은 당연한 일이다.

DDoS 공격은 시스템의 취약성이나 소프트웨어 구현의 버그를 이용한 공격, 대상 자원의 가용성을 소모해 버리는 공격과 대역폭 공격 등 복잡성과 다양성을 갖고 있다. 그리고 계속 진화되는 신종 공격들의 출현으로 효과적인 대응시스템을 찾는 것은 어려움이 있는 게 사실이다.

하지만 정부나 기업 담당자들이 조금만 신경을 써서 단계적이고 체계적인 구축 방안을 갖고 무엇을 어떻게 평가해야 하는지, 무엇이 가장 효율적인지, 무엇이 가장 운영에 문제가 없고 네트워크에 적합한지를 찾아내는 것은 그리 어려운 일이 아니다.

예를 들어, 200G(10G 20회선)에 대응시스템을 구축하려 할 때, 한 가지 방법은 라우터에서 제공해주는 플로우를 이용한 솔루션은 구성과 운영이 간단할 수 있다. 다른 방법은 10회선에 인라인 장비를 모두 설치하거나, 탭을 회선마다 걸고 전체 트래픽을 미러링 해서 구성과 운영은 복잡하지만 정밀한 분석을 하는 것이 좋을지는 이미 내부적인 판단을 해놓고 진행해야 한다.

모든 장비들은 저마다 용도에 맞도록 설계됐고, 태생부터 성능, 기능이 다르다. 이러한 이해 없이 동일한 기준으로 여러 장비를 평가하는 것은 큰 우를 범할 수 있다.

단계적인 대응전략이 없이, 또 선정 방법이나 BMT 방법의 개선이 없다면 제2, 제3의 7.7 DDoS 공격에 또다시 IT 강국의 위상이 맥없이 무너지는 상황이 오지 않을까 우려된다.

"엎어진 김에 쉬어가라"는 말이 있듯이, 7.7 DDoS 공격이 발생한 지 1년을 맞은 지금 다시 한 번 우리가 어디로 가고 있는지 총체적인 재점검의 시간을 갖는 것이 중요하다.

제10장 세상 밖으로

가슴 설레고, 즐겁고, 행복한 다양한 에피소드를 남기는 일

세상 밖으로

여행은 다른 사람을 발견하는 것입니다. 그리고 가장 먼저 발견하는 낯선 사람은 바로 나 자신입니다.

– 올리버 펄미

🌱 살아가면서 여행만큼 가슴 설레고 즐겁고 행복하며 다양한 에피소드를 남기는 일은 드문 것 같다. 또한, 미지의 세계에 대한 동경을 직접 눈으로 확인하는 순간 벅찬 가슴속의 울림이 진하게 밀려온다. 중국 태항산과 뉴질랜드를 여행하기로 예약을 마친 상태이다. 그러다 보니 해외여행을 위해 150번 이상의 비행기 탑승을 기록했으며, 40여 개국에 100여 곳 이상의 도시를 다녀보았다. 살아가면서 힘들고 지칠 때 가끔씩 열어보면 그때의 감동을 느낄수 있고 그래서 새로운 에너지를 얻을 수 있는 원천이 된다.

북아메리카(2개국)

미국: LA, 샌프란시스코, 유진, 시애틀, 라스베가스, 리오, 그랜드캐년, 뉴욕, 보스톤, 나이아가라, 말보르, 플로리다, 마이애미, 텍사스, 댈러스, 올랜드, 네슈빌, 하와이.

캐나다: 토른토, 나이아가라 폭포

남아메리카(1개국)

멕시코: 멕시코시티, 칸쿤, 뿌에블라, 발키리코, 핑크라군, 세노테, 치첸이사피라미드

유럽(17개국)

프랑스: 파리, 에펠탑, 루브르박물관, 몽마르트르언덕, 리옹

이태리: 로마, 싼타페, 피렌체, 밀라노, 떼제베

모나코: 몬테카를로, 니스해변

그리스: 아테네, 애기해, 파르테논신전

UAE: 두바이, 아부다비, Abu Dhabi 골프, YAS Links Golf

독일: 프랑크푸르트

체코: 프라하

슬로바키아: 브라티슬라바

헝가리: 부다페스트

폴란드: 아우슈비츠수용소

오스트리아: 짤즈캄머굿, 짤즈부르크, 빈, 쉔부른궁전

영국: 런던

스위스: 융프라우, 그린덴발트, 몽블랑, 제네바, 샤모니

벨기에: 브르쉘, 오줌싸개동상, 예술의언덕

네덜란드: 잔세스칸스풍차마을, 박물관

러시아: 모스크바 바실리성당 붉은광장, 상트페테르부르크, 여름궁전

포르투칼: 포르투

스페인: 세비아, 헤레스, 지브롤터, 말라가, 그라나다, 프리질리아나, 바르셀로나

아프리카(1개국)

이집트: 카이로, 피라미드, 룩소, 왕가의계곡, 나일강

오스트레일리아(1개국)

호주: 시드니, 오페라하우스, 브리즈번, 골드코스트, 멜버른, 퍼핑빌리

아시아(14개국)

사이판: 로타섬, 로타CC

필리핀: 마닐라, 라왁

홍콩: 침사추이

싱가폴: 센토사

중국: 텐진, 광주, 북경, 청도, 대련, 해남도, 다낭, 연길

태국: 칸차나부리, 방콕, 파타야, 카오아이, 치앙마이

베트남: 호치민, 하노이, 푸쿠옥, 다낭

인도네시아: 발리

말레이시아: 쿠알라룸푸르, 보르네오, 코타키나발루, 페낭

마카오: 성바울

터키: 이스탄불

캄보디아: 프놈펜, 앙코르유적

대만: 타이베이

일본: 오카나와, 오사카, 대마도, 도쿄, 교토, 벳부, 유후인, 후쿠오카, 삿포로

....

여행이란 우리가 사는 장소를 바꿔주는 것이 아니라 우리의 생각과 편견을 바꿔주는 것이다.

— 아나톨